U0097468

古典文獻研究輯刊

二三編

潘美月・杜潔祥 主編

第14冊

元曲釋詞（增訂版）（四）

王學奇、王靜竹 著

國家圖書館出版品預行編目資料

元曲釋詞（增訂版）（四）／王學奇、王靜竹 著 -- 初版 --
新北市：花木蘭文化出版社，2016〔民 105〕
目 20+230 面；19×26 公分
（古典文獻研究輯刊 二三編；第 14 冊）
ISBN 978-986-404-853-3（精裝）
1. 元曲 2. 曲評
011.08　　105015206

ISBN-978-986-404-853-3

古典文獻研究輯刊
二三編　第十四冊　　ISBN：978-986-404-853-3

元曲釋詞（增訂版）（四）

作　者　王學奇、王靜竹
主　編　潘美月　杜潔祥
總 編 輯　杜潔祥
副總編輯　楊嘉樂
編　輯　許郁翎、王筑　美術編輯　陳逸婷
企劃出版　北京大學文化資源研究中心
出　版　花木蘭文化出版社
社　長　高小娟
聯絡地址　235 新北市中和區中安街七二號十三樓
電話：02-2923-1455／傳眞：02-2923-1452
網　址　http://www.huamulan.tw 信箱 hml 810518@gmail.com
印　刷　普羅文化出版廣告事業
初　版　2016 年 9 月
全書字數　1182776 字
定　價　二三編 21 冊（精裝）新台幣 40,000 元　

元曲釋詞（增訂版）（四）

王學奇、王靜竹 著

目次

第四冊

J

ji

機見……………………………………………… 601
見機
機關……………………………………………… 601
機鋒……………………………………………… 602
機彀……………………………………………… 603
機勾
積儹……………………………………………… 603
積儧　積攢　積趲　儹積　儹
朞親……………………………………………… 604
躋攀……………………………………………… 604
齎發……………………………………………… 605
賫發　賷發　賚發　賫發
虀鹽……………………………………………… 606
虀鹽運
虀粉……………………………………………… 606
即………………………………………………… 607
即今……………………………………………… 607
即世……………………………………………… 608
即世兒　即世裏　積世　七世
即即世世
即目……………………………………………… 609
目即
即便……………………………………………… 609
疾便
即留……………………………………………… 610
即溜　唧噌　鯽溜　濟流
即漸……………………………………………… 611
即漸裏　積漸裏　即漸的　積漸的
疾漸的　即里漸里　積里漸里
急切……………………………………………… 612
急切裏　急且里　急節裏

急腳…………………………………………613
急并各邦……………………………………614
　急彪各邦　急周各支　急抽格扎
急張拘諸……………………………………614
　急獐拘豬　急章拘諸　急張拒遂
急留骨碌……………………………………615
　急流骨都　急留古魯
急急如律令…………………………………615
疾不疾………………………………………616
棘圍…………………………………………616
　棘闈
棘針門………………………………………616
幾……………………………………………617
幾般兒………………………………………617
　幾般來
濟楚…………………………………………618
戟角…………………………………………618
　笄角
計較…………………………………………619
計稟…………………………………………620
紀綱…………………………………………620
繫腰…………………………………………621
　繫腰帶兒
濟會…………………………………………621
　濟惠　惠濟
既不沙………………………………………622
　既不啾　既不呵　既不阿　既不索
　既不是呵　若不沙

jia

加額…………………………………………622
夾帶…………………………………………623
夾腦…………………………………………623
　夾腦風
枷號…………………………………………623

家……………………………………………… 624
　　價　加　介　假
家計……………………………………………… 627
　　家緣　家緣家計
家兄……………………………………………… 628
家樂……………………………………………… 629
家長……………………………………………… 629
家活……………………………………………… 630
　　家火
家生……………………………………………… 631
　　家生的
家生哨……………………………………………… 632
　　家中哨　家中俏　家生肖　家生肖兒
家克計……………………………………………… 632
嘉慶子……………………………………………… 632
甲頭……………………………………………… 633
甲首……………………………………………… 633
假似……………………………………………… 633
假饒……………………………………………… 634
假姨姨……………………………………………… 635

jian

肩胛……………………………………………… 635
　　肩膊
肩輿……………………………………………… 635
監繫……………………………………………… 636
　　監計　監籍
煎爂……………………………………………… 637
揀擇……………………………………………… 637
趼……………………………………………… 637
　　璽
簡……………………………………………… 638
　　簡帖　簡帖兒　緘帖
翦綹……………………………………………… 638
　　剪綹　翦柳

瀽……639
見識……639
見不的……640
見不得
間諜……641
間迭　間疊
賤降……641
劍界……641
箭簳……642
箭杆
鬂子……642

jiang

將次……642
將息……643
將養……644
將養著
將傍……645
近謗
將軍柱……645
講究……646
耩……646
強……646
糨……647
糨手……647

jiao

交……647
交加……648
交雜（襍）　兼加　驕加
交杯（盃）……649
教鐺……650
椒圖……650
椒塗　焦圖
椒房……650

焦……………………………………………… 651
焦盃…………………………………………… 652
　　焦盆
焦愴…………………………………………… 652
　　焦皀
焦懒…………………………………………… 653
　　憔憔懒懒　焦揪　懒懒焦焦
嚼蛆…………………………………………… 654
腳色…………………………………………… 654
腳頭妻………………………………………… 655
攪蛆扒………………………………………… 655
　　攪肚蛆腸　蛆扒
叫化…………………………………………… 655
　　叫化子　叫花頭　教化頭
叫街…………………………………………… 656
教唆…………………………………………… 656
教道…………………………………………… 657
教門兒………………………………………… 657

jie

接腳…………………………………………… 657
　　腳頭丈夫
接絲鞭………………………………………… 658
　　遞絲鞭
堦直下………………………………………… 658
　　街直下　堦墀下
堦除…………………………………………… 659
　　堦垓　堦痕　堦跟　堦址　堦基　階基
　　階砌　階址　街基　基堦
揭帖…………………………………………… 660
揭債…………………………………………… 660
　　舉債
隔斜…………………………………………… 661
　　隔斜裏　結斜裏
潔郎…………………………………………… 661

傑郎　潔
結末…………………………………………662
結磨　結抹
結構…………………………………………662
結勾
結果…………………………………………663
結絲蘿………………………………………664
捷譏…………………………………………664
捷機
解禳…………………………………………665
解子…………………………………………665
解人
解元…………………………………………666
介元

jin

今古…………………………………………667
今來…………………………………………667
金魚…………………………………………668
金魚袋
金界…………………………………………668
金荷…………………………………………669
金釵客………………………………………669
筋斗…………………………………………669
筋陡　觔陡　觔斗　金斗　斤斗
緊不緊………………………………………670
錦片…………………………………………670
錦套頭………………………………………671
錦圜頭　錦套兒
近身…………………………………………671
近新來………………………………………672
近新　新來
妗子…………………………………………673
妗妗

禁當……673
噤聲……674
　禁聲
禁指……674
禁持……674
　噤持　敬持
禁害……676

jing

經紀……676
經儭……677
驚急列……677
　驚急力　驚急烈　驚急裏　驚吉利
　荊棘律　荊棘列　荊棘刺　慌急列
　急驚列
精細……678
　精精細細
警蹕……679
淨辦……680
　靜辦　靜扮
敬思……680
靜鞭……681
　淨鞭

jiu

九百……681
　九伯　九陌　久白
九陌……682
九垓……683
九紫十赤……683
酒務……683
　酒務兒
酒遊花……684
舊流丟……684
　舊留丟
救拔……684
　濟拔

就裏……685
就中　就兒裏　就地裏

ju

居止……686
居址
拘刷……687
拘攝
拘箝……687
拘鉗　拘鈐　拘撁　拘謙　拘倦
局段……688
局段兒　局斷　局斷兒
局騙……688
巨靈神……689
秬鬯……689

juan

圈……689
捲煎……690

jue

撧……690
蕝
撅丁……691
厥丁　橛丁　撅倈
角妓……691
決（决）撒……692
蹶撒　厥撒
䜌……693

jun

窘不窘……693
俊生……693
俊

K

kai

開……694
開阿　開呵

開除……………………………………………… 694
開屠……………………………………………… 695
開荒劍…………………………………………… 695
揩磨……………………………………………… 695
　　揩摩
kan
勘………………………………………………… 696
　　勘問
看承（的）……………………………………… 696
　　看成（的）　堪成
看看……………………………………………… 697
看覷……………………………………………… 698
　　看取
看街樓…………………………………………… 698
瞰………………………………………………… 699
　　闞　瞯
kao
尻包兒…………………………………………… 699
栲栳……………………………………………… 700
　　栲栳圈　拷挠圈
ke
科………………………………………………… 700
科子……………………………………………… 702
科地……………………………………………… 702
科範……………………………………………… 703
　　科泛
科段……………………………………………… 704
科差……………………………………………… 704
　　差科
磕擦……………………………………………… 705
　　磕叉　搕叉　可叉　可擦　磕叉叉
　　乞抽扢叉　磕槎

磕腦……706
　搕腦
磕塔……706
　磕搭　磕答　可搭　可答　呵塔
　可疋塔
頦下瘿……707
　胲下瘿
可……707
可人……715
可甚……716
　可甚的　可甚麼　可什麼　可是麼
　可是末
可可……716
可憐……717
可知……718
　可知道
可便……719
可堪……720
可喜……721
　可嬉　可戲　吃喜　乞戲　忔戲
　可可喜喜　喫喜
可磣……722
可煞……722
可憎……723
　忔憎　疾憎
可又來……723
可兀的……724
可不的……725
可不道……725
可憐見……727
可喜娘……727
　可嬉娘　可意娘　可喜種　可意種
可擦擦……728
　磕擦擦　可磕擦

渴睡…… 729
　磕睡
剋落…… 729
嗑牙…… 729
　磕牙　敲牙　牙磕

ken

肯…… 730
肯分…… 731
肯酒…… 732
啃…… 732
裉…… 732

keng

坑…… 733
　傾

kong

空亡…… 734
　空忘　空房
空門…… 734
　沙門
空悶亂…… 735
　空沒亂
孔目…… 735
　都孔目
孔方兄…… 736
　孔方
空便…… 736
控持…… 737
　控馳

kou

口號…… 737
口順…… 738
　順口
口硬…… 738
口磣…… 738

口含錢…………………………………………739
口啣錢　口銜錢
扣廳……………………………………………739

ku

枯木堂…………………………………………740
窟籠……………………………………………740
苦主……………………………………………741
苦志……………………………………………741
庫司……………………………………………742
酷累……………………………………………742
酷寒亭…………………………………………742

kua

誇官……………………………………………742
跨虎……………………………………………743

kuai

快性……………………………………………743
快疾……………………………………………743
疾快
快活三…………………………………………744

kuan

寬快……………………………………………744
寬綽……………………………………………744
寬綽綽　寬敞敞
寬片粉…………………………………………745
闊片粉
款識……………………………………………745
款段……………………………………………746

kui

虧負……………………………………………746
虧圖……………………………………………746
窺圖　所圖
虧輸……………………………………………747
輸虧
傀儡……………………………………………747

kun

閫外將軍……748

L

la

臘梨……749

刺梨

蠟渣……749

蠟滓　蠟堝

lai

來……750

來撒的……752

來得　來的

倈……752

唻　倈人　倈兒

lan

闌珊……754

闌刪　闌山　瓓珊

攔門……755

攔門鍾兒

攔縱……755

攔關……755

欄關

藍鬖……756

躭珊　髟鬖　髧鬖

爁……756

爛黃虀……757

濫黃虀

lang

郎中……757

郎主……757

狼主

郎君……758

郎均

郎當……759
浪子……760
　浪兒
浪侃……761
　胡侃
浪語……761
　浪言
浪包婁……762
　浪包嘍　浪包摟

lao

撈蔆……762
　撈鈴　撈淩
勞動……763
　動勞
勞承……763
　勞成　牢成　牢誠
勞藍……765
牢城……765
牢籠……765
　撈籠　勞朧
老兒……766
老公……766
老身……767
老的……767
老郎……768
老相……768
　老像
老大兒……768
　老大
老實頭……769
　老石頭
落……769

le

勒揹……770

　　擲揹　勒開　揹勒　揹　勒

lei

累七……771

　　壘七　齋七

leng

冷臉……771

　　冷臉兒　冷臉子

冷丁丁……772

li

哩也波，哩也囉……772

　　里也波

剺……772

　　離　劆　利

禮……773

禮數……773

李萬……774

里正……774

　　里長

里數……775

里列馬赤……775

裏……775

　　里　哩　理

立地……776

立帳子……777

立欽欽……777

利市……778

利物……779

麗春園……779

　　麗春院

栗爆……780

　　㮚暴

捩鼻木……780

lian

連不連……780
連珠兒……781
蓮子花……781
　　連子花
蓮花落……782
蓮兒，盼兒……782
臁刃……782
　　臁肕
臉腦……783
　　臉腦兒

liang

良賤……783
梁園……784
兩事家……785
兩賴子……785
兩頭白面……785
　　兩頭白麵
亮槅……786
　　亮隔
量決……787
量抹……787

liao

撩丁……787
　　尞丁　嘹叮
撩蜂剔蝎……788
　　剔蝎撩蜂
獠……788
燎漿……789
　　料漿泡
料持……789
料量……789

料嘴……………………………………………… 790
料口 抖嘴
料綽口…………………………………………… 790

lie

劣缺……………………………………………… 791
劣角 劣蹶
烈紙……………………………………………… 791
烈紙錢 烈楮
趔趄……………………………………………… 792
列趄 列翅 列側 劣怯 低趄

lin

林浪……………………………………………… 792
林琅 林郎
林薄……………………………………………… 793
臨了……………………………………………… 793
臨後
臨歧……………………………………………… 794
臨逼……………………………………………… 794
逼臨
啉………………………………………………… 795
㑣 婪 嘍
淋琅……………………………………………… 795

ling

伶倫……………………………………………… 796
凌遲……………………………………………… 796
凌持
凌賤……………………………………………… 797
凌鑠……………………………………………… 797
凌煙閣…………………………………………… 798
凌煙閤 陵煙閣 凌煙
菱花……………………………………………… 798
菱花鏡

崚嶒…………………………………………………799
崚層　稜層
零碎…………………………………………………799
領系…………………………………………………800
領戲
令人…………………………………………………800
令史…………………………………………………801
令器…………………………………………………801
良器
liu
溜沏沏………………………………………………802
溜刀刀
流蘇…………………………………………………802
流蘇帳
六兒…………………………………………………803
六出…………………………………………………803
六花　六出花　六出冰花　冰花　瓊花
六房…………………………………………………804
六案
六根…………………………………………………804
六料…………………………………………………805
料
六街…………………………………………………806
六市
六道…………………………………………………806
六陽會首……………………………………………806
六陽魁首　六陽首級
long
龍袖嬌民……………………………………………807
龍袖驕民
lou
僂人…………………………………………………808
僂儸…………………………………………………808
嘍囉

漏泄……………………………………………810
泄漏 露泄
漏蹄……………………………………………810
漏面賊…………………………………………811
陋面賊
漏星堂…………………………………………811
露白……………………………………………811

lu

魯義姑…………………………………………812
六么……………………………………………812
鹿脯乾…………………………………………813
淥老……………………………………………813
綠老 睩老 六老 驢老
琭簌……………………………………………814
綠簌 珞簌 絡索 落索
路天……………………………………………814
露天
路歧……………………………………………815
歧路
路臺……………………………………………815
露臺
綠沉槍…………………………………………816
六沉槍 湛盧槍
醁醑……………………………………………817
綠醑 醁醅 綠醅 醁醽 醽醁
轆軸……………………………………………817
碌軸 六軸 磟碡
轆軸退皮………………………………………818

lü

驢前馬後………………………………………818
馬後驢前 隨驢把馬
呂先生…………………………………………818
呂洞賓

旅櫬…………………………………………819
縷當…………………………………………819
律……………………………………………819

lue

掠頭…………………………………………820
掠笞…………………………………………820
　　笞掠
掠袖揎拳……………………………………820
　　裸袖揎拳　捰袖揎拳　攞袖揎拳
　　揎拳攞袖　揎拳捋袖　揎拳裸袖
　　揎袍捋袖　裸袖揎衣

lun

論……………………………………………821
　　論告
論黃數黑……………………………………823
　　數黑論黃　數黃道黑

luo

羅和…………………………………………823
羅刹…………………………………………824
　　羅刹女
羅織…………………………………………824
羅惹…………………………………………825
　　邏惹　儸惹
羅漢堂………………………………………825
落後…………………………………………825
落荒…………………………………………826
落得…………………………………………827
　　落的　落來的
落可便………………………………………828
　　落可的
落便宜………………………………………829
落花媒人……………………………………830

元曲釋詞（增訂版·四）

王學奇　王靜竹著

機見

見機

《東牆記》四【東原樂】：「這廝是哄人機見，他說來的不通，越教人添沉重。」

《蔣神靈應》一、白：「某與軍師商議，看此人有何機見。」

《圯橋進履》三【滾繡毬】：「〔韓信云：〕論機見呵，可學誰也？〔正末唱：〕論機見呵，我似那齊孫臏報冤讎在馬陵川夜擒了那一員虎將。」

《單刀劈四寇》一【寄生草】：「到來日排軍陣，施見機，纔顯那虎牢關下從前勢。」

機見，或倒作見機，謂心術、謀略。

機關

機關：一、謂心機、計謀、圈套；二、謂機密。

（一）

《望江亭》一【賺煞尾】詩云：「非是貧姑硬主張，爲他年少守空房；觀中怕惹風情事，故使機關配白郎。」

《㑳梅香》二【怨別離】：「將一個小小的機關兒，把你來完備了。」

同劇四【雙調新水令】白：「今奉聖人的命，教我去裴相國家門下為壻。雖然如此，想當日被老夫人那場羞辱，有何面目見之！我待不去來，奈聖人的命，不敢有違；我如今左使機關，到他家裏，則推素不相識，看他認的我麼。」

《合同文字》四【得勝令】詞云：「這小廝本說的丁一確二，這婆子生扭做差三錯四，我用的箇小小機關，早賺出合同文字。」

《隔江鬭智》二【醉春風】：「不索費叮嚀，我從來識道理，見他時自有巧機關。」

《樂府群珠》卷一仲龍子老更狂小令【十二月帶過堯民歌・解嘲】：「俺笑您昧了心，瞞了天，使機關，逞姦頑。」

《詞林摘艷》卷六王子章散套【端正好・醉墨寫烏絲】：「應答的意似癡，啜賺的機關透，到如今撇人在腦後，再誰信你那巧舌頭。」

以上各例，意為心機、計謀、圈套。黃庭堅《牧童》詩：「多少長安名利客，機關用盡不如君。」《紅樓夢》第五回：「機關算盡太聰明，反算了卿卿性命！生前心已碎，死後性空靈」，是也。

（二）

《破窰記》四【收江南】白：「既今日說破機關，將兩處冤讎盡解。」

《風光好》一、白：「此人必來以游說為功，我將他機關探破，奏知吾主，則說吾主有疾，不能接見。」

《東窗事犯》楔【仙呂賞花時】：「莫不朝廷中別有甚機關事，既不沙，卻怎生竹節也似差天使？」

《老君堂》一【鵲踏枝】：「把門人緊牢攟，切莫漏機關。」

以上各例，意為機密；亦計謀的引申義。

機鋒

《野猿聽經》三【紅繡鞋】白：「菩提本無樹，機鋒肯讓於同袍？明鏡亦非臺，泡影等觀於浮世。」

機鋒，佛家語。佛家啓發學人，其言辭不落迹象，令人無從捉摸，不可依傍，叫做機鋒語。機栝一觸即發，故無從捉摸；箭鋒犀利無比，觸之即傷，故不可依傍，禪語似之，故以為喻。如禪門常用的機鋒語：「如何是佛西來意」及「乾矢橛」之類均是。蘇軾《金山妙高臺》詩：「機鋒不可觸，千偈如翻水。」明·湛然《魚兒佛》二【梧葉兒】：「那裏有雲門派？呸！你自有快機鋒，如何費解？」皆其例。

機彀

機勾

《救風塵》二【逍遙樂】：「和爺娘結下不廝見的冤讐，恰便似日月參辰和卯酉，正中那男兒機彀。」

《謝天香》四【上小樓】：「我待要題箇話頭，又不知他可也甚些機彀，倒不如只做朦朧，爲著東君奉勸金甌。」

《單鞭奪槊》二【幺篇】：「雖然他人又強，馬又肥，也拚的和他歹鬬，難道我李世民便落人機彀？」

《介子推》二【罵玉郎】：「是君王傳的聖旨，驪后定的見識，是賊子施的機彀。」

《千里獨行》二【南呂一枝花】：「則被他倒空營，俺著他機彀。」

《金線池》二【尾煞】：「尋些虛脾，使些機勾，用些工夫，再去趁逐。」

機彀，謂陰謀和圈套。按：把弓拉滿曰彀，弓矢所及曰彀中。《莊子·德充符》疏：「言羿善射，矢不虛發，彀中之地，必被殘傷。」故以機彀喻陰謀和圈套。又彀，一作勾，音義同。

積儹（jī zǎn）

積儹　積攢　積趲　儹積　儹

《冤家債主》四【得勝令】白：「積儹下五箇花銀。」

《東堂老》楔、白：「想老夫幼年間做商賈，早起晚眠，積儹成這個家業。」

《百花亭》四【風入松】白：「是高邈平日積儹下稊氣錢二萬貫。」

《兒女團圓》楔、白：「這家私比先家兄在時，原無積趲。」

《陳州糶米》二【耍孩兒】：「你積趲的金銀過北斗。」

《太平樂府》卷五鍾繼先小令【罵玉郎帶感皇恩採茶歌・富】：「會儹積，能生放。」

《樂府群珠》卷一張雲莊小令【山坡羊・述懷】：「便儹些東西，得些衣食，他時終作兒孫『絮』。」

同書卷四王仲元小令【普天樂・春日多雨】：「迤逗入煩惱鄉，積攢下相思欠。」

積，聚也，見《說文》。《詩・周頌・載芟》：「有實其積，萬億及秭。」《國語・楚語》：「無一日之積。」注：「儲也。」儲即聚也。儹，亦聚也。《廣韻》：「儹，租管切，音纂，聚也。」揚雄《覈靈賦》：「會賢儹智。」儹智即集中智慧之意。章太炎《新方言・釋言》：「今通謂積資曰儹錢，蘄州言僔（zǔn）。」合而言之，積儹，爲複意詞，猶云儲蓄、積累，今冀、魯、豫等地仍沿用之。儹，另作儧、攢，同字異體；或作趲，同音假借；積儹，又倒作儹（儧）積，更簡作儹，意並同。

朞親（jī qīn）

《虎頭牌》四【正宮端正好】：「尋思來這朞親尊長多妨礙，俺今日謝罪也在宅門外。」

朞親，即穿一年孝服的親屬。封建社會裏，按照生者和死者血統的親疏，規定出服喪（即穿孝）時間的長短。例如：父母死了，子女要服喪三年；伯叔父母死了，姪子要服喪一年。服喪一年，謂之朞服；有這種親屬關係的，就叫做「朞親」。

躋攀（jī pān）

《竹葉舟》二【甜水令】：「俺也曾鳳闕躋攀，龍門踴躍，馬蹄馳驟，高折桂枝秋。」

《詞林摘艷》卷二無名氏散套【黃鍾畫眉序・湖景畫難摹】：「到此，頓消塵慮，躋攀未可休，再穿徑塢，布襪青鞵，豈憚去途？」

躋，登也，升也。《易・震》：「躋於九陵。」《詩・豳風・七月》：「躋彼公堂。」鄭玄注：「躋，升也。」躋攀，即登攀、高攀之意。唐・吳融《登途懷友人》：「清時正愁絕，高處正躋攀。」句中「躋」字，《全唐詩》注云：「一作登」。韓愈《聽穎師彈琴》：「躋攀分寸不可上，失勢一落千丈強。」唐·范攄《雲谿友議》卷中「思歸隱」條：「必當攀躋千仞之峰，觀九江之水。」韋莊《信州》詩：「嫦娥曳霞帔，引我同攀躋，騰騰上天半，玉鏡懸飛梯。」「攀躋」即躋攀之倒文。

齎（jī）發

賷發　賫發　賚發　賫發

齎發，或作賷發、賫發、賚發、賫發：一、謂資助；二、謂攛掇、慫恿；三、謂賞賜。

（一）

> 《金線池》楔、白：「賢弟且休去，略住三朝五日，待老夫賫發你一路鞍馬之費，未為晚也。」
>
> 《燕青博魚》一【歸塞北】：「天那！您不肯道是相齎發，專與俺這窮漢做冤家；這雪呵，他如柳絮不添我身上絮，似梨花卻變做了眼前花。」
>
> 《王粲登樓》一【天下樂】白：「如今老丞相暗將白金兩錠，春衣一套，駿馬一疋，薦書一封，投託荊王劉表，封皮上寫著某家的名字，賫發他起身。」
>
> 《東堂老》二【二煞】：「〔揚州奴云：〕您孩兒平昔也曾齎發與人，做偌多的好事哩。〔正末唱：〕你齎發呵，與那個陷本的商賈；你齎發呵，與那個受困的官員；你齎發呵，與那個薄落的書生。兀的不揚名顯姓，光日月，動朝廷。」
>
> 《爭報恩》一【賺煞尾】：「你姐夫那做官處，和兄弟廝撞著，這齎發休想是薄。」
>
> 《詞林摘艷》卷五李直夫散套【五供養·愁冗冗恨綿綿】：「若得我往日箇家緣，可也多賫發你些盤纏。」

與人物曰齎，《儀禮·聘禮》：「又齎皮馬。」《漢書·食貨志》：「行者齎。」注：「謂將衣食之具以自隨也。」齎發，即出財物助人之意；資助路費，猶如後來說的「送程儀」。齎，或作賷、賫、賚，都是「齎」的省體，音意並同。

（二）

《黃鶴樓》四、白：「好也落！你怎生齎發哥哥過江去，若有疎失怎了？」

同劇一【尾聲】白：「為甚麼我齎發的俺父親過江去？那周瑜是箇足智多謀的人，俺父親若有些好歹，他這箇位，就是我承襲。」

上舉「齎發」之例，意為攛掇，慫恿。

（三）

《東窗事犯》四【二煞】：「岳飛道秦檜不肯學漢蕭何追韓信，至潭溪賫發的交職掛三齊印。」

賫發，謂賞賜，即資助義之引申。賫，亦為「齎」之省體。

虀鹽

虀鹽運

《裴度還帶》一【鵲踏枝】：「則我這虀鹽運怎生捱，時難度與興衰。」

脈望館鈔校本《曲江池》二【尾聲】白：「只是你不肯攻書，以圖後舉，你這虀鹽運限幾時熬得出去？」

《秋胡戲妻》一【油葫蘆】：「想著那古來的將相出寒門，則俺這夫妻現受著虀鹽困，就似那蛟龍未得風雷信。」

虀鹽，指窮苦人的素食；虀鹽運，謂貧苦的命運。虀同「齏」，見《正字通》。

虀粉

《趙氏孤兒》一【醉中天】：「怕不就連皮連筋撚成虀粉？」

切碎的菜肉叫做虀；虀粉，形容菜肉切的極為細碎，以喻人之粉身碎骨。《資治通鑑・唐紀》肅宗，至德二載：「臣光曰：『世亂則委棄孤城，齏粉寇手。』」《五代史・蘇逢吉傳》「（史）弘肇怨逢吉異己，逢吉謀求出鎮以避之，既而中輟，人問其故，逢吉曰：『苟捨此而去，史公一處分，吾虀粉矣。』」按齏粉即虀粉；齏、虀同字異體。或倒作粉虀、如盛明雜劇《相思譜》九【北叨叨令】：「恨不得將你揉成粉虀，纔出我心頭氣。」

即（jí）

即，用作連詞，猶雖，猶卻。

（一）

《董西廂》卷六【黃鍾宮·侍香金童纏令】：「是即是下梢相見，咱大小身心，時下打疊不過。」

同書同卷【黃鍾宮·整金冠令】：「促織兒外面鬪聲相聒，小即小，天生的口不曾合。」

同書卷七【正宮·梁州三臺】：「隔窗促織兒泣新晴，小即小，叫得暢嗶。」

同書同卷【雙調·文如錦】：「身分即村，衣服兒特捻。」

以上各例，「即」爲雖然之意，把曲意推開一層，表示退步，然後落到正面意見上。

（二）

暖紅室本《西廂記》五本三折：「〔淨云：〕道不得『一馬不跨雙鞍』，可怎生父在時曾許了我，父喪之後，母到悔親？這箇道理那裏有！〔紅云：〕即非如此說。當日孫飛虎將軍半萬賊兵來時，哥哥你在那裏？」

《西遊記》一本三出、白：「白髮蕭蕭兩鬢邊，青山綠水即依然。」

上二例，「即」字用爲轉折連詞，猶「卻」。「即非」，卻非也。「即依然」，卻依然也。白居易《自詠》詩：「豈不欲自改，改即心不安。」羅隱《衡陽泊木居士廟下作》詩：「只應神物長爲主，未必浮槎即有靈。」均其例。

即今

《蔣神靈應》一【尾聲】白：「即今勞師大舉，恐無萬全之功，晉乃不可圖也。」

《七里灘》一、白：「即今在南陽富春山畔七里灘，釣魚爲生。」

《符金錠》二、白：「即今柴梁王即位，某拜官殿前御林軍都指揮使之職。」

即今，猶云當今、現今，即正當現在之意也。劉淇《助字辨略》卷五：「《漢書・高帝紀》：『項伯許諾，即夜復去。』《文帝紀》：『即日夕入未央宮。』《吳志・朱然傳》：『部渡兵攻盛，盛不能拒，即時卻退。』即日、即夜，猶云當日、當夜。即時，猶云當時、立時，並急辭也。」杜甫《曲江陪鄭八丈南史飲》詩：「近侍即今難浪迹，此身那得更無家？」又《丹青引贈曹將軍霸》詩：「即今漂泊干戈際，屢貌尋常行路人。」高適《送李少府貶峽中王少府貶長沙》詩：「聖代即今多雨露。」《清平山堂話本・錯認尸》：「將你嫁與這個官人爲妾，即今便過喬官人船上。」等等，可見「即今」一詞，唐宋語已然。

即世

即世兒　即世裏　積世　七世　即即世世

即世，又作即世兒、即世裏、積世、七世，即即世世。主要含意有三：一、指現世、眼前、這輩子；二、謂老於世故，飽有經驗；三、引申義爲狡猾、絮煩、虛僞、巧言。

（一）

《青衫淚》二【呆骨朵】：「我覷著眼前人，即世裏休相見。」

《兩世姻緣》四【攪箏琶】：「這個即世婆婆，莫不是前世的妳妳？」

《謝金吾》二【感皇恩】：「撇下了即世的婆婆，卻教俺怎支持，怎發付，怎結末？」

《樂府群珠》卷一張小山小令【齊天樂過紅衫兒・湖上書所見】：「小桃花，鬢邊插，即世兒風流俊煞。」

即世，一作即世兒、即世裏，是現世、眼前、這輩子的意思。例一「即世」與「眼前」互文，例二「即世」與「前世」並舉，均可證。

（二）

《董西廂》卷三【南呂宮・三煞】：「是俺失所算，謾摧挫，被這箇積世的老虔婆瞞過我。」

同書同卷【仙呂令・樂神令】：「夫人可來積世，瞧破張生深意。」

同書卷六【大石調・紅羅襖】：「那積世的老婆婆，其實暗猜破，高點著銀釭堂上坐。」

《遇上皇》一【賺煞】:「七世親娘休過當。」

《西廂記》二本三折【得勝令】:「誰承望即即世世老婆婆,著鶯鶯做妹妹拜哥哥。」

《灰闌記》一【寄生草】:「便是狠毒的桑新婦,也不似你這個七世的娘,倒說我實心兒主意瞞家長。」

即世,疊言之則曰即即世世。積世、七世,即「即世」。即、積、七音同。明·劉元卿《賢奕編》卷四:「北直隸、山東人無合口韻,以緝爲七,以葉爲夜。」意謂老於世故,飽有經驗,引申之爲狡猾、絮煩、虛僞。王季思注《西廂》,謂「即即世世,狀言辭之甜蜜」,亦可通。觀《誠齋樂府》【小桃紅】:「他把那即即世世的甜話,引起你涎涎答答的興。」正是形容言詞甜蜜之意。

即目

目即

《張協狀元》十四〔紅衫兒·同前換頭〕:「請君目即出門休在這里」。

《劉知遠諸宮調》二【正宮·尾】:「今有九州安撫,即目招軍。」

《董西廂》卷一【般涉調·牆頭花】:「這些兒古蹟,現在河中府,即目仍存舊寺宇。」

《西廂記》五本一折【醋葫蘆】:「〔旦念書科:〕即目於招賢館寄跡,以伺聖旨御筆除受。」

即目,猶即今、目下,正當現在之意也。倒作目即,如宋元戲文《劉文龍菱花鏡》【前腔換頭】:「嗅我孩兒作我氣,宋忠目即,合口自出氣」,是也。南北朝·江總《入攝山棲霞寺詩序》:「率製此篇,以記即目,俾後來賞者,知余此志。」「此即目」,謂就眼前所見之事物而命題也。

即便

疾便

《五侯宴》四【尾聲】:「你與我疾行動一會,他認了他嫡親娘,你與我疾便的早些兒回。」

《澠池會》一【尾聲】:「且歸到驛亭中,疾便把程途盼。」

《圯橋進履》二【隔尾】白：「先生疾便問卜，小生專等回音也。」

《伊尹耕莘》二【石榴花】白：「不必推辭，即便臨朝。」

《昇仙夢》四【北川撥棹】：「我即便走出門户。」

《醉寫赤壁賦》一、白：「不敢有違，即便赴宴。」

即便，一作疾便，用爲急詞，立刻之意。敦煌變文《妙法蓮花經變文》：「即便隨仙人，供給於所須。」唐・陸贄《宣公奏議》：「試加質問，即便辭窮。」《近思錄・致知》：「心中有所開，即便箚記。」《京本通俗小說・錯斬崔寧》：「那府尹聽得有殺人公事，即便陞堂，便叫一干人犯逐一從頭說來。」《清平山堂話本・錯認尸》：「喬俊聽說，大喜，即便開箱，取出一千貫文。」據此，知唐宋已有此語；然《三國志・魏志・華陀傳》：「應便拔鍼，病亦行差。」劉淇《助字辨略》卷四云：「應便，猶即便也。」字雖不全同，意則相沿屬也。

即留

即溜　唧嗋　㴔溜　濟流

即留，又作即溜、唧嗋、㴔溜、濟流，均一聲之轉，義爲：一、謂精細、機靈、伶俐；二、謂俊秀、嬌弱；三、引申爲敏捷、順利等義。

（一）

《貨郎旦》二【沽美酒】：「逞末浪不即留，只管裏賣風流。」

《氣英布》一、白：「既如此，曹參你去軍中精選二十個即溜軍士，跟隨何出使九江者。」

《陽春白雪》後集二石子章散套【八聲甘州・大幺遍】：「前時唧嗋，今番抹颩，急料子心腸天生透。」

《太平樂府》卷一馮海粟小令【鸚鵡曲・山亭逸興】：「嵯峨峰頂移家住，是箇不唧嗋樵父。」

即留，謂精細、機靈、伶俐，現在口語中還沿用。徐渭《南詞敘錄》云：「唧溜，精細也。」唐・盧仝《送伯齡過江》詩：「不唧溜鈍漢，何由通姓名？」宋・鄭思肖《錦錢餘笑》詩：「昔有古先生，忒殺不唧溜。」按唧溜，即即留也。宋・宋祈《筆談》：「孫炎作反切語，本出於俚語常言，故謂『就』爲『鯽溜』，凡人不慧者，即曰『不鯽溜』。」明・李翊《俗呼小錄》:「人之不慧者曰不唧嚼」。宋・洪邁《容齋三筆》卷十六「切韻語」條:「精爲即零，螳爲突郎。」即零即鯽令，亦即溜字的音轉。南宋・趙彥衛《雲麓漫鈔》卷十二:「若夫跋扈、即溜，悉魏時回語，即溜切『就』字，跋扈切『固』字。」

（二）

《董西廂》三、【出隊子・尾】:「怪得新來可唧嚼，折到得臉兒清瘦。」

同書卷七【鬥鵪鶉】:「把箇泖溜龐兒，爲他瘦損，減盡從來、稔膩風韵。」

上二例，唧嚼、泖溜，意爲俊秀、嬌弱；即劉宋・顏廷之《類書纂要》所謂「杭州人以秀爲唧嚼」者也。

（三）

宋元戲文《張文舉》【拗芝痲】:「燒香願神魂，今夜三更後，夢到他處，說個不唧嚼。」

《詞林摘艷》卷二【越調畫錦堂・夏日炎炎】:「倘著失落甘背打，恐怕娘意不濟流。」

上舉第一例，從上文「臉似花，眉如柳，落在他人手」來看，張文舉在戀愛過程中，似遭挫折，不順利，故云。此處「唧嚼」爲順溜、順利之意。

第二例，宋元戲文《王祥臥冰》引此曲「濟流」二字作「分剖」，故「濟流」意爲解釋、諒解。

又，明人傳奇《白兔記》二十二:「如今幸喜身唧嚼」，則爲身體健康、敏捷之意。

按:以上三例，均爲（一）之引申義。

即漸

即漸裏　積漸裏　即漸的　積漸的　疾漸的　即里漸里　積里漸里

《麗春堂》三【綿搭絮】:「秋草人情即漸疎。」

《劉知遠諸宮調》二【中呂調・牧羊關】:「即漸裏更深也，隱約過二皷，清風觸雨頰。」

《董西廂》卷一【大石調・玉翼蟬】：「水乾了吟硯，積漸裏塵蒙了書卷。」

《梧桐雨》二【紅芍藥】：「即漸裏舞皸雲鬟，施逞你蜂腰細，燕體翻，作兩袖香風拂散。」

《金錢記》三【醉春風】：「即漸的病患將成。」

《殺狗勸夫》三【梁州第七】：「積漸的害得咱憂成病。」

《詞林摘艷》卷三白仁甫散套【粉蝶兒・天淡雲閑】：「疾漸的舞皸雲鬟，施逞那蜂腰細，燕體翻，拂兩袖春風馥散。」

《太平樂府》卷三無名氏小令【柳營曲・風月擔】：「統鏝情忺，愛錢娘嚴，少不得即里漸里病厭厭。」

《詞林摘艷》卷一劉庭信小令【寨兒令・戒漂蕩】：「統鏝倈忺，愛錢娘嚴，著你便積里漸里病懨懨。」

即漸，猶言逐漸、慢慢的。《詩・關雎序》疏：「雅見，積漸之義，故小雅先於大雅。」漢・賈誼《陳政事疏》：「安者非一日而安也，危者非一日而危也，皆以積漸然，不可不察也。」漢・王充《論衡》云：「物之生長，無卒成暴起，皆有浸漸。」「浸漸」亦即漸、積漸之意，浸、積、即、疾，均一聲之轉。唐・孟棨《本事詩》「事感第二」條：「依稀迷姓字，即漸識平生」；敦煌變文《父母恩重經變文》：「形容日日衰羸，即漸轉加憔悴。」宋・歐陽修《五代史・宦者傳論》：「夫爲人主者，非欲養禍於內，而疏忠臣碩士於外，蓋其漸積而勢使之然也。」「漸積」，積漸的倒文，皆其例。「即漸」長言之，則曰即里漸里、積里漸里，乃民間口語展轉衍化的結果，意並同。

急切

急切裏　急且里　急節裏

急切裏，謂急迫、一時。

（一）

《追韓信》一【混江龍】：「急切釣不的滄海鯨鰲。」

《岳陽樓》四【梅花酒】：「俺自拿著掠鼻木，你拽著我布道服，俺急切裏要回去。」

《勘頭巾》楔、白：「我則待所算了員外，急切裏無個計策。」

《李逵負荊》三【浪裏來煞】：「老漢只是家寒，急切裏不曾備的喜酒，且到我女兒房裏吃一杯淡酒去。」

《玉鏡臺》三【紅繡鞋】：「則見他無發付氳氳惡氣，急節里不能勾步步相隨。」

急切，急切裏，均謂急迫、匆忙緊促。《後漢書・崔寔傳》：「聖人執權，遭時定制，步驟之差，各有云設，不強人以不能，背急切而慕所聞也。」李賢注：「背當時之急切而慕所聞之事，則非濟時之要。」《三國演義》第四十五回：「急切不得下手。」《長生殿・驛備》：「急切裏沒有人，就把你頂上罷。」此詞現在口語中仍在沿用。切，一作節，音近借用。

（二）

《單刀會》四【離亭宴帶歇拍煞】：「百忙里趁不了老兄心，急且里倒不了俺漢家節。」

《趙氏孤兒》二【紅芍藥】：「你急切裏老不的形容，正好替趙家出力做先鋒。」

《東堂老》三【尾煞】：「這業海打一千個家阿撲逃不去，那窮坑你便旋十萬個翻身，急切裏也跳不出。」

上舉各例，意謂一時、短時間；乃第一義的引申。

急腳

《劉知遠諸宮調》十二【大石調・紅羅襖】：「有一個急腳，言有機密臨衙。」

《小張屠》二【紫花兒序】白：「教那急腳李能，半夜後王員外兒神珠玉人抱去，明日午時，去在那火池裏燒化。」

同劇三：〔外末扮急腳上開〕

擔任急速傳遞的人叫做急腳，也稱急足，如宋・歐陽修《與焦殿丞書》：「急足辱書，深形涴慰」，是也。沈括《夢溪筆談・官政一》：「驛傳舊有三等，曰步遞、馬遞、急腳遞。急腳遞最遽，日行四百里，唯軍興則用之。熙寧中，又有金字牌急腳遞，如古之羽檄也，以木牌朱漆黃金字，光明眩目，過如飛電，望之者無不避路，日行五百餘里。有軍前急速處分，則自御前發下，三省樞密院莫得與也。」

急并各邦

急彪各邦　急周各支　急抽格扎

《黃鶴樓》二【叨叨令】:「瞎胖姐在麥場上將碓臼兒，急并各邦的搗。」

《黃花峪》三【滾繡毬】:「我這裏急煎煎整頓了衣服，急周各支蕩散了鎗竿篓，急彪各邦踏折了劍昌蒲。」

同劇三【叨叨令】:「急周各支撧折我些紅匙筯。」

《雍熙樂府》卷三散套【端正好】:「將著這急抽格扎的綁縛繩，索性與他乞量曲律的受。」

急并各邦，亦作急彪各邦、急周各支、急抽格扎，均爲表聲詞，狀迸爆、踏折、撧折、綁縛等聲音。

急張拘諸

急獐拘豬　急章拘諸　急張拒遂

《虎頭牌》一【油葫蘆】:「爲甚麼獐獐狂狂便待要急張拒遂（逐）的褪。」

《薛仁貴》三【堯民歌】:「諕的我心兒膽兒，急獐拘豬的自昏迷。」

《李逵負荊》二【叨叨令】:「他這般急張拘諸的立。」

《魔合羅》一【油葫蘆】:「我與你便急章拘諸慢行的赤留出律去。」

急張拘諸，用爲狀詞，形容局促不安及身體蠕動狀。又作急獐拘豬、急章拘諸、急張拒遂，音近意並同。明・無名氏《南極登仙》一【油葫蘆】白：「這氣衝於五臟，串於六腑，急流曲出，急張菊主。」作「急張菊主」，亦取其音近通用。其中「急張拒遂」之「遂」爲「逐」字之訛。

急留骨碌

急流骨都　急留古魯

《燕青博魚》二【油葫蘆】:「我則見五箇鏝兒乞丢磕塔穩，更和一箇字兒急留骨碌滚。」

《氣英布》三【道和】:「看沙場血浸横屍首，直殺的馬頭前急留古魯亂滚滚死死死死人頭。」

《暗度陳倉》二、白:「那石頭急流骨都，吉丢疙疸。」

急留骨碌，狀急遽旋轉之音貌。急留古魯、急流骨都音意同；現在口語中仍沿用。唐·劉恂《嶺表錄異》卷上:「自瓊至報溪澗，澗中有石鱗次。水流其間，或相去二三尺，近似天設，可躡之而過。或有乘牛過者，牛皆促歛四蹄，跳躍而過。見者皆以爲笑。彼人諺曰:跳石牛骨碌，好笑好笑。」又作骨鹿，唐·段安節《樂府雜錄》有「骨鹿舞」，在小毬上縱横騰踏；因其旋轉之快，故名。

急急如律令

《竇娥冤》四【得勝令】白:「有鬼有鬼，撮鹽入水，太上老君，急急如律令。勅。」

《張天師》三、白:「吾奉太上老君，急急如律令，攝！」

《桃花女》三【鮑老兒】白:「天啉啉，地啉啉，魔啉啉，唵啉啉；吾奉九天玄女，急急如律令，攝!」

《碧桃花》三、白:「吾奉太上老君，急急如律令，攝！」

急急，急速之意。如律令，是漢代公文末尾的例行用語，要下級按照律令辦事的意思。後來道教模倣，畫符念咒時，用「太上老君，急急如律令，勅」作爲結尾，表示請求「太上老君」急速按照符咒所要求的去辦的意思。三國·陳琳《爲袁紹檄豫州》，文末云:「如律令。」唐·白居易《祭龍文》:「若三日之內，一雨滂沱，是龍之靈，亦人之幸，禮無不報，神其聽之，急急如律令。」宋·程大昌《演繁露》:「《風俗通》論漢法九章，因言曰:夫吏者治也，當先自正然後正人，故文書下如律令，言當承憲履繩，動不失律令也。今符呪家，凡行移悉倣官府制度，其云如律令者，亦倣官府文書爲之。」《演密鈔》二:「且如此方言，亦有顯言，有咒語，如急急如律令等，咒火不嬈，咒瘧令停，蓋作咒用，不同顯言。」唐・李匡乂《資暇錄》則謂律令爲雷鬼之名，云：「符呪後言急急如律令者，令音零，律令，雷鬼之最捷者，謂當如律令鬼之捷也。」此說，程氏《考古編》已疑之，云：「符呪後云如律令者，是效官府文書爲之，不必鑿以爲雷鬼也。」

疾不疾

《黃鶴樓》二【倘秀才】：「那匹馬緊不緊、疾不疾蕩紅塵一道。」

疾不疾，即疾意，猶如：連不連，即連意；窮不窮，即窮意等，加重語氣，以反語見意，是元曲修辭上之一特點。

棘圍（jí wéi）

棘闈

《西廂記》一本一折【混江龍】：「將棘圍守暖，把鐵硯磨穿。」

《荊釵記》十七、白：「府縣郡王舉子，俱列棘闈之前。」

《不伏老》五、白：「蓬巷幾時聞好信，棘闈何日免重來？」

棘圍，即棘闈，科舉時代進士考場用棘刺圍起來，因稱爲棘闈，後來因作考場的代稱。《左傳》哀公八年：「栫之以棘。」用刺圍場，其法已古。唐・杜佑《通典・選舉》：「唐武德以來，禮部閱試之日，皆嚴設兵衛，栫棘圍之，以防假濫。」《五代史・和凝傳》：「是時進士多浮薄，喜爲喧譁以動主司，主司每放榜，則圍之以棘。」《書言故事・科第類》：「就試貢院，謂鏖戰棘圍。」黃庭堅《博士王揚休碾密雲龍同事十三人飲之戲作》詩：「棘圍深鎖武成宮，談天進士雕虛空。」棘闈，或作棘院，如宋・劉銑《中秋留故居兄弟對月》詩：「棘院功名風雨過。」

棘針門

《漢宮秋》一【金盞兒】：「你便晨挑菜，夜看瓜，春種穀，夏澆麻，情取棘針門粉壁上除了差法。」

古代帝王出行，止宿的地方，以棘爲門，稱爲棘門。這裏用作朝廷或官署的代稱。棘通戟，棘門，即以戟爲門也。《周禮・天官・掌舍》：「爲壇壝（wei）宮棘門。」注引鄭司農云：「棘門，以戟爲門。」孫詒讓《正義》：「《小爾雅・

廣器》:『棘，戟也。』棘、戟古同讀，故經典「戟」字多作「棘」。壇壝宮無門，於壝旁樹戟以表門。《戰國策・楚策》:楚考烈王卒，李園入宮，置死士於棘門之內。則知古者宮門皆立戟矣。」唐制:官階勳三品以上者，許私門立戟，故謂貴顯之家曰戟門。一說:宋元時代，劇場用棘刺圍繞，因而用以指劇場。

幾（jǐ）

《王粲登樓》一【油葫蘆】:「則爲我五行差，沒亂的難迭辦，幾能勾青瑣點朝班？」

同劇一【幺篇】:「想漫漫長夜何時旦，幾能勾斬蛟北海，射虎南山？」

幾，疑問辭，猶怎，猶何；「幾能勾」，即怎能夠、何能够之意。南唐・李煜【破陣子】詞:「三十餘年家國，四千里地山河，幾曾慣干戈」,「幾曾」，何曾也。宋・趙希邁【八聲甘州】詞:「幾傷心牆東片月，趁夜潮流恨入秦淮」,「幾傷心」，猶言怎樣的傷心。

幾般兒

幾般來

幾般兒，又作幾般來。其意有二:一、謂多麼的、何等的；二、謂幾樣、種種。

（一）

《董西廂》卷一【仙呂調・繡帶兒】:「早見女兒家心腸軟，諕得顫著一團，幾般兒害羞赧！」

同書同卷【中呂調・碧牡丹】:「擗掠得幾般來清楚！」

同書卷二【大石調・玉翼蟬】:「諕得臉兒渾如蠟滓，幾般來害怕。」

《玉鏡臺》二【牧羊關】:「幾般兒窄窄狹狹，幾般兒周周正正。」

《太平樂府》卷七睢景臣散套【黃鶯兒・寓僧舍】:「舊恨新愁深似海，情緣在，人無奈，幾般兒可怪！」

《雍熙樂府》卷一無名氏散套【醉花陰・離思】:「則聽的簷馬玎璫不住敲，幾般兒使鬧炒。」

幾般兒，一作幾般來，用作驚嘆、感嘆副詞，意爲多麼的、何等的。張相解作「怎樣的」，略似牽強。

（二）

《存孝打虎》二【梁州】：「怕的是鴈門月冷，紫塞風寒，黃沙漠漠，衰草斑斑，幾般兒生熬的皓首蒼顏。」

《誤入桃源》三【普天樂】：「見了這景物翻騰非前日，不由人幾般兒心中猜疑。」

《黃鶴樓》二【滾繡毬】白：「我打東莊裏過來，看了幾般兒社火：吹的吹，舞的舞，擂的擂。」

上舉各例的「幾般兒」，是幾樣、種種之意。

濟楚（jǐ chǔ）

《董西廂》卷一【般涉調・太平賺】：「一箇箇旖旎風流濟楚，不比其餘。」

《金線池》三【十二月】：「想那廝著人讚稱，天生的濟楚才能。」

《灰闌記》三、白：「我家賣酒十分快，乾淨濟楚沒人賽。」

《揚州夢》三【梁州第七】：「性格穩重，禮數撐達，衣裳濟楚，本事熟滑。」

《爭報恩》楔、白：「我見你這小的，生的幹淨濟楚，委的著人。」

《元曲選》音釋：「濟，上聲。」濟楚，謂整齊美好。吳自牧《夢粱錄》卷十六「酒肆」：「分南北兩廊，皆齊楚閣也，穩便坐席。」《二刻拍案驚奇》卷廿四：「住了多日把官服多整飭齊楚。」「齊楚」，同濟楚。齊爲從紐字，北人呼齒頭濁音字，同全清紐，而讀同次清。作曲家僅傳其音，故書「齊」作濟，又作擠，如《宣和遺事》亨集：「擠楚風光，昇平時世」。

戟（jǐ）角

笄角

《金線池》一【混江龍】：「無錢的可要親近，則除是驢生戟角瓮生根。」

《凍蘇秦》二【煞尾】白：「做嫂嫂的又道是你發跡，甕生根，驢生笄角。」

同劇三【幺篇】白：「則除是驢生笄角甕生根，天教窮斷脊梁筋。」

戟角，或作笄角、機角，均指獸角；今作犄角。《誠齋樂府・桃源景》一【混江龍】：「你要我清閒守分，只除是驢生機角瓮生根。」笄、機等字，同音通用。

計較

計較主要意義有三：一、謂商量、盤算、主張、謀畫；二、謂爭競、爭論、爭辨；三、指非議。較，讀去聲。

（一）

《秋胡戲妻》二、白：「你如今先將花紅財禮去，則要你兩個做個計較，等他接了紅定，我便牽羊擔酒，隨後來也。」

《風光好》二、詩云：「由你千般計較，枉自惹人談笑；休誇伶俐精詳，必定中吾圈套。」

《魔合羅》二【尾】白：「誰想李大到的家中，七竅迸流鮮血死了也！須索與小叔叔說知，做一個計較。」

《賺蒯通》一【金盞兒】白：「樊將軍且慢者！等司徒回去了，再做計較。」

《隔江鬭智》三【金菊香】白：「妹子，我當日與你計較的事，你幾曾依我一些兒來？」

同劇三【逍遙樂】白：「小姐，也要自家做箇計較。」

上舉「計較」各例，意謂商量、盤算、主張。《三國志・吳志・孫堅傳》：「夜馳見術，畫地計校。」「計校」同「計較」。敦煌變文《維摩詰經菩薩品變文乙》：「此時計較得成，持世修行必退。」《水滸》第二回：「計較定了，飛也似取路歸來莊上，卻好五更天氣。」《照世盃・走安南玉馬換星絨》：「差官道：你有得交納沒得交納，也該作速計較。」據此，知此語由來已久，現在還沿用。

（二）

《藍采和》二【賀新郎】白：「今日我生辰，我是壽星，不和你計較。」

上例「計較」，謂爭競、爭論、爭辨。《漢書・賈誼傳》：「婦女不相說（悅），則反脣而相稽。」注：「稽，計也，相與計較也。」隋・顏之推《顏氏家訓・治家》：「計校錙銖，責多還少。」敦煌變文《佛本行集經變文》：「臣與卿有何計教？」《京本通俗小說・拗相公》：「分付江居但憑主人定價，不要與他計較。」《水滸》第七回：「武松見他兩個小心，也不和他計較。」等等，皆其例也。故翟灝《通俗編》援引《賈誼傳》和《孫堅傳》之後，寫道：「按：一以爭論爲計較，一以商量爲計較，今皆言之。」到現在還這樣用，如老舍《龍鬚溝》：「我不計較你，瘋哥！」「不計較你」，就是不和你計較的意思。

（三）

《羅李郎》三【逍遙樂】：「落得一碗涼漿一陌紙，街坊論說，隣里計較，弟兄笑恥。」

以上「計較」，與「論說」、「笑恥」排比一起，當爲非議之意。

計稟

《西廂記》三本四折【鬼三臺】：「笑你箇風魔的翰林，無處問佳音，向簡帖兒上計稟。」

計稟，王季思注：「疑訴稟之誤。」吳曉鈴注：「對答。」二解尚欠圓通，疑「計」爲「討」之誤。「討稟」（要回話）與「問佳音」相呼應。姑釋於此，備參。

紀綱

《單鞭奪槊》一【那吒令】：「俺這裏雖然是有紀綱，知興敗，那裏討尉遲這般樣一個身材。」

《玉壺春》二【梁州第七】：「論胸襟紀綱，我是寨兒中風月的元戎將。」

《三奪槊》一【天下樂】：「若不是唐元帥少年有紀綱，義伏了徐茂公，禮設了褚遂良，智降了蘇定方。」

《西遊記》五本十七齣【那吒令】：「容貌兒善良，修持得梵王，胸襟兒紀綱，扶持得帝王。」

《凍蘇秦》三【絮蝦蟆】：「腌情況，甚紀綱？」

以上各例，「紀綱」與一般用法不同，不是指法度，而是指韜略、計謀。《桃園結義》一【醉扶歸】：「則他那忠信廉能有紀綱，更那堪動靜多奇相。」亦其例。

繫（jì）腰

繫腰帶兒

《忍字記》二【紅芍藥】：「我一隻手將繫腰來揪住向前掐。」

《金鳳釵》二【鬭鵪鶉】：「惡歆歆揝住繫腰。」

《任風子》二【滾繡毬】：「我到那裏一隻手揪住繫腰，一隻手揝住道服。」

《凍蘇秦》：〔牧羊關〕白：「不如就這儀門底下，解下我。」

繫腰，謂腰帶。繫，音計，去聲。《調風月》四【水仙子】作「繫腰」，形誤。

濟（jì）會

濟惠　惠濟

《劉知遠諸宮調》一【正宮・尾】：「冤家濟會非今世，惡業相逢怎由你？」

《薦福碑》一【天下樂】白：「賢弟受窘，你肯謁託一兩個朋友呵，必有濟惠，得些盤纏，進取功名，可不好那？」

《劉弘嫁婢》一【尾聲】：「我本待與些錢物，也則是濟惠他這窮儒。」

同劇二【朝天子】：「俺必索那傾心吐膽將他廝惠濟。」

濟會，即濟惠，「會」爲訛字，應從「惠」。《易・繫辭》：「知周乎萬物，而道濟天下。」《孟子・滕文公》：「分人以財謂之惠。」故「濟惠」者，謂以財物救助人也。倒文作惠濟，意同。

既不沙

既不吵　既不呵　既不阿　既不索　既不是呵　若不沙

《漢宮秋》一【金盞兒】:「既不沙，俺江山千萬里，直尋到茅舍兩三家。」

《金線池》楔【幺篇】:「既不呵，那一片俏心腸，那裏每堪分付？」

《看錢奴》四【幺篇】:「猛覷了這字，是俺正明師；想祖上留傳到此時。是兒孫合著俺兒孩使；若不沙，怎題著公公名氏？」

《黃粱夢》二、白:「若是暗暗的回來，必定做下不公的勾當。既不是呵，怎生一個大將回來，可沒一個人來報知？也不差人迎接？」

《紫雲庭》三【上小樓】:「既不阿，便恁末，人行趄剁。」

《合汗衫》一【混江龍】:「既不沙，可怎生梨花片片，柳絮紛紛？」

《灰闌記》四【慶宣和】:「既不吵，你兩個趕到中途有何意？喒與你對嘴、對嘴！」

《兒女團圓》一【混江龍】:「莫不是春光明媚，既不沙，可怎生有梨花亂落？」

《劉弘嫁婢》二【醉春風】:「既不索，可怎生短命死了顏回？卻怎生延年老了盜跖？」

沙，又作吵，語助詞，無義，相當於呵、啊。既不沙，用作轉接詞，承上啓下，猶云「要不的話」、「倘然不是這樣呵」。閔箋《西廂記》:「沙，襯語，猶南曲呵字。」毛西河說:「既不沙，猶言若不然。」均可取證。又作既不索，既不呵、既不阿、既不是呵、若不沙，意並同。

加額

《老生兒》一【混江龍】:「他道小梅行必定是個廝兒胎，不由我不頻頻的加額，落可便暗暗的傷懷。」

《七里灘》四【水仙子】:「我這里輕揎袍袖手舒開，滿飲瓊漿軟落臺；飲罷時放的穩忙加額，比俺那使磁甌好不自在。」

《兒女團圓》二【罵玉郎】:「三不知逢著貴客，我兩隻手忙加額。」

舉手於額上，表示祝賀，叫做加額。《宣和遺事》貞集：「帝拱手加額曰：『皇天！皇天！』」《元曲選》音釋：「額，鞋去聲。」亦作「額手」，如《紅樓》九十九回：「正申燕賀，先蒙翰教，邊帳光生，武夫額手。」額手，謂以手加額，表示慶幸也。

夾帶

> 《抱粧盒》二【菩薩梁州】白：「陳琳，那裏聽的你這巧言令色！則待我揭開盒兒，看箇明白，果然沒有夾帶，我纔放你出去。」

隱藏私物，秘密攜帶，希圖蒙混檢查的，謂之夾帶。《宋史・食貨志》：「仍嚴立輒踰疆至，夾帶私鹽之禁。」《明史・食貨志四》：「他處商人夾帶餘鹽掣割納價。」《六部成語・戶部・夾帶》注：「糧船之中，夾帶各貨，運京發售，曰夾帶。」舊俗因謂入場應試，暗中攜帶答案或參考資料者，也叫夾帶。《抱粧盒》劇中的「夾帶」，指的是西宮李美人的兒子。

夾腦

夾腦風

> 《舉案齊眉》一【天下樂】詩云：「老孟是個眞夾腦，酒不醉來食不飽，以後還有何人敢上門，看他做不的孟嘗君一隻腳。」

> 《翫江亭》二【梁州】白：「世人不識吾名姓，則我是油嘴光邊夾腦風。」

> 《九世同居》二【紅芍藥】：「我倒好笑：拏著細絲銀子兒，鞍馬衣服，白與了別人去了；我整日家與他做買賣，倒不與我，眞乃是夾腦風也！」

夾腦，貶詞，謂呆人、癡漢。夾腦風，謂傻而瘋顚，極言其精神不正常。風，通瘋。明人雜劇《岳飛精忠》一、白：「岳三同這三個夾腦，一心要同大金廝殺。」亦其例。

枷號

> 《秋胡戲妻》四【得勝令】白：「左右，你去與縣官說知，著重責四十板，枷號三個月，罰穀一千石，備濟饑民，毋得輕縱者！」

《舉案齊眉》四【得勝令】白：「每人杖一百，枷號一個月，打退儒戶，永爲農夫。」

舊時刑法，將木枷枷在犯人頸上，標明罪狀，號令示眾，謂之「枷號」。《六部成語・刑部・枷號》注：「梏首之具也。」又同書《刑部・枷號一個月》注：「以木板拘其頭曰枷號，或一月或二月不等。」《福惠全書・刑名部・人命・自盡》：「若遇有卒眾圍鬧，持棍行凶之徒，立刻鎖拿重責。倡首者，帶至衙門，枷號封固，著地方押回，就於本處示眾。」又同書《刑名部・逃人・緝逃》：「重責二十，枷號一個月。」皆其例。

家

價　加　介　假

「家」字用法很多，主要如下：一、用爲人稱語尾助詞；二、用爲語尾助詞，相當於今之「地」、「個」、「兒」等字；三、用爲估量詞；四、用法猶般、然、一樣；五、用法猶人。

（一）

《救風塵》一、白：「自家鄭州人氏，周同知的孩兒周舍是也。」

同劇三【正宮端正好】：「那婆娘家一湧性無思忖，我可也強打入迷魂陣。」

《漢宮秋》一【混江龍】：「莫便要忙傳聖旨，報與他家。」

《西廂記》三本二折【四邊靜】：「怕人家調犯，早共晚夫人見些破綻，你我何安？」

同劇四本二折【鬼三台】白：「他是箇女孩兒家，著他落後怎麼？」

《魔合羅》二、白：「多多虧了老的！等李德昌來家，慢慢的拜謝你老人家。」

同劇三【幺篇】白：「我是個婦人家，怎熬這六問三推，葫蘆提屈畫了招伏。」

《兩世姻緣》四【落梅風】：「休觸抹著玉鏡臺，秀才價做的來虀鹽黃菜，溫太眞更做道情性乖。」

《東堂老》三【蔓青菜】：「則俺這小乞兒家羹湯少些薑醋。」

《漁樵記》二【朝天子】白：「你是一個男子漢家，頂天立地。」

上舉各「家」字，用作語尾助詞，附於人稱（自稱、他稱或普通人稱）之後，無義。「自家」即我，「他家」即他，「人家」亦是他，「卿家」即你，「女孩兒家」即女孩兒，「秀才價」即秀才，「男子漢家」即男子漢，等等，可類推。唐・司空圖《力疾山下看杏花》詩：「儂家自有麒麟閣，第一功名只賞詩。」「儂家」即儂，亦即我也（不同於今上海方言稱儂爲你）。明・陳耀文《花草粹編》卷二施酒監【卜算子】詞：「識盡千千萬萬人，終不似伊家好。」「伊家」即伊，亦即你也（不同於今人以伊爲第三人稱）。杜甫《吹笛》詩：「吹笛秋山風月清，誰家巧作斷腸聲？」「誰家」即誰也。南唐・馮延己【鵲踏枝】詞：「窈窕人家顏如玉。」「窈窕人家」，猶云窈窕人也。據此知「家」字用作人稱語尾助詞，唐、五代已然。

家，一作價，用法同；讀開口呼如 gā。

（二）

《董西廂》卷三【商調・玉抱肚】：「酒來後滿盞家沒命飲，面磨羅地甚情緒！」

《雙赴夢》一【混江龍】：「一會家眼前活見，一會家口內掂提。」

《拜月亭》一【金盞兒】：「論盆家飲酒壓著詩詞會。」

《梧桐雨》四【叨叨令】：「一會價緊呵，似玉盤中萬顆珍珠落；一會價響呵，似玳筵前幾簇笙歌鬧；一會價清呵，似翠岩頭一派寒泉瀑；一會價猛呵，似繡旗下數面征鼙操。」

《魔合羅》二【出隊子】：「似這般無顛無倒，越教人廝窨約。一會家陰陰的腹痛似錐挑，一會家烘烘的發熱似水燒，一會家撒撒的增寒似水澆。」

《倩女離魂》四【古神仗兒】：「每日價煩煩惱惱，孤孤另另。」

《獨角牛》一【油葫蘆】：「每日介相喚相呼推放牛，遶著他這莊背後。」

元本《琵琶記》二十五【打球場】：「幾年假，爲拐兒，是人都理會得我名兒。」

《陽春白雪》前集三馬東籬小令【壽陽曲・洞庭秋月】：「一會加上心來沒是處，恨不得待跨鸞歸去。」

又同書後集二楊西庵散套【賞花時】:「豁的一會加精細，烘的半餉（晌）又昏迷。」

上舉「家」、「價」等字，用爲語尾助詞，相當於今之地、個、兒等字。這種用法，元代以前已有，例如：宋·洪邁《夷堅志》卷十「李八得藥」條：「汝肯三藏價誦我，卻不肯服我藥。」《朱子全書·自論爲學工夫》:「某而今看聖人說話，見聖人之心，成片價從面前過。」宋·趙長卿【滿庭芳】詞：「終日價淺酌輕謳。」等等，皆其例也。

按家、價、介、假、加等字，皆爲一音之轉。作爲語尾助詞的，今口語家、價俱呼「街（jie）」，輕讀。

（三）

《薦福碑》一【天下樂】:「我渾攢下到六、七斤家麻，四、五斗家粟。」

《燕青博魚》二【混江龍】:「憑著我六文家銅鏝，博的是這三尺金鱗。」

《風光好》一【仙呂點絳唇】:「憑著我霧鬢雲鬟，黛眉星眼，尋衣飯。則向這酒社詩壇，多少家喬公案！」

《太平樂府》卷三無名氏小令【一錠銀帶大德樂·詠時貴】:「擺列著兩行價頭踏。」

同書卷三張小山小令【凭闌人】:「小玉闌干月半掐，嫩綠池塘春幾家！」

以上各「家」字，用爲估量之詞。「六、七斤家麻，四、五斗家粟」，「六文家銅鏝」、「多少家喬公案」，都是對數量的估量；「嫩綠池塘春幾家」，意謂池塘春色有幾多光景也，這是對光景的估量，若看作「人家」之「家」，則費解矣。唐·李商隱《寄惱韓同年二首》之二：「龍山晴雪鳳樓霞，洞裏迷人有幾家！」這是他寄給韓同年的詩，時韓住在蕭洞，故詩意是說，住在蕭洞裏，有多少賞心樂事和迷人之景呵！看來，李詩張曲，修辭造句，前後如出一轍。

（四）

《緋衣夢》二【南呂一枝花】:「心緒澆油，足趔趄家前後，身倒偃門左右，覺一陣地慘天愁，徧體上寒毛抖搜。」

《樂府新聲》上無名氏散套【風入松・夜闌深院】:「病人憔悴煞，瘦得來不似人家。」

上舉「家」字，猶般，猶然，猶一樣。例一，「足趔趄家前後，身倒偃門左右」，是說忽前忽後如趔趄般，忽左忽右如倒偃般；「家」與「門」互文對舉。例二，「瘦得來不似人家」，猶云瘦得不像人樣子。

此用法，亦見於唐宋，如唐・李頎《題僧房雙桐》詩:「誰能事音律，焦尾蔡邕家。」言聽焦桐響而辨音律，誰能像蔡邕一樣呵！王安石《送張宣義之官越幕》詩:「誰謂貴公子，乃如寒士家？」意云誰說貴公子，竟像寒士一般。楊萬里《秋菊歎》詩:「蕉葉半黃荷葉碧，兩家秋雨一家聲。」意謂蕉葉和荷葉，兩般秋雨一般聲也。上面「家」字，都不能解做「人家」之「家」。

（五）

《李逵負荊》三【浪裏來煞】:「使不的三家來便廝靠，則這三寸舌是俺斬身刀。」

上舉「家」字，猶云人，「三家」即指宋江、王林、李逵三人。《京本通俗小說・錯斬崔寧》:「後邊兩個趕到跟前，見了小娘子與那後生，不容分說，一家扯了一個。」「一家」謂一人也。《清平山堂話本・漢李廣世號飛將軍》:「一日，廣從文帝上林射獵，忽然深草中趕起一隻猛虎，眾家躲避。」「眾家」，謂眾人也。現在方言，猶有稱人爲家的。

除上列五意外，其它如《猿聽經》三【耍孩兒】:「果然是依爲佛祖菩提處，堪作禪僧寂靜家。」此「家」字，謂地方、處所也。《陳州糶米》一折、白:「我若得多的，你也得少的，我和你四六家分。」此「家」字猶成，猶停；「四六家分」，即謂四六成分也。等等，不及備舉。

家計

家緣　家緣家計

《東堂老》楔、白:「老夫一生辛勤，掙這個銅斗兒家計。」

同劇一、白:「我如今不比往日，把那家緣過活，都做篩子喂驢、漏豆了。」

《盆兒鬼》三【麻郎兒】:「指望你看家守計。」

《劉知遠諸宮調》一【正宮・應天長纏令】：「蓋爲新來壞了家緣，離故里南中趁熟。」

《虎頭牌》二【阿那忽】：「再得我往日的家緣，可敢齎發與你些個盤纏。」

同劇二【忽都白】：「我也曾有那往日的家緣，舊日的莊田。」

《合汗衫》二【青山口】白：「俺許來大家緣家計，盡皆沒了。」

《神奴兒》一、白：「你每日則是貪酒，不理家計。」

家計，指家產、家庭生計。用法甚早，如：三國・曹植《上書請免發取諸國士息》：「於朝萬無損益，於臣家計，甚有廢損。」《晉書・甘卓傳》：「五口家計急，不得不爾。」北朝樂府民歌《捉搦歌》：「小時憐母大憐壻，何不早嫁論家計？」敦煌變文《頻婆娑羅王後宮綵女功德意供養塔生天因緣變文》：「多饒財寶，家計充盈。」又《季布詩詠》：「養兒只合知家計，四時八節供酣飽。」《京本通俗小說・志誠張主管》：「只因不伏老，兀自貪色，蕩散了一個家計。」等皆是。

家計，或作家緣，或連文作家緣家計，意並同。《明一統志》：「一根兩根柴，便是家緣了。」

又，家計有時指朋友，如《曲江池》四【得勝令】：「你可認的那舊家計鄭元和？」有時指婚配，如《剪髮待賓》四【雙調新水令】：「俺孩兒寒窗下爲人，今日箇成家計，會秦晉。」（「家計」與「秦晉」互文對舉。）有時指家園，如《千里獨行》一【金盞兒】：「驟征駹，尋家計，插翅走如飛。」今天津郊區方言，仍以家計指家庭，如說一家一計，就是一家一室之意。

家兄

《來生債》一【鵲踏枝】白：「洛中貴遊，世間名士，愛我家兄，皆無窮止。」

家兄，指錢。《西湖二集・巧妓佐夫成名》：「有家兄打圓就方」，亦其一例。晉・成公綏《錢神論》：「愛我家兄。」魯褒《錢神論》：「見我家兄，莫不驚異。」曲語蓋本此。

家樂

《揚州夢》一【天下樂】白：「老夫有一家樂女子，頗善歌舞，喚他出來，伏事學生咱。」

同劇一【賺煞尾】白：「我著家樂奉酒。」

《醉寫赤壁賦》一【幺篇】白：「小官有家樂數人，著筵前吹彈歌舞爲樂。」

家樂，謂私家所蓄的樂妓，別於官樂而言，猶言家妓。觀白居易《與牛家妓樂雨夜合宴》及《答蘇庶子月夜聞家僮奏樂見贈》：「牆西明月水東亭，一曲霓裳按小伶。不敢邀君無別境，絃生管澀未堪聽。」諸詩，知唐代蓄家樂之風甚盛。又，《舊唐書・白居易傳》：「家伎樊素蠻子者，能歌善舞。」皆可證。明・田汝成《西湖志餘》：「蘇子瞻貶惠州，家妓都散去，獨朝雲依依嶺外。」

家長

家長：一、指家主；二、指婦女的丈夫；以及其它。

(一)

《東牆記》楔【幺篇】白：「老者，俺家長來此投宿。」

《神奴兒》四【沉醉東風】白：「大人，小兒犯罪，罪坐家長，干小婦人每甚麼事？」

《劉弘嫁婢》二【朝天子】白：「我問你，這凡百一家人，有箇家長麼？」

上舉各例，謂一家之長、家主。《墨子・天志》：「惡有處家得罪於家長而可爲也。」一般以家屬中最尊者當之，現在還是這樣用。

(二)

《拜月亭》一【金盞兒】：「哥哥道做：軍中男女若相隨，有兒夫的不擄掠，無家長的落便宜。」

《鐵拐李》二【滾繡毬】：「你便守煞呵，剛捱到服滿三年，你嫁箇知心可意新家長。」

《灰闌記》一【寄生草】：「便是那狼毒的桑新婦，也不似你這個七世的娘，倒說我實心兒主意瞞家長。」

《貨郎旦》四【七轉】：「只說道姦家是船家，猛將咱家長喉嚨掐，磕搭地揪住頭髮。」

《漁樵記》二【滾繡毬】：「〔正末云：〕劉家女倈，喒家裏雖無那細米呵，你覷去者波。〔唱：〕我比別人家長趲下些乾柴。」

以上各例，家長，指婦女的丈夫。《幽閨記》六：「老婆說：『家長老官兒，今後有甚麼官府事，報他一名。』」《三國志平話》卷上：「賤妾本姓任，小字貂蟬，家長是呂布。」皆其例。

除上述二解外，家長也指船長、艄公，即水手的頭目。例如：《水滸》第三十七回：「宋江道：『家長休要取笑。怎地喚做板刀面？怎地是餛飩？』」《警世通言・呂大郎還金完骨肉》：「急叫家長開船，星夜趕路。」又同書《蘇知縣羅衫再合》：「叫家長與我移舟到秋江亭去，舟人依命。」按俗稱家長，實爲駕長之訛，以其駕舵、駕艣，故號爲駕長，如《桃花扇・逢舟》：「駕長，你看前面淺灘中有人喊叫，我們撐過船去，救他一命」，是也。

又宋時，在金陵一帶稱節級爲家長，如《水滸》第三十八回寫道：「故宋時，金陵一路節級都稱呼做家長」。按節級爲宋時低級武職官稱。可參閱「捷譏」條。

家活（jiā・huo）

家火

家活：一、指家具、用具，或作家火、家伙；二、指財產。

（一）

《破窰記》二【倘秀才】白：「有我丈人、丈母來到這裏，要他女孩兒家去，他不肯去也，將我家活都打碎了。」

《劉弘嫁婢》一【醉中天】白：「你有甚麼家活搬不了？先把那破床擡出去！」

《昇仙夢》一、白：「天色晚了，收拾了家火，我還家去。」

《硃砂擔》一【青哥兒】白：「小二哥，你起來，收拾家火，我去了也。」

《漁樵記》二【倘秀才】：「劉家女倈，你與我討一把兒家火來。」

《太平樂府》卷六曾瑞卿散套【端正好·自序】:「時不遇也恁麼，且耕種置個家活。」

家活，即家火，指家庭用具。章太炎《新方言·釋器》:「《虞書》:『懋遷有無化居。』今人什器曰傢伙。尋《說文》:『家，居也。』《釋名》:『火』化也。此皆以聲爲訓。家與居同音，火與化同音，則傢伙即居化，是化居二字倒易耳。或稱什器爲貨者，亦同此義。」按傢伙，即家火，亦即家活。《紅樓夢》第三十五回:「鳳姐先忙著要乾淨傢伙來替寶玉揀菜」，亦以傢伙指用具，今則多用爲對人的憎稱或戲稱，如云:「這老傢伙」，「那小傢伙」，等等。

（二）

《忍字記》四【中呂粉蝶兒】:「好教我無語評跋，誰想這脫空禪客僧瞞過，乾丟了銅斗兒家活，則俺那子和妻，心意裏，定道我在蓮臺上穩坐，想必我坑陷的人多著這個看錢奴受這一場折挫。」

上舉「家活」，指家產。

家生

家生的

《後庭花》一、白:「有一箇家生的孩兒是王慶。」

《西廂記》五本三折【絡絲娘】:「你須是鄭相國嫡親的舍人，須不是孫飛虎家生的莽軍。」

《羅李郎》二【隔尾】白:「我道你是家生孩兒，一定不要。」

《㑳梅香》楔、白:「更有一個家生女孩兒，小字樊素，年一十七歲，與小姐做伴讀書。」

舊時奴婢生的子女，仍在主人家服役的稱「家生」、「家生的」「家生孩兒」、「家生女兒」。元·陶宗儀《輟耕錄》卷十七「奴婢」條云:「奴婢所生子，亦曰家生孩兒。」考此語來源甚古。《漢書·陳勝傳》:「秦令少府章邯免驪山徒人奴產子。」顏師古注:「奴產子，猶今人云家生奴也。」南朝（宋）劉敬叔《異苑》:「廬陵人郭慶之有家生婢名採薇。」敦煌變文《佛說阿彌陀經講經文》:「拔悉密則元是家生，黠戞私則本來奴婢。」這裏也顯而易見，說「家生」是「奴婢」。這種稱呼，一直沿襲到清代。如《紅樓夢》第十九回:「我又比不得是這裏的家生子兒。」

家生哨

家中哨　家中俏　家生肖　家生肖兒

《金鳳釵》二【石榴花】:「哎！你箇孟嘗君自養著家中哨。」

《魔合羅》二【掛金索】:「他如今致命圖財，我正是自養著家生哨；疑怔來時，不將著親嫂嫂。」

《東堂老》一【寄生草】:「你抛撇了這醜婦家中寶，挑踢著美女家生哨。」

《替殺妻》三【滿庭芳】:「那婆娘罪惡到，官人上難學；空養著家中俏，我根前欲待私情暗約。」

《騙英布》三【鬬鵪鶉】白:「我可不養著家生肖哩。」

《捉彭寵》三【倘秀才】白:「元帥，他都是家生肖兒！和他說甚麼？拏出去哈剌了罷！」

《石榴園》三【紅繡鞋】白:「我可是麼，養著家生肖，小校拏出楊修去，與我殺壞了者！」

奴婢所生子女曰家生。哨，或作哨子、哨廝，意謂流氓、無賴、不守本分者。家生哨，即指吃裏扒外的內奸、家賊。又作家中哨、家中俏、家生肖。俏、肖與哨，均疊韻字借用。生一作中，意同。參見「家生」條。

家克計

《竇娥冤》二【南呂一枝花】:「有一等婦女每相隨，並不說家克計，則打聽些閑是非。」

家克計，即克家之計，謂持家之道，亦即研究、琢磨治家的辦法。「克家」一語，上古即有，如《易・蒙》:「子克家。」舊時亦指能繼承祖先事業的子弟爲「克家子」。如《金史・世宗紀下》:「但能不墜父業，即爲克家子。」王季思等解「家克計」，疑「克」爲誤字（見《元雜劇選注》），恐未當。

嘉慶子

《百花亭》三【掛金索】:「嘉慶子家風製度實奇美，枝頭乾流傳可口眞佳味。」

同劇三【逍遙樂】白：「枝頭乾分利陰陽，嘉慶子調和臟腑。」

嘉慶子，是李子的別名。李時珍《本草・李》：「今人呼乾李爲嘉慶子。」唐・韋述《兩京記》：「東都嘉慶坊有李樹，其實甘鮮，爲京都之美，故稱嘉慶李。今人但言『嘉慶子』，其稱謂既熟，不加李字可證也。」唐・白居易、宋・洪邁均有詠嘉慶子詩。清・翟灝《通俗編・草木・嘉慶子》：「嘉慶子雖即是李，而種類與凡李殊。今人概以爲李脯之號，虛譽之耳。」

甲頭

《羅李郎》三、白：「自家是勅修相國寺甲頭，管著這做工的眾多夫役，放他吃飯去了，怎生不見做工。」

同劇三【幺篇】：「〔做見甲頭科，問云：〕這一火人都是爲甚麼來？〔甲頭云：〕這些都是犯罪該死的，聖恩免死，著在相國寺做工。」

戲文《張協狀元》十：「吾是值日小鬼甲頭，也弗識肉，也弗識酒。」

甲頭，管領夫役的小頭目。宋・吳自牧《夢粱錄》卷十六「米鋪」條：「肩駝腳夫亦有甲頭管理。」

甲首

《虎頭牌》一【金盞兒】白：「我偌大年紀，也無些兒名分，甲首也不做一個。」

甲首，即甲主。元代爲了嚴密統治南方人民，每二十家編爲一甲，以北人爲甲主；一切都要聽從甲主的命令。（見《燼餘錄・乙編》。）明代也設有甲首，《明史・食貨一、戶口》：「洪武十四年詔，……甲凡十人，……甲首一人。」

假似

《黑旋風》一【煞】：「〔宋江云：〕假似哥哥上馬呵？〔正末唱：〕上馬處就與他執鞭墜鐙。〔宋江云：〕假似哥哥吃酒呵？〔正末唱：〕吃酒處就與他綽鏇提觥。」

同劇三、白：「這廝你怎麼這等罵他，假似他聽得呢？」

《昊天塔》二：「〔小軍云：〕元帥，假似不放他過來，他打我呢？〔楊景云：〕你也打他。〔小軍云：〕假似罵我呢？〔楊景云：〕你也罵他。〔小軍云：〕假似咬我呢？〔楊景云：〕胡說。」

假似，猶假使、假若、假如。

假饒

假饒，意謂假使或縱使，釋例如下：

（一）

《老生兒》三、白：「人生雖是命安排，也要機謀會使乖；假饒不做欺心事，誰把錢財送我來？」

《王粲登樓》三、詩云：「假饒不得風雷信，千古無人識臥龍。」

《來生債》一【混江龍】詩云：「世間人喜是錢親，成功立業顯家門；假饒囊底無錢使，滿腹文章不濟貧。」

假饒，用爲設辭，謂假使、假若、如果。唐・李山甫《南山》：「假饒不是神仙骨，終抱琴書向此游。」明・盃稱舜雜劇《英雄成敗》三、白：「假饒報道賊兵來，我也關上城門只喫酒。」《醒世恒言・灌園叟晚逢仙女》：「假饒那花主人要取一枝一朵來贈他，他連稱罪過，決然不要。」皆其例。

（二）

《董西廂》卷八【黃鍾宮・第八】：「便假饒天下雪，解不得我這腹熱。」

《單刀會》三【尾聲】白：「假饒魯肅千條計，怎勝關公這口刀！」

《黃粱夢》一【醉中天】：「假饒你手段欺韓信，舌辯賽蘇秦，到底個功名由命不由人。」

假饒，謂縱使、即使、即令、儘管、就算、任凭，含有進一步的意思。宋・黃庭堅【好女兒】詞：「假饒來後，教人見了，卻去何妨？」《小孫屠》戲文：「假饒人心似鐵，怎逃官法如爐？」《琵琶記》十七：「假饒走上焰摩天，腳下騰雲須趕上。」以上各例，意俱同。

假姨姨

《貨郎旦》一【柳葉兒】：「都是些胡姑姑、假姨姨廳上坐，待著我供玉饌、飲金波。」

《謝金吾》三【聖藥王】白：「你家姓柴，官裏姓趙，胡姑姑、假姨姨，可是甚麼親眷？」

假姨姨，假親戚也，義同胡姑姑。《李雲卿》三、白：「甚麼嬰兒姹女，黃婆、黑婆、白婆，都是些胡姑姑假姨姨。」亦其例。

肩胛（jiān jiǎ）

肩膊

《看錢奴》一【六么序】：「你看他聳起肩胛，迸定鼻凹，沒半點和氣謙洽。」

《灰闌記》三【刮地風】：「我這裏挺一挺聳著肩胛，擺一擺摩著腰胯。」

《盆兒鬼》一【么篇】：「猛見個搬住肩胛，叫道休殺，這老爺爺又是誰家？」

同劇一【金盞兒】白：「我趕著要殺他，卻被一個白鬚老兒搬手住我的肩膊，叫道：『休殺！休殺！』」

肩胛，即胛，指背上兩膊之間靠脖子的部位，故亦稱肩膊。《說文》：「髆，肩甲也。」段注：「單呼曰肩，絫呼曰肩甲，甲之言蓋也，肩蓋乎眾體也。今俗云肩甲者，古語也。《釋名》作肩甲，《靈樞經》作肩胛。」章太炎《新方言．釋形體》：「《說文》牛下云：『象角頭三封尾之形。』封謂肩甲，故今人謂肩爲肩封，音如邦。」

肩輿

《周公攝政》四【掛玉鉤】：「您眞個不放也，我捨了老性命就肩輿上跳下來。」

肩輿，即轎子，用肩抬行，故曰肩輿。唐．李紳《入揚州郭》詩：「自緣多病喜肩輿。」宋．蘇軾《端午遍游諸寺得禪字》詩：「肩輿任所適，遇勝輒留連。」王讜《唐語林》卷一「德行」條：「有肩輿自宅出。」《京本通俗小說．拗相公》：「荊公索性不十分梳洗，上了肩輿。」等等，皆可證。

肩輿，也稱平肩輿，如《晉書・王獻之傳》：「獻之嘗經吳郡，聞顧辟疆有名園，先不相識，乘平肩輿徑入。」又同書《謝萬傳》謂：「謝萬嘗衣白綸巾乘平肩輿。」

《唐會要》又把肩輿稱爲擔子，如云：「命婦朝謁，並不得乘擔子。其尊屬年高特勅賜擔子者，不在此例。」

明・陸容《菽園雜記》：「古稱肩輿、腰輿、板輿、筍輿、兜子，即今轎也。」陸氏這段話，頗易引起誤會：其一，好像到了明代只稱「轎」，不再稱「肩輿」，實則不然，如盛明雜劇《南樓月・鷓鴣天》：「左右可將肩輿來，屏去騶從徑去城。」其二，好像稱「轎」只是明代的事，明・張自烈《正字通》云：「轎，《河渠書》：『山行即轎。』《史記》作『橋』，蓋今肩輿，謂其平如橋也。」

監繫

監計　監籍

《紫雲亭》二【二煞】：「我這壁道防送早催逼，他那壁帶鐵鎖囚人監計（徐本改爲「繫」）俺兩處各心碎，是有遭間阻的也不似俺不吉利，兀的是甚末娘別離！」

《周公攝政》三【麻郎兒】：「事既該十惡大逆，罪合當萬剮凌遲，願把臣全家監籍，乞將臣九族誅夷。」

同劇三【拙魯速】：「未曾了前罪，又持著兵衛，怕主公難意，大臣猜忌，願情的把家私封記，老妻留係，伯禽監繫，俺一家兒當內質。」

曾瑞散套〔哨遍〕《羊訴冤》：「便似養虎豹牢監繫。」

監計、監籍、監繫，都是監禁之意，即拘留犯人於一定的場所，而禁止其行動自由之謂也。按計，計簿也；《左傳》招公二十五年：「計於季氏。」注：「送計簿於季氏。」籍，簿冊之屬也；《漢書・功臣表》：「以昭元功之侯籍云。」注：「籍，謂名錄也。」是知上例中之計、籍，都是罪犯登記名冊之意，故監計、監籍、就是把罪犯登記在案、監押起來。繫，拘係也，與監同義，故監繫，與監計、監籍意同。

煎燶

《望江亭》三【紫花兒序】白：「李稍，拏了去，與我薑辣煎燶了來。」

煎燶，謂煎燴。按：煎燴，是把已熟的蔬菜或肉類，調和濃汁煎炒而成；是我國傳統的烹飪法之一。《元曲選》音釋：「燶，鑽上聲。」

揀擇

《青衫淚》一、白：「只是孩兒養的嬌了，一來性兒好自在，二來有些揀擇人。」

《虎頭牌》二【醉娘子】：「則我那珍珠、豌豆也似圓，我尚兀自揀擇穿。」

《秋胡戲妻》一【柳葉兒】：「問山人，怎生的不揀擇個吉日良辰！」

《漁樵記》二【三煞】：「你似那碔砆石比玉何驚駭，魚目如珠不揀擇。」

揀擇，謂挑剔、選擇。《三國志・袁紹傳》注引《魏書》：「博愛容眾，無所揀擇。」范益謙《座右誡》：「凡喫飲食，不可揀擇去取。」

趼（jiǎn）

蠒

《伍員吹簫》一【油葫蘆】白：「兀的這兩脚上不跚成了趼也！」

同劇一【天下樂】：「害的你脚心裏踏做了趼。」

《對玉梳》四【落梅風】：「脚背踵是脚心裏踏成的蠒。」

《貨郎旦》三【正宮端正好】：「脚心裏踏成趼。」

《殊砂擔》一【四季花】白：「連我也被這脚趼兒礙事，小二哥將個針來，煩兄弟與我挑破這趼者。」

手皮、脚掌因磨擦過度所生的水泡或厚皮，謂之趼，通作蠒或繭。《莊子・天道》：「士成綺見老子而問曰：吾聞夫子聖人也，吾因不辭遠道而來願見，百舍重趼而不敢息。」趼又作繭，如杜甫《觀公孫大娘弟子舞劍器行》：「老夫不知其所往，足繭荒山轉愁急。」

簡

簡帖　簡帖兒　緘帖

《西廂記》三本二折【普天樂】：「將簡帖兒拈，把粧盒兒按，開折封皮孜孜看，顚來倒去不害心煩。」

同劇三本四折【鬼三臺】：「笑你箇風魔的翰林，無處問佳音，向簡帖兒上計稟。」

《倩女離魂》三【哨徧】：「把巫山錯認做望夫石，將小簡帖聯做斷腸集。」

《㑳梅香》二【歸塞北】：「這簡帖兒方勝小。」

同劇二【怨別離】：「〔正旦與白簡科〕〔白跪接云：〕小姐有書，怎敢輕褻，待我焚上一罏香，小娘子替代喝拜咱！」

《雍熙樂府》卷八・無名氏散套【一枝花・盼望】：「再休寄陷郎君的緘帖。」

簡、簡帖、簡帖兒，一般指書信；上舉元劇各例，則指情書。按：古時無紙，刻字於木、竹片曰簡，書字於帛曰帖。及至東漢蔡倫造紙以後（據近來出土文物，知在蔡倫之前早已有紙），人們仍習用舊稱不變。近年在各地出土的古代木簡很多，上面書寫的內容也很廣泛，簡的用途和後來的紙約略相同。

翦綹（jiǎn jiǔ）

剪綹　翦柳

《鐵拐李》一【金盞兒】白：「這老子倒乖！哄的我低頭自取，你卻叫有翦綹的，倒著你的道兒。」

《勘頭巾》二：「〔令史云：〕這個是甚賊？〔張千云：〕這是剪綹的。」

《漁樵記》二【脫布衫】白：「由你寫！或是跳牆驀圈，翦柳搠包兒，做上馬強盜，白晝搶奪；或是認道士，認和尚，養漢子，你則管寫不妨事。」

綹，《集韻》：「力九切，音柳。」《說文》：「緯十縷爲綹。」俗亦謂繫物的條帶曰綹。翦綹，謂剪斷其繫物之條帶，以盜取人們佩帶的財物。小偷兒盜竊財物的一種手段。又作剪綹、翦柳。翦、剪同字異體。柳爲訛字。清・

翟灝《通俗編》：「世每誤書綹爲柳，如唐皐詩：『爭奈京城翦柳多』，是也。」又如《洞玄昇仙》一、白：「你每學道（盜），我則會剪綹。」現代口語中，還有「折白剪綹」的說法。

瀽（jiǎn）

《竇娥冤》三【叨叨令】白：「婆婆，此後遇著冬時年節，月一十五，有瀽不了的漿水飯，瀽半碗兒與我吃，燒不了的紙錢，與我燒一陌兒，則是看你死的孩兒面上。」

《玉鏡臺》三【普天樂】：「〔官媒云〕小姐接酒。……〔旦做瀽酒科，云：〕我不吃。」

《老生兒》三【紫花兒序】：「他添不到那兩鍬兒新土，燒不到一陌兒銀錢，瀽不到有那半椀兒的涼漿。」

《瀟湘雨》三【黃鍾醉花陰】：「忽聽的摧林怪風鼓，更那堪甕瀽盆傾驟雨？」

《賺蒯通》二【快活三】：「我爲甚的瀽一椀漿飯水，燒一陌紙錢灰？」

瀽，潑、倒之意。舊俗祭奠死人時，把酒、飯倒在地上，叫做瀽。

見識

見識：一、謂見解、知識；二、謂道兒、心計、花招；三、指武藝。

（一）

《金線池》二、白：「若他也是虔婆的見識，沒有嫁我之心，卻不我在此亦無指望了。」

《李逵負荊》四【攪箏琶】白：「哥哥，恁兄弟山澗直下砍了一束荊杖，告哥哥打幾下。您兄弟一時間沒見識，做這等的事來。」

《凍蘇秦》二【朝天子】：「嗨！這婆娘的見識、所爲！〔帶云：〕蘇秦也，今日回來，做妻子的也來識誚著。」

上舉「見識」各例，謂見解、知識，即辨別事理的識力和經驗知識。宋．羅大經《鶴林玉露》云：「曾點之見解，顏子之工夫」，「見解」猶「見識」。一作見覷，意同；如明人雜劇《陳倉路》三：「一箇箇志氣迂，有見覷。」

（二）

《哭存孝》四、白：「都是康君立、李存信這兩個賊醜生的見識，著他改做安敬思。」

《介子推》二【罵玉郎】：「是君王傳的聖旨，驪后定的見識，是賊子施的機彀。」

《硃砂擔》二【梁州第二】：「若不是我使見識，一杯也那一跪，天那！可不將我這潑殘生早做了千死千休。」

上舉「見識」各例，意謂主意、計策、道兒、心計、花招。《京本通俗小說·錯斬崔寧》：「又使見識往鄰舍家借宿一夜，卻與漢子通同計較，一處逃走。」《岳飛破虜東窗記》三十一：「你笑我風魔蠢癡，我知其中見識。」明·黃元吉《流星馬》一【天下樂】白：「小姐放心，不必用人，出的雁門關，到沙漠，我自有箇見覷。」意並同。

（三）

《千里獨行》一【油葫蘆】：「則俺這兄弟張飛誰近的？他端的有見識，使一條點鋼鎗，敢與萬人敵。」

《射柳捶丸》二【四塊玉】：「則說他有見識，則說他有智謀。」

上舉「見識」，指武藝。

見不的

見不得

《燕青博魚》一、白：「不知我這兄弟，爲著那一件來，徧（偏）生兩個眼裏見不的我那嫂嫂。」

《老生兒》楔、白：「我那伯伯爲著我父親面上肯看覷我，我那伯娘眼裏見不的我，見了我不是打便是罵。」

《風光好》一【醉中天】：「他教莫把瑤箏按，只許鳳簫閒；他道是何用霓裳翠袖彎，便休撒紅牙板，不教放筵前過盞；幾時得酒闌人散，直恁般見不得歌舞吹彈！」

《殺狗勸夫》楔、白：「雖然是我的親手足，爭奈我眼裏偏生見不得他。」

見不的，謂嫌棄、討厭；現在口語中，還有此用法。的，一作得，上舉各例中，音義並同。

間諜（jiàn dié）

間迭　間疊

《董西廂》卷四【般涉調・牆頭花】:「莫不是別人曾間諜？」

《拜月亭》三【倘秀才】:「那一箇爺娘不間疊？不似俺，忒啤嗻，劣缺。」

《貶夜郎》四【後庭花】:「君王行廝間迭，聽讒臣耳畔說。」

《馬陵道》四【鬬鵪鶉】:「俺和他同堂友至契至交，須不是被傍人廝間廝諜。」

《百花亭》一【賺煞】:「著那等乾眼熱滑張杓倈，任從些，打草驚蛇，儘教他捏怪排科廝間諜。」（一作「間迭」。）

《詞林摘艷》卷九蘭楚芳散套【願成雙・春初透花正結】:「好姻緣惡間諜，七條絃斷數十載。」

間諜，在元曲中，用作動詞，意謂離間、挑撥、作梗；與現今一般用作名詞，指細作、特務之意不同。諜，一作迭、疊，同音借用。

賤降

《忍字記》三【川撥棹】:「我富絕那一方，那一日因賤降，相識每重重講。」

《東堂老》四、白:「今日是老夫賤降的日辰，擺下酒席，請眾街坊慶賀這所新宅子，就順便慶賀小員外。」

《兒女團圓》一、白:「今日臘月十五日，是我那二嫂賤降之日。」

賤降，是對自己或家人生日的謙稱；貴降，是對別人生日尊稱，如《㓂江亭》一:「今日是大姐生辰貴降之日」，是也。

劍界

《單刀會》四【慶東原】:「〔正末云:〕魯子敬，你聽的這劍界麼？〔魯云:〕劍界怎麼？〔正末云:〕我這劍界，頭一遭誅了文醜，第二遭斬了蔡陽，魯肅呵，莫不第三遭到你也？」

同劇四【沉醉東風】:「〔魯云：〕那是甚麼響？〔正末云：〕這劍界二次也。〔魯云：〕卻怎麼說？〔正末云：〕這劍按天地之靈，金火之精，陰陽之氣，日月之形，藏之則鬼神遁跡，出之則魑魅潛踪，喜則戀鞘沉沉而不動，怒則躍匣錚錚而有聲，今朝席上，倘有爭鋒，恐君不信，拔劍施逞。」

劍界，謂劍鳴。古代神話傳說，刀劍之有靈異的，有警，輒錚然作響，當即所云「劍界」也。按「劍界」，山西運城方言稱「劍鳴」。

箭簳

箭杆

《瀟湘雨》三【幺篇】:「這雨呵，他似箭簳懸麻，粧助我十分苦。」

《薦福碑》三【上小樓】:「這場大雨，非爲秋霖，不是甘澤，遮莫是箭杆雨，過雲雨，可更淋漓辰霤。」

箭簳，狀降雨之詞，謂大雨就像箭簳一樣射出，《晉書・王恭傳》:「以斜絹爲書，納箭簳中，合鏑漆之。」按：箭簳，同箭幹，矢之幹竿也。宋・羅願《爾雅翼》:「揚州竹箭，一名篠，可爲箭幹。」簳，又作竿、杆，音近義並同。《元曲選》音釋：「簳音趕。」唐詩又作「蘚」，爲皮日休《寄滑州李副使員外》:「軍前草奏旌頭下，城上封書箭蘚中。」

毽子（jiàn・zi）

《薦福碑》一【金盞兒】:「一個個拴縛著紙毽子，一個個粧畫悶葫蘆。」

《紫泥宣》四、白：「我們正在帳房裏踢毽子耍子兒。」

毽子，即鍵子，是一種玩具，用皮或布裹銅錢，錢孔中插上雞毛，用腳踢之，使上下起落爲戲。現在還有這種遊戲。《字彙補》云：「鍵，拋足之戲具也。」《元曲選》音釋：「毽，音見。」

將次

《兒女團圓》二、白：「謝天地可憐，今我這大嫂腹懷有孕，十箇月滿足，將次分娩。」

《馬陵道》楔、白：「這木毬兒本是輕的，如今挑幾擔水來，傾在這土坑裏面，待這毬兒將次浮在坑邊口上，徒弟再著一桶水衝將下去，那水滿了，這毬兒自然滾出。」

《百花亭》一【混江龍】白：「姐姐，正是百花亭，將次到也。」

將次，謂將要、快要、就要。劉淇《助字辨略》卷二：「將次，幾欲之辭。凡云次者，當前舍止之處，言、行且及之也。將欲及之而猶未及之，故云將次」，宋・周密【謁金門】詞：「屈指一春將次盡。」《清平山堂話本・快嘴李翠蓮記》：「娶親的將次來了。」同書《洛陽三怪記》：「娘娘將次覺來，你急急走。」《京本通俗小說・拗相公》：「將次開船，荊公喚江居及眾僮僕分付。」《牡丹亭・淮警》：「打聽大金家兵糧湊集，將次南征。」又同劇《硬拷》：「想他將次下馬。」以上皆其例也。

將息

將息：一、謂將養休息；二、爲臨別贈言，謂保重身體，爲第一義的引申。

（一）

《魔合羅》一【金盞花】白：「我今日破了戒，我則寄你這一個信。你在那裏住坐？有甚麼門面鋪席？兩鄰對門是甚麼人家？說的我知道，你則將息你那病症。」

《倩女離魂》三【鬬鵪鶉】白：「孩兒休過慮，且將息自己。」

《留鞋記》三【中呂粉蝶兒】白：「怎麼這一會兒有些心緒不寧？梅香，待我少將息咱！」

《降桑椹》三【上小樓】白：「大王，這小的將息的肥肥的，宰了罷。」

《來生債》楔【仙呂賞花時】：「從今後休著你那心下熬煎枉受苦，你是必好將息這病身軀。」

將息，謂將養、休息。《管子・弟子職》：「先生將息，弟子皆起，敬奉枕席，問所何趾。」《楚辭・九懷・蓄英》：「將息兮蘭皐，失志兮悠悠。」注：「且欲中休止芳澤也。」唐・韓愈《與崔群書》：「將息之道，當先理其心。」王建《留別張廣文》詩：「千萬求方好將息，杏花寒食約同行。」宋・司馬光《與姪帖》：「時熱且各自將息。」李清照【聲聲慢】：「乍暖還寒時候，最難將息。」《京本通俗小說・菩薩蠻》：「長老令人山後搭一草舍，教可常將息棒瘡好了，著他自回鄉去。」據此知「將息」一語，由來已久，現在也還使用。

《望江亭》二、院公見白士中道：「相公，將息的好也！」意謂生活得好吧。這裏把「將息」解作生活，是將養、休息的引申義。

（二）

《董西廂》卷三【大石調・洞仙歌】：「道得一聲『好將息』，早收拾琴囊，打疊文字。」

同書同卷【雙調・御街前】：「張生欲去心將碎，卻往京師裏。收拾琴劍背書囊，道：『保重，紅娘將息！』」

《秋胡戲妻》一【柳葉兒】白：「你孩兒理會的。母親保重將息！」

關漢卿小令【雙調・沉醉東風】：「剛道得聲『保重將息』，痛煞煞教人捨不得。好去者！望前程萬里。」

以上所舉，用於親朋道別時贈語，意爲保重身體，乃當時的習慣。《陽春白雪》卷八胡蒙泉【南歌子】詞：「翻成怕見別離時，只寄一聲將息當相思。」宋・楊萬里《寄題永新昊天觀賀知官方外軒》詩：「若見君家兩仙伯，爲儂寄聲好將息。」宋・釋普濟《五燈會元》：「石霜圓辭李遵勖，臨行曰：『好將息。』」皆其例。

將養（jiāng・yang）

將養著

元刊本《鐵拐李》三〔鴛鴦煞〕：「在生時請俸祿將養的紅白。」

《冤家債主》二【梧葉兒】白：「孩兒既是這等起的病，你如今只不要氣，慢慢的將養。」

《伊尹耕莘》一【醉中天】：「便尋覓妳母，好生將養著。」

將養，謂保養休息也。「養」爲輕讀。章太炎《新方言・釋言》：「將，養也。《小雅》：『不皇將父。』《莊子・庚桑楚》：『備物以將形。』今人猶謂持養曰將養。」《墨子・尚賢中》：「內有以食饑息勞，將養其萬民。」同書《非命上》：「食饑衣寒，將養老弱。」漢・劉安《淮南子・原道訓》：「是故聖人將養其神，和弱其氣，平夷其形，而與道浮沈俛仰。」劉向《說苑・貴德》：

「聖主之於百姓也，將之養之，育之長之。」《晉書・裴楷傳》：「名臣不多，當見將養。」陶潛《飲酒》詩：「將養不得節。」《南史・儒林傳》：「爲政廉平，宜加將養。」今語猶然。

將傍（jiāng bàng）

近謗

《拜月亭》二【牧羊關】：「你孩兒無挨靠，沒依仗，深得他本人將傍。」

《陳母教子》一【仙呂點絳唇】：「天將傍，非是我誇強。」

《哭存孝》一【尾聲】：「你可便難倚弟兄心，我今日不可公婆意，別近謗俺夫妻每甚的，止不過發盡兒掏窩不姓李。」

《小張屠》一【青哥兒】：「仰告眾人，許下明香，兒做神羊，誰想道捨死回生便離床，兀的是天將傍。」

《五侯宴》一【尾聲】：「我指望待將傍的孩兒十四、五，與人家作婢爲奴。」

《伊尹耕莘》一【尾聲】：「你與我誠心兒好溫存，用意相將傍；看寒暑溫涼作養，乳哺依時要忖量。」

以上各例，意爲扶持、幫助、照應。近謗，音近義同。謗，誤寫。「別近謗」，謂不照應也。

此外如：《張協狀元》十一：「奴家在此廟中，將傍六七年。」《幽閨記》二十八：「住此兩月將傍。」這兩則均是「將近」之意，動副結合，與上舉諸例意稍別。

將軍柱

《開詔救忠》之〔折桂令〕：「把他頭髮拴在將軍柱上。」

《趙氏孤兒》四【一煞】：「把麻繩背綁在將軍柱，把鐵鉗拔出他爛斑舌，把錐子生跳（挑）他賊眼珠，把尖刀細剮他渾身肉，把鋼鎚敲殘他骨髓，把銅鍘切掉他頭顱。」

《還牢末》二【後庭花】：「將軍柱釘頭髮梢，十字下滾肚索，緊邦邦匣定腳。」

舊時，臨刑前綁犯人的柱子，叫將軍柱。《清平山堂話本・西湖三塔記》：「只見兩個力士，提一個後生去了巾帶，解開頭髮，縛在將軍柱上，面前一個銀盆，一把光刀。」

講究

《東窗事犯》三【收尾】：「忠臣難出賊臣彀，陛下宣的文武公卿講究；用刀斧將秦檜市曹中誅，喚俺這屈死冤魂奠盞酒。」

《詞林摘艷》卷四無名氏散套【點絳唇・楊柳絲柔】：「也是自家心順，怕甚外人講究。」

講究，謂議論、談論，與現在一般用法不同。

耩（jiǎng）

《遇上皇》一【寄生草】：「者末爲經紀，做貨郎，使牛做豆將田耩。」

同劇一【金盞兒】：「你教我住村舍、伴芒郎，養皮袋、住村坊，每日價風吹日炙將田耩。」

《廣韻》：「耩，音講，耕也。」後魏・賈思勰《齊民要術》卷二：「鋒而不耩。」現在農村中用耬車播種叫做耩，如云：耩地、耩棉花、耩豆子，等等。元劇中的「將田耩」，即將田耕或將田種的意思。

強（jiàng）

《董西廂》卷三【中呂調・雙聲疊韻】：「道忘了，是口強，難割捨我兒模樣。」

《玉境臺》一【六幺序】：「見他的不動情，你便都休強。」

《謝天香》三【滾繡毬】：「強何郎旖旎煞難搽粉，狠張敞央及煞怎畫眉？」

《後庭花》一【油葫蘆】白：「你看這糟頭則是強嘴。」

《岳陽樓》四【沉醉東風】白：「你不要強，和你告官去來！」

《西廂記》一本二折【朝天子】：「你在我行口強，硬抵著頭皮撞。」

《老生兒》三【收尾】:「你可便休和他折證，休和他強。」

《三戰呂布》三【耍孩兒】:「不是我說強嘴說強嘴，則我這點鋼槍分付在那廝鼻凹裏。」

《詞林摘艷》卷一無名氏小令【象牙床‧麗情】:「口兒里強，心兒里痒，不由我便隨順上象牙床。」

固執己見，強詞奪理，不服勸導，謂之強。《元曲選》音釋:「強音絳。」《韻會》:「強，木強不和柔貌。」《漢書‧周昌傳贊》:「周昌，木強人也。」注:「言其強質如木石然。」又《正韻》:「強，自是也，拗也。」《漢書‧陸賈傳》:「乃欲以新造未集之越屈強於此。」顏師古注:「屈強，謂不柔服也。」今魯東、冀東、湘、鄂等地稱小兒不聽使令曰倔或倔強（通作犟）。

糨（jiàng）

《硃砂擔》三【倘秀才】白:「這一宗是個開洗糨鋪的，把人的好衣服或是洗白，或是高麗復生縑絲，他著那鐵熨斗都熨破了。」

《太平樂府》卷九睢景臣散套【般涉調哨遍‧高祖還鄉】:「新刷來的頭巾，恰糨來的綢衫，暢好是裝幺大户。」

洗衣服時，用麪湯或米湯泡衣服使它曬乾後變硬的一種操作法，叫做糨。北人口語，多呼精紐齊齒字爲見紐音，故呼漿爲糨。金‧韓孝彥《篇海》:「糨，其亮切，與𥹓同。」糨、𥹓都是後出字。明‧陳洪謨《治世餘聞》下篇卷三:「更有一般堪笑處，衣裳漿得硬幫幫。」

糨（jiàng）手

脈望館鈔校本《救風塵》一【寄生草】白:「鹿牙這科子糨手，他撇著坐，你那裏人情去里？」

糨，有黏義；糨手，就是粘上手弄不掉，引申爲厤煩、討厭之意。

交

《調風月》一【後庭花】:「這一交直是哏，虧折（折）了難正本。」

《魔合羅》二【刮地風】:「滴溜撲仰剌叉喫一交。」

《劉行首》二【笑和尚】:「仰剌擦推了我一交。」

元代中州音，呼腳如交，把仰跌叫仰別交子，也叫仰別腳子。明・無名氏《桃符記》二【幺】:「急切裡跌勾有數十腳。」交作腳，可證。吳自牧《夢粱錄》卷二十「角觝」條:「角觝者，相撲之異名也，又謂之『爭交』。」

交加

交雜（襍）　兼加　驕加

交加，一作交雜、兼加、驕加，謂交錯、交集、紛至沓來；引申爲厲害、哄騙等義。

（一）

《拜月亭》三【尾】:「我這些時眼跳腮紅耳輪熱，眠夢交雜不寧貼。」

《遇上皇》二【梁州】:「關山寂寞，風雪交雜。」

《梧桐雨》三【撥不斷】:「語喧譁，鬧交雜，六軍不進屯兵甲，把箇馬嵬坡簇合沙。」

同劇三【沽美酒】:「把死限俄延了多半霎，生各支勒殺，陳玄禮鬧交加。」

《酷寒亭》一【仙呂點絳唇】:「俺嫂嫂連夢交雜，水米不下，將亡化。」

同劇一【賺煞尾】:「問官人借對頭踏，亂交加，奠酒澆茶。」

《合汗衫》二【青山口】:「我則見這家那家鬬交雜。」

《留鞋記》三【中呂粉蝶兒】:「雲鬢堆鴉，斂雙眉不堪妝畫，有甚事愁緒交加？」

《盛世新聲》亥集、小令【蟾宮令】:「小窗前風雪兼加，瘦損梅花，凍損梅花，消踈了玉蕋奇葩。」

《桃花女》二【滾繡毬】:「則見亂交加不知是那個，則聽的沸滾滾鬧鑊鐸。」

《詞林摘艷》卷三無名氏散套【啃遍・鷹犬從來無價】:「馬蹄兒撩亂，人影兒交襍。」

交加，謂交集、交錯、紛至沓來之意。明・徐渭《南詞敘錄》云:「交加，紛亂也。」戰國・宋玉《高唐賦》:「交加累積，重疊增益。」梁・簡文帝《阻歸賦》：「何愁緒之交加？」《北齊書・郎基傳》：「積年留滯，案狀膠加。」「膠加」猶交加也。白居易《渭村退居……一百韻》詩：「憒懣胸須豁，交加臂莫攘。」歐陽修《豐樂亭春遊》詩：「綠樹交加山鳥啼，晴風蕩漾落花飛。」等等，說明此語來源很早，到現在仍在使用，如云：「風雨交加。」

（二）

《董西廂》卷二【甘草子】：「賊陣裏兒郎懣眼不扎，道：這禿廝好交加！」

《臨潼鬬寶》一【鵲踏枝】：「他則待要逞驕加，弄奸滑。」

上二例「交加」、「驕加」，厲害之意。明・黃元吉《流星馬》三、【雪裏梅】：「歹婆娘是交加，又不道有爭差。」亦其例。交、驕、同音借用。

又如話本《簡帖和尚》：「前一日，一件物事教我把去賣，吃人交加了，到如今沒這錢還他，怪他焦躁不得。」此「交加」，謂侵吞或哄騙。《風月相思》：「交加雙粉蝶，交頸兩鴛鴦。」此「交加」與「交頸」互文見義，爲雌雄兩性親暱之詞。《後漢書・孫程傳》：「既無知人之明，又未嘗交加士類。」此「交加」，謂結交也。

交杯（盃）

《裴度還帶》四【殿前歡】白：「夫妻飲罷交盃酒，準備今宵鬧臥房。」

《㑳梅香》四【駐馬聽】白：「將酒來，與狀元飲個交盃盞兒。」

《蕭淑蘭》四【刮地風】白：「夜涼風定，月朗天晴，香清燈燦，歌舞吹彈，正好交杯勸盞，一壁廂動樂者！〔做奏樂交杯科。〕」

《連環計》三【叨叨令】白：「李儒，後堂中開宴！我與夫人喫交杯酒去來。」

舊俗婚禮中，新郎、新娘互換酒杯飲酒，謂之交杯。亦即「合巹」之禮。宋・王德臣《麈史・風俗》：「古者新婚合巹，今也以雙杯彩絲連足，夫婦傳飲，謂之交杯。」宋・孟元老《東京夢華錄》卷五「娶婦」條：「用兩盞以綵結連之，互飲一盞，謂之交盃酒。」《紅樓夢》第二十回：「哦！交杯盞兒還沒喫，就上了頭了。」現在還有這個說法。

教鐺（jiāo dāng）

《太平樂府》卷九楊立齋散套【般涉調哨遍】:「著敲棍也門背後合伏地巴背，中毒拳也教鐺裏仰臥地尋乂。」

教鐺，同交襠，音同借用，指兩腿相交之處，即褲襠。

椒圖

椒塗　焦圖

《生金閣》一【金盞兒】:「雖不見門排十二戟，户列八椒圖，你覷那金牌上懸銅虎，玉帶上掛銀魚。」

《薛仁貴》一【金盞兒】:「射不著的苫莊三頃地，扶手一張鋤；射著的穩情取門排十二戟，户列八椒圖。」（元刊本作「焦圖」。）

《賺蒯通》一【金盞兒】白:「老司徒，你見我門排畫戟，户列椒圖，可不好那！」

《詞林摘艷》卷十無名氏散套【鬬鵪鶉·領將驅兵】:「侯門户列八椒塗，一箇箇玉帶上掛金魚。」

椒圖，神話中一種動物名，相傳是龍生的，形似螺蚌，性好閉，古代官署或大官員家的門上常畫牠的圖形作爲裝飾。明·楊慎《詞品》卷二:「元人樂府:『戶列八椒圖。』又見瓊《未央瓦硯歌》:『長楊昨夜西風早，錦縵椒圖跡如掃。』竟不知椒圖爲何物。近閱陸文量《菽園雜記》云:『《博物志·逸篇》: 龍生九子，不成龍，各有所好，鴟吻蚋蜡之類也。』椒圖，其形似螺，性好閉，故立於門上，即詩人所謂鋪也。司馬溫公《明妃曲》云:『宮門金環雙獸面，……。』梁簡文《烏栖曲》云『織成屛物金屈戌。』李賀詩:『屈戌銅鋪鎖阿甄。』皆指此也。又按《尸子》云:『法螺蚌而閉戶。』《後漢書·禮儀志》:『殷人以水德王，故以螺著門戶。』則椒圖之似螺形，其說似矣。」當是圖騰社會遺留下的一種風尚。又作椒塗、焦圖，音義並同。

椒房

《楚昭公》四【落梅風】:「我今日正椒房，怕沒有結髮的妻？」

《漢宮秋》三【殿前歡】:「我委實怕宮車再過青苔巷，猛到椒房，那一會想菱花鏡裏妝，風流相，兜的又橫心上。」

《醉寫赤壁賦》一【柳葉兒】:「他生的千嬌百媚人中樣，比花花無語，比玉玉無香，堪移在蘭舍椒房。」

《詞林摘艷》卷六白仁甫散套【端正好・秋香亭上正歡濃】:「往常我守椒房，躭寂寞捱昏晝，今日箇又添上關（開）心症候。」

古代皇后所居之殿曰椒房，以椒和泥塗壁，取其溫而香也。一說取其繁衍多子之意。宋・羅願《爾雅翼》:「椒實多而香，漢世皇后稱椒房，取其實蔓延盈升，以椒塗屋，亦取其温暖。」《漢書・車千秋傳》:「曩者，江充先治甘泉宮人，轉至未央椒房。」注:「師古曰:『椒房，殿名，皇后所居也。以椒和泥塗壁，取其温而芳也。』」宋・劉攽《漢官儀》:「皇后稱椒房，取其實蔓延盈升，以椒塗室，取温暖除惡氣也，猶天子朱泥殿上曰丹墀。」後來，凡是嬪妃居住的地方，均稱椒房，如:杜甫《麗人行》:「就中雲幕椒房親」；白居易《長恨歌》:「椒房阿監青娥老」，是也。直至清代，猶有此稱，如《桃花扇・草檄》:「預備采選，要圖椒房之親。」

焦

焦有煩燥、憂急、沙叫等意，釋例如下。

（一）

《竇娥冤》一【混江龍】:「長則是急煎煎按不住意中焦。」

《五侯宴》四【逍遙樂】白:「便好道:事不關心，關心者焦。」

《梧桐雨》四【滾繡毬】:「子管裏珠連玉散飄千顆，平白地瀽甕番盆下一宵，惹的人心焦。」

《金錢記》四【水仙子】:「梅香！你便且莫焦，今日可便輪到我粧幺。」

以上各例，焦是煩燥，憂急之意，三國・阮籍《詠懷》詩:「誰知我心焦。」亦其例。

（二）

《老生兒》二【脫布衫】:「今日個散錢呵，你不合閒焦，看我面也合道是躭饒，他主著意和人硬挺，便睜著眼大呼大叫。」

《介子推》二【感皇恩】:「都是賊子奏，奏得您繼母焦，焦得您父王愁。」

《㑳梅香》二【六國朝】：「梅香唻省鬧，小姐哎你休焦。」

《西遊記》五本十七齣【金盞兒】：「焦則麼那村柳舍，叫則麼那唔顏郎。」

以上「焦」字，是叫、鬧的意思。例三「鬧」、「焦」互文，例一、四「焦」、「叫」互文，可證。

（三）

《董西廂》卷一【般涉調・尾】：「道著保也不保，焦也不焦。」

《詞林摘艷》卷一張善夫小令【月中花・麗情】：「我做意兒焦，他偷眼兒瞧。」

焦，爲「瞧」字的省寫。例一「焦」、「保」互文，例二「焦」、「瞧」互文，可證。

焦盃

焦盆

《小張屠》一【金盞兒】白：「大嫂，這假朱砂母親吐了，別無救母之方。俺兩口兒望著東岳爺拜，把三歲喜孫到三月二十八日，將紙馬送孩内焦盃内做一枝人，一了好歹救了母親病。」

同劇四折【沽美酒】：「想母親病枕著床，時時你孩兒急煎煎無處安身，望東岳神祠一郡，格幼子喜孫兒火焚在焦盆，是你那不孝的愚男生忿。」

焦盃、焦盆，均指火池。本劇二折【紫花兒序】外末白：「教那急腳李能，半夜後王員外兒神珠玉人抱去，明日午時，去在那火池裏燒死，卻把孝子張屠的喜孫兒虛空裏著扮人凡人送與他母親。」前後文相對照，可見焦盃、焦盆、火池，實指一物也。

焦㥿

焦皂

輯佚《羅公遠夢斷楊貴妃》【幺篇】：「見娘娘聖主行忙哀告，見陛下磨拳擦掌心焦㥿。」

《詞林摘艷》卷十無名氏散套【鬬鵪鶉・鵲噪霜枝】：「簾下風飄，好是難熬；漏滴銅壺良夜迢，添越焦皀。」

焦怆、焦皀，音義同焦燥（心焦氣燥）。《符金錠》四【沉醉東風】：「新婚今日成，受了那多少閑焦燥。」《替殺妻》三【四煞】：「這婦人把哥哥折算了，不由心焦躁。」並可證。又作焦唣，《金瓶梅》第三回：「我把門拽上，關你和他兩個在屋裏，若焦唣跑了。歸去時，此事便休了。」音義同。

焦懒（biē）

憔憔懒懒　焦撇　懒懒焦焦

《金鳳釵》二【石榴花】：「那廝憔憔懒懒揮天霍地怒難消。」

《羅李郎》二【梁州第七】：「我是你堂上尊，撇的來這般懒懒焦焦懷内子。」

《趙禮讓肥》二【二煞】：「你省可裏啼啼哭哭，怨怨哀哀，懒懒焦焦。」

《兒女團圓》三【青哥兒】：「但有些兒焦懒，便解下搖車兒乳哺的寧貼。」

《神奴兒》四【甜水令】：「好教我便煩煩惱惱，懒懒焦焦，嗔嗔忿忿，都變做了笑欣欣。」

《黃花峪》四【喜遷喬】：「不索你憔憔懒懒，不索你悶悶愁愁。」

《羅公遠夢斷楊貴妃》【脱布衫】：「高力士絮絮叨叨，陳玄禮懒懒焦焦。」

《元人小令集》六五頁失名失題四十六首之三十六：「結斜裏焦天撇地，橫枝兒苦眼鋪眉。」

《樂府群珠》卷二無名氏小令【玉嬌枝・閨情】：「夫人利害，獨佔了春情艷色，橫枝兒焦撇胡揑怪，把丫頭每緊妒猜。」

焦懒，謂焦燥鬱悶、身心不安。或作焦撇、憔懒，音近義同。分言之則曰焦天撇地；重言之則曰憔憔懒懒；倒言之則曰懒懒焦焦：其作用都是爲了加強語氣。

朱居易把《兒女團圓》一例，解爲「嬰兒的小毛病」（見《元劇方言俗語例釋》），欠當。

嚼蛆（jiáo qū）

《西廂記》五本四折【折桂令】：「那喫敲才怕不口裏嚼蛆，那廝待數黑論黃，惡紫奪朱。」

嚼蛆，詈辭，謂亂說、胡說。宋元時俗語。清・洪亮吉《曉讀書齋初錄》卷上：「今人所談不經者，謂之嚼蛆。此風六朝已有之。《北史・甄琛傳》謂：『刑巒何處放蛆來』，即此意也。」《金瓶梅》第七十二回：「口裏一似嚼蛆的，不知說的什麼。」清・艾衲居士《豆棚閑話》第八回：「你們只罵那人嚼蛆亂說罷了。」皆其例。又倒作蛆嚼，如《紅樓夢》第九回：「偏這小狗攮知道，有這些蛆嚼」，是也。

腳色

《曲江池》四、白：「張千，取他遞的腳色來我看。〔張千云：〕腳色在此。」

腳色，猶今之履歷，包括姓名、年齡、籍貫、身份、經歷等。《宋史・選舉志》：「局官等人，各置腳色。」宋・張端義《貴耳集》：「求舉者納腳色。」宋・周必大《奉詔錄》：「偶檢永寧腳色，見其方是秉義郎，又奏議先令吏房取見本人腳色。」宋・趙昇《朝野類要》：「腳色者，初入仕必具鄉貫、戶頭、三代名銜、家口、年齒、出身履歷。若注授轉官，則又加舉主有無過犯。」《元典章》：「保舉令史吏員，亦開具姓名腳色，直言所長。」清・徐崑《遯齋偶筆》卷上：「宋有門狀，即名刺，而備書名第爵里，如今之下官謁上司，書官銜具履歷，俗稱為腳色者。」清・梁紹壬《兩般秋雨盦隨筆》：「今之履歷，古之腳色也。《通鑑》：隋虞世基掌選曹，受納賄賂，多者超越等倫，無者注色而已。注色者，注其入仕所歷之色也。宋參選者，具腳色狀，今謂之根腳。又宋人注狀，其始有並非元祐黨人親戚字樣，其後有並非蔡京、童貫親戚字樣。」清・翟灝《通俗編・仕進・腳色》：「《通雅》：腳色狀，亦謂之根腳，邇來下司初見上司，猶遞手本，上開出身履歷，所謂腳色是也。」

腳色，也有作「動靜」解者，如《警世通言・趙太祖千里送京娘》：「公子大喝道：『什麼人敢來瞧俺腳色！』」

另外，腳色，同角色，一般指傳統戲劇中的出場人物，如生、旦、淨、末、丑等。參見有關各詞目。

腳頭妻

元刊本【任風子】題目：「爲神仙休了腳頭妻，菜園中摔殺親兒死。」

《金鳳釵》四【水仙子】：「二百錢窮秀才到做龐居士，噲餓殺我腳頭妻懷內子。」

《冤家債主》四【得勝令】白：「兩箇兒命掩黃泉，你那腳頭妻身歸地府，他都是世海他人，怎做得妻財子祿？」

《羅李郎》二【梁州第七】：「哎！連你這嬌滴滴腳頭妻，也這般灑灑瀟瀟。」

《鐵拐李》三【收江南】：「我只怕謊人賊營勾了我那腳頭妻，腳頭妻害怕便依隨。」

腳頭妻，謂結髮之妻。

攪蛆扒

攪肚蛆腸　蛆扒

《酷寒亭》一【油葫蘆】：「哥哥也，喒須是官宦家；怎麼好人家，娶這等攪蛆扒！」

《曲江池》四【川撥棹】：「原來是攪肚蛆腸的老虔婆，將瓦罐都打破。」

《灰闌記》三【古神仗兒】：「這的是誰做就死冤家，哎！都是那攪蛆扒。」

同劇一【鵲踏枝】：「幾曾見這狗行狼心，攪肚蛆腸？」

《村樂堂》三【么篇】：「半合兒勘你箇攪蛆扒。」

同劇三【柳葉兒】：「合毒藥則是你箇蛆扒。」

攪蛆扒，罵人話，形容婦女心腸惡毒之詞。又作攪肚蛆腸、蛆扒，意並同。

叫化

叫化子　叫花頭　教化頭

《燕青博魚》一、白：「今日把我趕將出來，便好道：『男兒不得便，刺頭泥裏陷』，拚的長街市上盤街兒叫化去咱。」

《遇上皇》一【金盞兒】白：「父親，似這等貪酒戀杯，不幹生理，叫花頭，短命弟子孩兒，我也難與他爲妻。」

《曲江池》三【耍孩兒】白：「你看這等錦繡幃翡翠屏，是留得叫化子睡的？」

《合汗衫》一【天下樂】白：「我如今叫化些兒殘湯剩飯，吃了呵慢慢的行。」

《灰闌記》一【天下樂】白：「呀！怎麼我家解典庫門首，立著個教化頭。」

叫化，用作動詞，謂行乞。動詞後如附以「子」或「頭」字，如上例中的「叫化子」、「叫花頭」、「教化頭」，就成了名詞，意爲乞丐。《北齊書》：「沙門晏通於道傍造大漆像，教化乞財。」敦煌變文《維摩詰經菩薩品變文甲》：「有心憑機以呻吟，無力杖梨而教化。」叫、教同音通用。花、化音近通用。

叫街

《合汗衫》三【醉春風】：「〔正末云：〕我叫了這一日街，我可乏了也，你替我叫些兒。〔卜兒云：〕你著誰叫街？〔正末云：〕我著你叫街。〔卜兒云：〕你著我叫街，倒不識羞；我好歹也是財主人家女兒，著我如今叫街！我也曾吃好的，穿好的，我也曾車兒上來，轎兒上去，誰不知我是金獅子張員外的渾家，如今可著我叫街，我不叫！」

《盛世新聲》亥集、小令【戒漂蕩】：「再莫煨他，再莫煨他，休等叫街時罷。」

乞丐的一種；舊時一種不登門討飯，只在街上呼喊求乞的乞丐，謂之「叫街」或「叫街的」。

教唆（jiào suō）

《賺蒯通》四【雙調新水令】：「〔蕭相云：〕當初韓信是你教唆他來？〔正末云：〕是蒯徹教唆他來。」

《小尉遲》一【後庭花】：「可不罵你個黑頭蟲，我則索教唆詞訟。」

指使人做壞事，謂之教唆。《六部成語・刑部・教唆》注：「暗中調唆害人也。」《品字箋》：「以言弄人謂之唆哄、教唆。」《水滸》第四十一回：「你如何只要害我？三回五次，教唆蔡九知府殺我兩個？」例意同元劇。

教道

《金線池》二、白：「我想這濟南府教坊中人，那一個不是我手下教道過的小妮子，料必沒有強似我的。」

《風雲會》二【二煞】：「尊太后如母呵，您百官頓首聽教道。」

《硃砂擔》一【金盞兒】白：「哥哥教道小人是！」

教道，猶教導，訓誨、開導之意。道，同「導」。《史記・晉世家》：「（此子）不材，吾怨子。」裴駰《集解》引王肅曰：「怨其教導不至也。」

教門兒

《金線池》三【中呂粉蝶兒】：「明知道書生教門兒負心短命，儘教他海角飄零。」

教門兒，猶云這一類人、這種門道的人。明・無名氏雜劇《破風詩》三【滾繡毬】：「他道我不識人，無眼睛，吾師行怎當這場惡問，則您這教門兒背義忘恩。」亦其例。

接腳

腳頭丈夫

《竇娥冤》二、白：「老漢自到蔡婆婆家來，本望做箇接腳，卻被他媳婦堅執不從。」

同劇二【隔尾】白：「誰知他兩箇倒起不良之心，冒認婆婆做了接腳，要逼勒小婦人做他媳婦。」

《詞林摘艷》卷三歌妓王氏散套【粉蝶兒・江景蕭踈】：「多一箇腳頭丈夫。」

丈夫或妻子死後，再招一個配偶，這個被招的叫做接腳壻（腳頭丈夫）或接腳夫人，簡稱爲接腳。開始用於官員的冒名接替，後來才轉用到婚配的關係上。《舊唐書・韋陟傳》：「後爲吏部侍郎，常病選人冒名接腳，闕員既少，取士良難。」《唐會要》卷七十四「選部」上：「貞元四年八月吏部奏：……因此人多罔冒，吏或詐欺：分見（現）官者，謂之『擘名』；承已死者，謂之『接腳』。」可見「接腳」原爲官場中冒名頂替死者職位之詞，直到清代，尚有這種說法。《唐語林》卷七：「白敏中……始婚也，已朱衣矣，嘗戲其妻爲『接腳夫人』。」《洛陽舊聞》載：「劉之妻以租稅且重，全無所依；夫既葬，村人不知禮數，欲納一人爲夫，俚語謂之『接腳』。」宋·徐元傑爲林喬作媒，做了豪門的接腳壻（見《癸辛雜志》及《稱謂錄》）。俗又稱墊腳壻。

接絲鞭

遞絲鞭

《裴度還帶》四、白：「等狀元問你是誰家招壻，你且休說是韓相公家，等接了絲鞭，下了馬，相見畢，那其間纔與他說知。」

《曲江池》一【賺煞】：「更做道如今顛倒顛，落的女娘每倒接了絲鞭。」

《倩女離魂》一【那吒令】：「千里將鳳闕攀，一舉把龍門跳，接絲鞭，總是妖嬈。」

同劇一【寄生草】白：「哥哥，你若得了官時，是必休別接了絲鞭者！」

同劇三【尾煞】：「剗地接絲鞭，別娶了新妻室。」

《梧桐葉》二、白：「俺那金哥孩兒長成了，待結綵樓，等狀元遊街時抛繡毬，接絲鞭，求取佳配。」

古俗在招親時，女方送給男方絲鞭，作爲一種結親的儀式。男方如接了絲鞭，就表明同意。按，此種婚俗，不知起於何時，尚未見其他有關記載。

堦直下

街直下　堦墀下

《昊天塔》二【上小樓】：「我敢滴溜撲將腦袋兒摔在堦直下。」

《風雲會》一【醉扶歸】：「請穩坐安然受咱，容參拜堦墀下。」

《盆兒鬼》四【醉高歌】:「俺只待提起來望這街直下，碎你做幾片零星瓦查。」

《延安府》三【醉春風】:「堦直下威凜凜列公人。」

直，讀如「墀（chí）」；堦直下，即堦墀下，「街」爲「堦」之訛字，故「街直」，亦即堦墀、階踏。《宣和遺事》前集：「宣和六年，正月十四日夜，去大內門直上。」又：「卻去宣德門直上。」又：「至十五夜，去內門直下。」語意正同。李德林《天命論》:「星精雲氣，共趨步於階墀；山神海靈，咸燮理於臺閣。」白居易《秋懷》詩：「月出照北堂，光華滿階墀。」又作街墀，如戲文《張協狀元》四十七：「武職各當街墀。」

堦除

堦垓　堦痕　堦跟　堦址　堦基　階基　階砌　階址　街基　基堦

《蝴蝶夢》二【牧羊關】:「眼睜睜誰搭救，簇擁著下堦除。」

《董西廂》卷二【大石調・尾】:「覷著階址，恰待褰衣跳，眾人都諕得呆了。」

《後庭花》四【倘秀才】:「你去喚王慶，至堦基，試聽我省會。」

《忍字記》二【感皇恩】:「我這裏侵階砌，傍戶牖，近窗紗。」

《柳毅傳書》三【金菊香】:「則我這凌波襪小上堦痕。」

《曲江池》四【川撥棹】:「堦垓下鬧鑊鐸，鬧火火爲甚麼？」

《酷寒亭》三【感皇恩】:「顫欽欽跪在堦基。」

《風光好》四【迎仙客】:「戰兢兢，步堦址。」

《張生煮海》四【折桂令】:「俺去那月明中信步堦除。」

《介子推》一【鵲踏枝】:「比及壘起基堦，立起梁材，百姓每凍餓死的尸骸，成山握蓋。」

《留鞋記》一【仙呂點絳唇】:「獨守香閨，懶臨階砌。」

《豫讓吞炭》一【金盞兒】:「扭回身，上堦跟。」

《抱粧盒》二【仙呂賞花時】:「我則索抱太子撞街基。」

《神奴兒》四【折桂令】:「見一陣旋風兒打個盤渦，足律律遶定堦痕。」

堦除，謂階踏、階梯、庭階。今俗云臺階。又作堦垓、堦痕、堦跟、堦址、堦基、階基、階址、階砌、街基、基堦。堦、階通用，街爲堦之訛。基、址、砌等字，意均相近。故該詞形音雖多異，其意一也。白居易《和裴晉公集賢亭》詩：「因下張沼沚，依高築階基。」韓愈《病鴟》詩：「飽入深竹叢，飢來傍階基。」

揭帖（jiē tiē）

《神奴兒》四【攪箏琶】白：「大人，他都是揭帖上學定了的，休聽他說。」

揭帖，猶啓事，意謂揭舉事由以示眾，《宋史・高宗紀》：「左史樓昭請命從臣舉監司，上從之，已而謂輔臣曰：『朕當書之屏風，以時揭貼。』」揭貼，即揭帖。明・方以智《通雅》：「宋元豐中，詔中書寫例一本，納執政，分令諸房揭帖，謂揭而帖之。古貼、帖通用，世說以如意帖之，是也。今人因有揭帖之名。」《明史・劉大夏傳》：「帝嘗論大夏曰：臨事輒思召卿，慮越職而止，後有當行罷者，具揭帖以進。」不具名而攻訐他人的啓事，謂之匿名揭帖。《桃花扇・聽稗》：「小弟做了一篇留都防亂的揭帖。」又《桃花扇・拜壇》：「這是內閣揭帖，送來過目。」皆其例也。

揭債

舉債

《救風塵》二【商調集賢賓】：「咱這幾年來待嫁人心事有，聽的道誰揭債，誰買休。」

《看錢奴》二【倘秀才】白：「我這解典庫裏有一個門館先生，叫做陳德甫，他替我家收錢舉債。」

《老生兒》一【賺煞尾】：「我也再不去圖私利狠心的放解，我也再不去惹官司瞞心兒舉債。」

《兒女團圓》二【牧羊關】：「當日那舉債錢是咱親放，今日個要文書做您家財。」

《小張屠》三【中呂粉蝶兒】：「使心計放子舉債。」

揭債，同舉債，即放債生息之意。按揭，高舉也，見《說文》；又「揭」、「舉」雙聲字。《荊釵記》六：「錢難揭債，物無借貸。」《警世通言・金令史美婢酬秀童》：「金滿聞得眾人有言，恐怕不穩，又去揭債。」等等，例意均同。

隔（jié）斜

隔斜裏　結斜裏

《燕青博魚》四【雙調新水令】：「咯則去那小道兒上隔斜抄。」

《詞林摘艷》卷三梨園黑老五散套【粉蝶兒・從東隴風動松呼】：「邁巉崖側堦歪路，野接茄結隔斜鋪。」

同書卷四無名氏散套【點絳唇・天淡雲孤】：「施展他拿雲握雨，隔斜裏猛闖出。」

《元人小令集》六五頁失名失題四十六首之三十六：「結斜裏焦天撇地，橫枝兒苫眼鋪眉。」

走徑路、抄直，叫做隔斜（裏）。一作結斜裏，隔、結同音通用。

潔郎

傑郎　潔

《西廂記》一本二折【快活三】：「崔家女艷妝，莫不是演撒你箇老潔郎？」

同劇一本二折：「〔淨扮潔上：〕老僧法本，在這普救寺內做長老。」

《竹葉舟》楔：「〔外扮傑郎惠安領丑行童上，詩云：〕明心不把幽花撚，見性何須貝葉傳；日出冰消原是水，回光月落不離天。」

元劇稱飾僧者爲潔郎，亦作傑郎，或簡作潔，傑爲潔的同音借字。吳梅《元劇方言釋略》云：「潔郎，僧眾之通稱。」但爲何以「潔」名僧，吳曉鈴注《西廂》云：「元代民俗說和尚的調侃語叫做『潔郎』，省作『潔』。」王季思謂：「佛門斷髮除葷，六根清淨，意或以此而稱爲潔乎？」

結末

結磨　結抹

《劉知遠諸宮調》十一【般涉調・麻婆子】:「有印後爲安撫，無印後怎結末？」

同書十一【仙呂調・尾】:「可惜知遠、三娘，難脱今朝大禍，怎結末兩口兒？」

《黃粱夢》四【滾繡毬】:「你那罪過，怎過活？做的來實難結末！」

《漁樵記》四【鴛鴦煞尾】詞云:「若不是嚴司徒齎勅再重來，怎結末朱買臣風雪漁樵記？」

《爭報恩》三【鬼三臺】:「往常我清閒坐，列鼎食重裀臥，今日在法場上結末。」

《酷寒亭》三【感皇恩】:「他將那門户關合，怎生結磨？」

《太平樂府》卷六顧君澤散套【點絳唇・四友爭春】:「我與你結抹了青樓卷宗。」

結末，意謂完結、了結（最終解決）。明・劉績《霏雪錄》:「《通鑑》書久未成，或言温公利餐錢，故遲遲爾。温公聞之，遂急結末了，故五代多繁冗，小人害事，往往如此。」末，一作磨、抹，音近借用，意並同。

結搆（gòu）

結勾

《東窗事犯》一〔賺煞〕:「見（現）有侵境界小國偏邦，秦檜結勾起刀槍。」（徐本改「勾」爲「搆」。）

又同劇三〔絡絲娘〕:「他待將咱宋室江山一筆勾，好金帛和大金家結勾。」

《爭報恩》二【紅繡鞋】白:「兀那大夫人，你豈不知夫乃身之主，你怎生結搆姦夫，傷了親夫？」

同劇二【石榴花】白:「他説是你結搆的歹人哩！」

結搆，本義爲構造，引申爲勾結。

結果

結果，用爲動詞或名詞，約有下述三種含義。

（一）

《燕青博魚》二【煞尾】白：「衙內，只等結果了他，喒就沒人管的著了。」

同劇四【折桂令】白：「大姐，我們且結果了那個綁的去，與你拔了這眼中的釘子哩。」

《酷寒亭》四【喬牌兒】：「你這兩個小業種，少不得先結果了他，方纔慢慢的處置你。」

《爭報恩》二【二煞】白：「你這一雙兒女，就擡舉的成人長大，也是個不成器的，等到家我慢慢的結果他。」

以上所舉「結果」，指將人殺死；此用法多見於宋、元戲曲小說。《水滸》第二十五回：「鄆哥道：『……他又有錢有勢，反告了一紙狀子，你便用喫他一場官司，又沒人做主，乾結果了你。』」「乾結果」，謂白送命也。現在仍如此說，如葉紹鈞《夜》：「又是三響，才算結果了。」

（二）

《氣英布》一【賺煞】：「你將喒廝催逼，相攛掇，英布也今番去波，不爭我服事重瞳沒箇結果。」

《貶黃州》三、白：「無錢只圖名，回家沒結果。我就不去摑，妻子肯饒我？」

上舉「結果」，用爲名詞，意爲了局、收場、著落。《京本通俗小說・錯斬崔寧》：「只管做這沒天理的勾當，終須不是個好結果。」「好結果」，謂好下場也。

（三）

《董西廂》卷二【小石調・花心動】：「亂軍門外，要幼女鶯鶯，怎生結果？」

同書卷八【黃鍾宮・黃鶯兒】：「您兩箇死後不爭，怎結果這禿屌？」

《紅梨花》四【水仙子】：「雖然是劉公弼使的機變，趙汝州偏能顧戀，到底是紅梨花結果了這一段姻緣。」

《王粲登樓》一【六幺序】：「有一日夢飛熊得志扶炎漢，纔結果桑樞瓮牖，平步上玉砌雕欄。」

以上各例，結果意爲了結、結束、解決，與（一）項各例，俱用作動詞。

按：上述三意，雖略有區別，但意亦相近，體會自得。若《水滸》第二十回：「宋江又問道：『你有結果使用嗎？』閻婆惜答道：『實不瞞押司說，棺材尙無，那討使用？』」又第二十一回：「我再取十兩銀子與你結果。」顯然這裏的「結果」是指盤費、生活費而言，音意俱近今日俗言之「澆裹」，如茅盾《微波》云：「菜也貴，每月的澆裹比在鄉下時大了幾倍。」今湖北方言中叫做「攪活（jiǎo・ho）」。

結絲蘿

《董西廂》卷三【黃鍾宮・尾】白：「當初救難報恩，望佳麗結絲蘿。」

《西廂記》二本三折【攪箏琶】：「費了甚一股那，便待要結絲蘿。」

《揚州夢》四【鴛鴦煞】：「從今後立功名寫入麒麟影，結絲蘿配上菱花鏡。」

《桃花女》二【伴讀書】：「到來日你可便牽羊攜酒來相賀，你看道是誰家結下絲蘿？」

結絲蘿，即結親之意。按「絲蘿」爲兔絲、女蘿二草名。兔絲，即兔絲子；女蘿，即松蘿。都要纏繞依附別種植物而牽延生長。我國古代詩歌中，常用兔絲和女蘿纏繞難分的情狀，比喻夫妻或戀愛的關係，如：漢樂府《冉冉孤生竹》：「與君爲新婦，兔絲附女蘿。」唐・李白《白頭吟》：「兔絲固無情，隨風任傾倒。誰使女蘿枝，而來強縈抱？」白敏中《息夫人不言賦》：「勢異絲蘿，徒新婚而死偶。」元曲諸例，蓋用古詩之意。

捷譏

捷機

《盆兒鬼》三【黃薔薇】：「俺這裏高聲叫有賊，慌走到街裏；又無一個巡軍捷譏，著誰來共咱應對。」

《鬧銅台》三【幺篇】白：「曾在鄆城爲捷機。」

挿識，官吏名，爲「節級」之訛；亦指戲劇角色。

挿識，又作挿機，元・湯舜民《筆花集》又作挿劇，均因與「節級」的音近而訛。節級爲低級武職官名。《舊唐書・懿宗記》：「如本廂本將，今後有節級員闕，且以行營軍健，量材差置。」《宋史・兵志》：「五百人爲指揮使，百人爲都，置正副都頭二人，節級四人。」《水滸》第四十四回：「石秀起迎住道：『節級那裏去來？』揚雄便道：『大哥，何處不尋你，卻在這裏飲酒。』」

此外，挿識，亦指戲劇腳色。明・朱權《太和正音譜》在其注文中謂：「挿識，古謂之滑稽，院本中便挿識譃者是也。俳優稱爲樂官。」明・朱有燉《誠齋樂府・復落娼》【混江龍】：「挿識的辨官員穿靴戴帽，副淨的取歡笑抹土搽灰。」據雜劇《呂洞賓》謂「挿識」是宋代雜劇腳色中「引戲」之別名。近人孫楷第謂：「當時官吏既有『挿識』之稱，則優伶之稱『挿識』必緣所扮官是挿識得名」（見《挿識引劇》）。是。

解禳（jiě ráng）

> 《桃花女》楔：「〔正旦作掐指科，云：〕嗨！周公能算也。眞箇該今夜三更前後，三尺土底下板殭身死，只是也還可解禳哩。婆婆，我救你小大哥咱。」

禳，舊時迷信，用祭禱神靈，求得消除災禍的一種儀式。《左傳》昭公二十六年：「齊有彗星，齊侯使禳之。」東漢・張衡《東京賦》：「祈褫禳災。」解禳，即以祭祀除災之意也。或作禳解，如：《牡丹亭・詰病》：「便要禳解，不用師巫。」《儒林外史》：「你莫不是撞著甚麼神道，替你請個尼僧來禳解禳解罷！」

解（jiè）子

解人

> 《蝴蝶夢》二【梁州第七】白：「張千，開了行枷，與那解子批回去！」
>
> 《瀟湘雨》二【烏夜啼】白：「左右，便差箇能行快走的解子，將這逃奴解到沙門島。」

同劇四【笑和尚】白：「前日那一個女人，本等是我伯父與我配下的妻子，被我生各支拷做逃奴，解他沙門島去。已曾分付解子，著他一路上只要死的，不要活的。」

《黑旋風》一、白：「有我八拜交的哥哥晁蓋，知某有難，領僂儸下山將解人打死，救某上山。」

解，發也，凡送遣人物曰解，故稱押解犯人的公差叫解子或解人。解，讀去聲。

解元（jiè yuán）

介元

《董西廂》卷二【小石調・花心動】：「可憐自家，母子孤孀，投託解元子箇！」

《青衫淚》一【賺煞】：「哎！你個俏多才，不是我相擇，你更怕辱沒著俺門前下馬臺。俺娘山河易改，解元每少怪。」

《瀟湘雨》四【醉太平】：「不爭你虧心的解元，又打著我薄命的嬋娟。」

《鴛鴦被》二【滾繡毬】：「劉解元你且住咱，我可是問你暇！」

《詞林摘艷》卷六無名氏散套【端正好・不覩事折鸞凰】：「管甚的有情的有情，問甚麼介元不介元！」

唐制：由州郡保舉士人至京城應考曰「解」，被保舉人裏的第一名叫解頭。元・辛文房《唐才子傳》卷二「王維」條：「京兆得此生爲解頭，榮哉！」唐・薛用弱《王維》：「今以九皐爲解頭。」五代・王定保《唐摭言・爭解元》：「張又新」時號三頭。」自注：「進士狀頭，宏詞敕頭，京兆解頭。」元・馬端臨《文獻通考・選舉考》：「五代唐長興四年，取諸科解頭一人就列。」以後則稱中鄉試第一名者曰「解元」，《明史・選舉志》：「士大夫通以鄉試第一名爲解元。」《珠璣藪》：「鄉試中頭名曰解元，又曰解首、領解、發解。」解，一作介，同音借用。科舉時代，對讀書人的敬稱，也叫做「某解元」；被稱的人並不一定是考中過鄉試的。《清平山堂話本・夔關姚下吊諸葛》：「今奉安撫相公差遣，一徑來見解元」。

今古

元刊本《竹葉舟》一〔仙呂點絳唇〕:「恰游了北粵蒼梧，又早歲華幾度，成今古。」

《蝴蝶夢》二【黃鍾尾】:「呆老婆、唱今古，又無人、肯做主，則不如、覓死處。」

今古，即古今，爲叶韻，倒作今古。宋・吳自牧《夢粱錄》卷二十「小說解經史」條:「說話者，謂之『舌辯』，雖有四家數，各有門庭。且小說名『銀字兒』，如煙粉、靈怪、傳奇、公案、朴刀、桿棒、發跡、變泰之事(「傳奇」以下，原作「公案桿棒發發跡參之事」，據孫楷第《論中國短篇白話小說》改)，有譚淡子、翁三郎、雍燕、王保義、陳良甫、陳郎婦、棗兒余二郎等，談論古今，如水之流。」宋・羅燁《醉翁談錄》甲集「小說開闢」云:「夫小說者，雖爲末學，尤務多聞。……只憑三寸舌褒貶是非，略嚗萬餘言講論古今。」又明・田汝成《西湖遊覽》云:「杭州男女瞽者，多學琵琶，唱古今小說平話，以覓衣食。」明雜劇《東平府》三折眾白:「今日正月十四日，頭場社會，先看打擂，後演古今。」是知「古今」乃指古今平話小說而言。《蝴蝶夢》劇中的「呆老婆，唱今古」，是借用講唱平話來形容老太婆向包拯陳訴冤情時，嘮嘮叨叨地絮聒不休。

今來

《介子推》三【喜春來】白:「你今來入於至焉之就裏，然後之(知)輕重長短，我受過的辛苦緣何不知?」

《周公攝政》楔、白:「今來有罪的伐了，有功的賞了。」

今來，猶現今;「來」爲語助詞，無義。曹植《情詩》:「始出嚴霜結，今來白露晞。」王維《桃源行》:「自謂經過舊不迷，誰知峰壑今來變。」唐・吳融《薛舍人見徵恩賜香并二十八字同寄》:「往歲知君侍武皇，今來何用紫羅(一作香)囊?」《三國志平話》卷下:「今來獻帝懦弱，曹操弄權。」《水滸》第二回:「今來消折了本錢。」又同書第十二回:「洒家今來收的一擔兒錢物。」是知此語三國以來就有了。晉・潘岳《西征賦》中「古往今來」之「今來」，謂今日以後，與「現今」意別。

金魚

金魚袋

《薛仁貴》一【金盞兒】：「射不著罷官也那卸職，射著的玉帶掛金魚。」

《七里灘》二【禿廝兒】：「玉帶上掛金魚，都是囂虛。」

《㑳梅香》四【得勝令】：「是俺那老夫人使的計策，把好事衝開，教你掙閫一個金魚袋。」

《伊尹耕莘》四【雙調新水令】：「羅襴白象簡，玉帶掛金魚，胸捲江湖，得志也叩鑾輿。」

《老君堂》楔、白：「太平時序風光盛，腰掛金魚著錦袍。」

金魚，即金魚袋，古代高級官員的佩飾之一種。《舊唐書・與服志》：「神龍元年六月，郡王、嗣王特許金魚袋。」同書：「咸亨三年五月，五品以上賜新魚袋，並飾以金魚。」《新唐書・車服志》：「隨身魚符者，以明貴賤，應召命……皆盛以魚袋；三品以上飾以金，五品以上飾以銀。」韓愈《示兒》詩：「玉帶懸金魚」；元稹《自責》詩：「犀帶金魚束紫袍」，是也。南宋・趙彥衛《雲麓漫鈔》卷三：「（唐）元宗優人服緋，求賜魚，元宗曰：『魚袋者，五品以上入閣，則合符，汝則不可。』」宋代無魚符，仍佩魚袋。《宋史・輿服志五》：「魚袋，其制自唐始……宋因之。其制以金銀飾爲魚形，公服則繫於帶而垂於後，以明貴賤，非復如唐之符契也。」

金界

《西廂記》四本一折【仙呂點絳唇】：「竚立閑階，夜深香靄，橫金界。」

金界，指廟宇。印度佛教傳說，須達多長者要爲釋迦牟尼佛建築精舍（講經的房屋），他看中了祇陀太子的面積八十頃的園林。太子說：「地價是遍地鋪滿的黃金。」須達多滿口答應，但太子不但未收黃金，並且無償地把這座園林獻給了佛。這就是把廟宇稱爲「金界」的原因（見吳曉鈴《西廂記》注）。唐・高適《和竇侍御登涼州七級浮圖之作》：「鐵冠雄賞眺，金界寵招攜。」亦其例。

金荷

《西廂記》三本二折【中呂粉蝶兒】：「絳臺高，金荷小，銀釭猶燦。」

《詞林摘艷》卷四唐以初散套【點絳唇・漏盡銅龍】：「金荷燒盡良宵永，憐香惜玉，倚翠偎紅。」

荷，承受燭淚的燭臺，形如蓮葉，用金、銀或銅製成。南朝・庾信《對燭賦》：「銅荷承淚燭，鐵鋏染浮煙。」亦其例。

金釵客

《青衫淚》一【金盞兒】：「更待要秦樓夜訪金釵客，索甚麼惡叉白賴，鬧了洛陽街。」

《玉壺春》三【滿庭芳】：「我本要秦樓夜訪金釵客，我與你審問個明白。」

《留鞋記》二【煞尾】：「本待要秦樓夜訪金釵客，倒教我楚館塵昏玉鏡臺，則被伊家廝定害。」

金釵客，指妓女，因其頭戴金釵，故稱。李賀《殘絲曲》：「綠鬢年少金釵客。」宋・孔平仲《談苑》：「牛僧孺自誇服鍾乳千兩甚得力，而歌舞之妓頗多，白樂天戲贈詩云：『鍾乳三千兩，金釵十二行』。」

筋斗

筋陡　觔陡　觔斗　金斗　斤斗

《襄陽會》一、白：「我打的觔斗，他調的百戲。」

《三戰呂布》二【尾聲】白：「若還兩家對敵住，一齊下馬打筋陡。」

《西遊記》三本十齣【烏夜啼】：「一筋斗千里勢如飛，論神通誰敢和你做劾敵？」

同劇五本十九齣【柳青娘】：「〔行者做一斤斗下。〕〔公主云：〕量你箇胡孫，到得那裏！」

《硃砂擔》三【倘秀才】白：「直著他鐘鼓司觔陡房裏託生去。」

《獨角牛》一【油葫蘆】：「你去兀那熟耕地裏可都翻觔陡。」

《黃花峪》一【尾聲】白：「收了鋪兒，往鐘鼓司學行金斗去來！」

同書四【刮地風】:「則一拳打你箇翻筋斗。」

《太平樂府》卷九高安道散套【哨遍・淡行院】:「沒有一個生斜格打到二百個斤斗。」

以頭抵地，將身體顛倒翻過來，謂之打筋斗，俗稱翻跟頭，是古代技藝之一。唐・崔令欽《教坊記》:「漢武帝時，於天津橋設帳殿，酺三日，教坊一小兒，筋斗絕倫。」後唐・張憲《題黑神廟》詩:「䟶腳蹁躚起筋斗。」清・呂種玉《言鯖》:「伎人以頭委地，而翻斗跳過，且四面旋轉如毬，謂之金斗。《穀山筆麈》云:齊梁以來，散樂有擲倒伎，疑即翻金斗也。翻金斗義，起於趙簡子之殺中山王。後之工人，以頭委地，而翻身跳過，謂之金斗，一作筋斗。」由於戲劇發展的需要，被吸收到戲劇中來，成為表演藝術的一種。現代古典戲劇中還保留有這種技藝。元・陶宗儀《輟耕錄》說:「金人院本，謂教坊魏、武、劉三人，鼎新編輯。魏長於念誦，武長於筋斗，劉長於科汎。」這種技藝，直到現在，還佔有重要地位。今北方小兒摔筋斗作劇，以頭委地，正面刺下翻過者曰刺麥斗，斜面以背著地者曰打搶背，仰面而向後翻跌者曰翻筋斗，以手先著地，旁向連續翻跌者曰打旁連，以手著地面倒立者曰豎蜻蜓，也叫拿大頂。筋斗，又作筋陡、觔陡、觔斗、金斗、斤斗，音意並同。

緊不緊

《西廂記》一本一折【油葫蘆】:「歸舟緊不緊如何見？恰便似弩箭乍離弦。」

《黃鶴樓》二【倘秀才】:「那匹馬緊不緊疾不疾蕩紅塵一道，風吹起脖項上絳毛纓一似火燎。」

緊不緊，即緊意，猶:窮不窮，即窮意;窨不窨，即窨意等，「不」字是為加重語氣，以反語見意，這是元曲在語言藝術上的特點之一。

錦片

《望江亭》一【幺篇】:「〔姑姑云:〕我成就了你錦片也似夫妻，美滿恩情，有甚麼不好處？〔正旦唱:〕說甚麼錦片前程眞個罕。」

《㑳梅香》楔、詩云:「全憑玉帶為媒證，錦片姻緣指日成。」

《東堂老》二【倘秀才】白：「叔叔，想亡過公公，掙成錦片也似家緣家計，指望與子孫永遠居住，誰想被揚州奴破敗了也。」

同劇二【滾繡毬】：「他將那城中宅子莊前地，都做了風裏楊花水上萍。哎！可惜也錦片的這前程！」

錦片，謂錦繡連成一片，光華燦爛，元曲中多用來比喻美滿的婚姻、前程或富裕的家道。《京本通俗小說・錯斬崔寧》：「後來畢竟做官蹭蹬不起，把錦片一段美滿前程，等閒放過去了。」意同上。

錦套頭

錦圚頭　錦套兒

《曲江池》一【青哥兒】：「他自有錦套兒騰掀，甜唾兒黏連。」

《雲窗夢》二【呆骨朵】：「你將那鐵磨桿爭推，錦套頭競伸。」

《雍熙樂府》卷十關漢卿散套【南呂一枝花・不伏老】：「我是箇蒸不爛、煮不熟、搥不匾、炒不爆、響璫璫一粒銅豌豆；恁子弟每誰教你鑽入他鋤不斷、斫不下、解不開、頓不脫、慢騰騰千層錦套頭。」

《樂府群珠》卷一失註【快活三帶過朝天子・題情】：「修文詞，攻武略，把錦套頭放著，將磨扞兒撇卻，教有力的姨夫鬧。」

《太平樂府》卷六趙彥暉散套【點絳唇・省悟】：「恰待踏折他花套竿，撞出錦圚頭。」（盧校：圚，抄本作圜。）

錦套頭，本義謂網套，元曲裏用以比喻妓女籠絡嫖客的手段。套，一作圚（huán），意同。「頭」、「兒」均爲名詞語尾，無意。

近身

《後庭花》一、白：「今日早問聖人賜老夫一女，小字翠鸞，著他母親隨來，近身伏侍老夫，尚不知夫人意下如何，未敢便收留他。」

《老生兒》楔、白：「不想小梅這妮子，年二十歲，婆婆爲他精細，著他近身扶侍老夫。如今腹懷有孕，未知是個女兒、小廝兒。」

《劉弘嫁婢》一【天下樂】白：「我與你娶一箇年紀小的生的好的，近身扶侍你，若是得一男半女，可不好那？」

同劇二【幺篇】白：「老的，我看了這箇小姐中珠模樣，可也中擡舉，著他近身扶侍，你意下如何？」

近身，猶貼身，「貼」亦切近之義也。浙江舊俗稱媵（yìng）妾爲貼身。宋・莊綽《雞肋編》：「古所謂媵妾者，今世俗西北名祗侯人，或云左右人，浙人呼爲貼身。」蓋即近身。

近新來

近新　新來

《謝天香》三【滾繡毬】：「近新來下雨的那一日，你輸與我繡鞋兒一對，掛口兒不曾題。」

《牆頭馬上》一【油葫蘆】：「我爲甚消瘦春風玉一圍，又不曾染病疾，迎（近）新來寬褪了舊時衣。」

《任風子》一、白：「渾家李氏，近新來生了一個小廝兒。」

《瀟湘雨》一【混江龍】白：「我近新認了箇義女兒，叫做翠鸞。」

《兒女團圓》二、白：「新來俺那渾家根前，得了一個小的，可惜落地便死了。」

《樂府群珠》卷一汭東漁父小令【上小樓・閨情】：「新來知道，都不如葫蘆提倚闌一覺。」

《盛世新聲》【雙調新水令・燕鶯巢強戀作鳳鸞帷】：「人道你近新來改換得翎毛貴。」

《樂府群珠》卷三喬夢符小令【折桂令・寄遠】：「往日個殷勤待我，近新來憔悴因他。」

近新來，意即近來、最近，表示時間之詞；又省作近新、新來，義同。「新來」一詞，宋人詩詞中常見。柳永【臨江仙】詞：「覺新來憔悴舊日風標。」宋徽宗【宴山亭・北行見杏花】詞：「除夢裏有時曾去，無據，和夢也新來不做。」辛棄疾【鷓鴣天】詞：「不知筋力衰多少，但覺新來懶上樓。」盧祖皋【宴清都】詞：「新來雁闊雲杳，鸞分鑑影，無計重見。」李清照【鳳凰臺上憶吹簫】詞：「新來瘦，非干病酒，不是悲秋。」等等，皆其例。

妗子（jìn・zi）

妗妗

《牆頭馬上》二、白:「今日老身東閣下探妗子回來，身子有些不快。」

《金線池》三、白:「妾身張嬷嬷，這是李妗妗，這是閔大嫂：俺們都是杜蕊娘姨姨的親眷。」

《劉知遠諸宮調》十一【般涉調・沁園春】:「兩個妗子忿起，一齊圍定劉知遠。」

同書十二【正宮・尾】:「知遠喝住群刀休下，待取得三娘和妗子各斷罪。」

妗子，或稱妗妗，《集韻》謂：俗謂舅母曰妗。元・陶宗儀《輟耕錄》卷十七云:「宋張文潛《明道雜志》云:『經傳中無嬸妗二字。嬸字，乃世母字二合呼。妗字，乃舅母字二合呼也。二合，如眞言中合兩字音爲一。」明・沈榜《宛署雜記》卷十七:「民風二」(方言):「呼舅母曰妗子。」近人章太炎《新方言・釋親屬》云:「幽侵對轉，舅妗雙聲，故山東謂舅妻爲妗；叔嬸雙聲，故通語謂叔母爲嬸。此雖鄙言俗字，然音均不相越也。」今一般則以「妗子」呼內兄弟之妻，內兄之妻爲大妗子，內弟之妻爲小妗子。

禁當

《董西廂》卷八【大石調・伊州衮】:「怎禁當，衙門外，打牙打令，諢匹似閑嗻哨！」

《霍光鬼諫》二【耍孩兒帶四煞】:「這場羞辱怎禁當？」

禁當，意謂禁受、忍耐。例中「怎禁當」，即怎禁受、怎忍耐之意也。唐・杜甫《春水生》詩:「一夜水高二尺強，數日不可更禁當。」浦起龍《讀杜心解》云:「更禁當，言若水漲不止，總當得起？」宋・楊萬里《過皀口嶺》詩:「夜渡驚灘有底忙，曉攀絕磴更禁當。」明・湯顯祖《牡丹亭・尋夢》:「少不得發呪禁當。」此「禁當」，意爲抵對、對付，是另一意。當，輕讀，作語助用。

噤聲（jìn shēng）

禁聲

《裴度還帶》四【殿前歡】：「噤聲，你那裏無謙遜！」

同劇二【哭皇天】：「噤聲，這廝得道誇經紀，學相呵說是非，無半星兒眞所爲，銜一剗說兵機。」

《凍蘇秦》二【滾繡毬】白：「噤聲，怕貓拖了我！你官也不曾得做，今日這般窮身潑命的，你來俺家裏做甚麼？你快離了我這門。」

《調風月》三【鬼三台】：「女孩兒言著婚聘，則合低了胭脛，羞答答地禁聲。」

噤，口閉也，見《說文》。《楚辭・九歎・思古》：「口噤閉而不言。」注：「閉口爲噤也。」噤聲，猶言住口，禁止發聲之辭，常見於元明戲曲中。噤，借爲禁，禁聲，默不作聲之謂也。《牡丹亭・懷疑》：「禁聲，壞了柳秀才體面！」《金瓶梅》十三回：「怪小油嘴兒，禁聲些！」皆其例也。

《史記・鼂錯傳》：「臣恐天下之士，噤口不敢復言。」同書《日者傳》：「悵然噤口不復言。」「噤口」，意同「噤聲」，是「噤聲」的先導。

禁指

《西廂記》五本二折【白鶴子】：「這琴，他教我閉門學禁指，留意譜聲詩，調養聖賢心，洗蕩巢由耳。」

禁指，彈奏古琴的指法。漢・班固《白虎通義》云：「琴者，禁也，所以禁止人之邪心者也。」《智勇定齊》劇楔子無鹽女本班固說亦云：「琴者，禁也，以禁人之心。」《紅樓夢》八十六回：「黛玉道：琴者禁也。古人制下，原以治身涵養性情，抑其淫蕩，去其奢華。」

禁持

襟持　敬持

禁持：一、謂擺布、磨折、虐害；二、謂糾纏、牽纏；三、謂忍耐、忍受。禁借爲襟、敬，意同。

（一）

《董西廂》卷二【中呂調・喬捉蛇】：「禁持得飛虎心膽破，手親眼便難擒捉。」

《救風塵》二【幺篇】：「〔卜遮書科，正旦念云：〕如今朝打暮罵，禁持不過。」

《酷寒亭》二【幺篇】：「帶累的你兩個孫兒受盡禁持。」

《東堂老》二【滾繡毬】：「我幾曾見禁持妻子這等無徒輩，更和那不養爹娘的賊醜生。」

《殺狗勸夫》二【四煞】：「怎不尋那兩個無徒說話，只管把你兄弟禁持。」

《爭報恩》二【幺篇】：「這般苦禁持，惡搶白，怎生寧奈？」

上舉各「禁持」，意謂擺布、磨折、虐害。按禁，制也，《漢書・咸宣傳》：「猶弗能禁」；又持，挾制也，《史記・酷吏傳》：「持吏長短」。合而言之，故云「禁持」。

（二）

《牆頭馬上》二【南呂一枝花】：「睡夢纏繳得慌，別恨禁持得煞。」

《東坡夢》二【感皇恩】：「我其實被東坡閒魔障，廝禁持。」

《倩女離魂》三【耍孩兒】：「憶鄉關愁雲阻隔，著床枕鬼病禁持。」

《雍熙樂府》卷四無名氏散套【翠裙腰・閨思】：「鬱悶長縈係，鬼病廝禁持。」

同書卷五無名氏散套【點絳唇】：「靠那壁，少禁持，罵你箇潑東西。」

以上例證，義爲糾纏、牽纏，是第一義的引申。

（三）

《劉知遠諸宮調》十二【仙呂調・繡裙兒】：「俺兩人怎生憷持過，不免得向前鬬他；早是那匹夫難擒捉，莊門外又兩個。」

《太平樂府》卷八曾瑞卿散套【願成雙・贈老妓】：「暮年間剗地知公事，所爲兒都敬持。」

懔持、敬持，即禁持，禁借爲懔（jìn）、敬；忍耐、忍受之意；亦第一義的引申。

禁害

《東牆記》三【脱布衫】:「你兩個恩情似海，沒來由把咱禁害。」

《西廂記》四本一折【上馬嬌】:「不良會把人禁害，咍，怎不回過臉兒來？」

《張天師》四【得勝令】:「冤哉！怎將俺這一火同禁害？」

《王粲登樓》二【煞尾】:「試看雄師擁麾蓋，恨汝等將咱廝禁害。」

《留鞋記》二【呆骨朵】:「我道是看書多至誠，你如今倒把我廝禁害。」

禁害，猶噤害，謂口不言而心害之也。晉・潘岳《馬汧督誄序》曰：「若乃下吏之肆其噤害，則皆妬之徒也。」李善注：「口不言心害之，爲噤害也。」噤，元曲借爲「禁」，意同。禁害，或作禁虐，如《長生殿・雨夢》:「把仇人禁虐得十分惱。」

經紀

《裴度還帶》一【後庭花】:「你教我休讀書，作買賣；你著我去酸寒，可便有些氣概。你正是那得道誇經紀，我正是成人不自在。」

《燕青博魚》二【醉中天】:「你是那南海南觀音的第一尊，怎將俺這小本經紀來揹。」

《神奴兒》一【仙呂點絳唇】:「我可也自小心直，使錢不會學經紀，但能勾無是無非，便休説黃金貴。」

《百花亭》三【雙鴈兒】:「王煥也，到如今猶兀自説兵機，得道也誇經紀。」

經紀，謂生意、買賣、營生。元・陶宗儀《輟耕錄》卷十九：「今人以善能營生者爲經紀。唐滕王元嬰與蔣王皆好聚斂。太宗嘗賜諸王帛，敕曰：『滕叔蔣兄自能經紀，不須賜物。』韓昌黎作《柳子厚墓誌》:『舅弟盧遵，又將經紀其家。』則自唐已有此言。」宋・吳曾《能改齋漫錄》云：「江西人以能幹運者爲作經紀。唐已有此語。」按《北史・盧文偉傳》:「經紀生資，常若不遺，致財積聚，承候寵要，餉遺不絕。」則北魏已有此語，不逮唐矣。

引申上意，有時指商販，如《水滸》第二十四回:「小人只認得大郎，一個養家經紀人，且是在街上做買賣。」有時指牙商，如初拍《轉運漢巧遇洞庭紅，波斯胡指破鼉龍殼》:「且聽說一人，乃宋朝汴京人，姓金雙名維厚，乃是經紀行中人。」即指經手辦理商務的人，今俗稱牙儈，法律上謂之行紀。按牙本作互，訛爲牙。陶宗儀《輟耕錄》卷十一「牙郎」條:「今人謂駔儈（zǎng kuài）者爲牙郎，本謂之互郎，謂主互市事也。唐人書互作牙，互與牙相似，因訛而爲牙耳。」有時又指職業，如《警世通言・萬秀娘仇報山亭兒》:「這陶鐵僧沒經紀，無討飯喫處」，是也。

經懺（chàn）

《蝴蝶夢》三【叨叨令】白:「母親，我有一本《孟子》，賣了替父親做些經懺。」

《東窗事犯》二【醉春風】:「又不曾禮經懺法堂中，俺則是打勤勞山寺裏。」

《硃砂擔》四【太平令】白:「望上聖可憐見，我與他看經禮懺，請高僧大德度他生天，你則饒了我罷！」

舊時請和尚念經拜懺作祈禱，叫做經懺。經，指佛家經典。懺爲梵語懺摩的省稱，也是佛教徒諷誦的一種經文。又佛教請求人容忍寬恕，亦謂之「懺」。

驚急列

驚急力　驚急烈　驚急裏　驚吉利　荊棘律　荊棘列　荊棘剌　慌急列　急驚列

《三奪槊》二【隔尾】:「那鞭休道十分的正著，則若輕輕地抹著，敢教你睡夢裏驚急列怕道曉。」

《蝴蝶夢》四【夜行船】:「慌急列教咱覷了面色，血模糊污盡屍骸。」

《黑旋風》一【滾繡毬】:「諕得荊棘律的膽戰心驚。」

《後庭花》四【剔銀燈】：「聽說道荊棘列半日，猛覷了呆打頦一會。」

《西廂記》二本三折【雁兒落】：「荊棘剌怎動那！死沒騰無回豁！措支剌不對答，軟兀剌難存坐！」

《紅梨花》四【川撥棹】：「諕的他對面無言，有似風顛，驚急力前合後偃。」

《張生煮海》二【採茶歌】：「他興雲霧，片時來，動風雨，滿塵埃，則怕驚急烈一命喪屍骸。」

《飛刀對箭》三【越調鬬鵪鶉】：「人著箭踉蹌身歪，馬中鎗驚急裹腳失。」

《龍門隱秀》一【油葫蘆】：「諕的我驚吉利不敢孜孜看。」

《陽春白雪》後集三奧敦周卿散套【一枝花・梁州】：「急驚列半晌荒唐，慢朦騰十分認得，呆答孩似醉如癡。」

驚吉列，形容神情驚慌之詞。荊爲驚的同音假借字。驚、慌意同。急驚列爲驚急列的倒文。吉列、急力、急烈、急裹、吉利、棘律、棘列、棘剌、急列等，俱爲驚的語助詞，無義。

精細

精精細細

精細，在元曲中隨文生訓，撮其要義有四。

（一）

《東堂老》楔【仙呂賞花時】白：「大嫂，這一會兒父親面色不好，扶著後堂中去。父親，你精細者！」

《貨郎旦》一【金盞兒】：「〔正旦云：〕兀的不氣殺我也！〔作氣死〕〔李彥和救科，云：〕大嫂，精細著！」

同劇三、白：「我把這一樁事，趁我精細，對孩兒說了罷。」

《神奴兒》一【柳葉兒】：「〔大旦哭科，云：〕員外，精細著！精細著！」

以上各例，意爲清醒、蘇醒。

（二）

《老生兒》楔、白：「你是個精細的人，何消我一一盡言？」

同劇楔、白：「不想小梅這妮子，年二十歲，婆婆爲他精細，著他近身扶侍老夫！」

《合同文字》三【石榴花】：「俺一生精細一時麁，直恁般不曉事，忒糊塗。」

《謝金吾》二【採茶歌】：「怕不的平地起干戈，直趕上馬嵬坡，〔帶云：〕倘若有些好歹呵，〔唱：〕你可便著誰人搭救宋山河？世不曾來家愁殺我，你也心兒裏精細不風魔。」

《樂府群珠》卷四玄虛子【普天樂・題情】：「情憧的不知心，精細的偏薄倖。」

《替殺妻》四【得勝令】白：「常言道『醜婦家中寶』，休貪他人才精精細細、伶伶俐俐、能言快語不中。」

以上各例，意爲聰明伶俐，重言之，則曰精精細細。

（三）

《黃花峪》二【梁州】：「〔宋江云：〕你會甚麼武藝？〔正末唱：〕十八般武藝咱都會。〔宋江云：〕少賣弄精細！〔正末唱：〕不是我賣弄精細。〔宋江云：〕再有甚麼本事？〔正末唱：〕舞劍、輪鎗并騙馬，則消的我步走如飛。」

上舉「精細」，猶言本事高強。又如《白兔記》下二【引軍旗】：「忽一朝名掛在雲臺上，方知武藝精細。」亦其例。

（四）

《紫雲庭》二【紅芍藥】：「越道著越查聲破嗓越罵得精細，前面他老相公聽的。」

上例，意謂厲害，是引申義。

警蹕（jǐng bì）

《連環計》一、白：「出稱警，入稱蹕。」

舊時皇帝出外所經過的地方，戒嚴，禁止行人，叫做警蹕。《漢書・梁孝王傳》:「出稱警，入言趕。」注:「警者，戒肅也；趕者，止行人也，言出入者，互文也。」杜甫《壯遊》詩:「兩宮各警蹕，萬里遙相望。」《元史・祭祀志・三》:「皇帝升輅，太僕執御，導駕官分左右步導。門下侍郎當輿前，跪奏請車駕進發，車駕動，稱警蹕。」明・王衡雜劇《再生緣》四折:「呀！你看警蹕傳呼，瑞煙縹緲，卻早聖駕來也。」皆其例。

淨辦

靜辦　靜扮

《竇娥冤》一、白:「我一向搬在山陽縣居住，儘也靜辦。」

《陳母教子》三【普天樂】白:「母親要打我，番番不曾靜扮。」

《兒女團圓》楔、白:「分另了家私，卻也淨辦。」

《抱粧盒》二【隔尾】白:「你將太子剌死，丢在金水橋河內，也是一個淨辦。」

《凍蘇秦》楔、白:「老的也，既然他兩箇要去，等他自措盤纏求官去來，省的在我耳朵根邊，終日子曰子曰，伊哩烏蘆的這般鬧炒，倒也淨辦。」

淨辦，謂乾淨、安靜、清靜。一作靜辦、靜扮，音義並同。辦、扮爲助詞，無意。《清平山堂話本・戒指兒記》:「那阮二便道:『師父，怎地把我兄弟壞了性命？這事不得淨辦。」《水滸》第二十四回:「和人相打，時常吃官司，教我要便隨衙聽候，不曾有一個月淨辦。」皆其例。北京話還習用，常寫作「淨便」。現在南、北口語裏，均有此用法。

敬思

《西廂記》三本一折【後庭花】:「忒聰明，忒敬思，忒風流，忒浪子。」

脈望館鈔校本《羅李郎》三【後庭花】:「人都道你敬思，人都道你浪子。」

《詞林摘艷》卷三蘭楚芳【粉蝶兒・驕馬金鞭】:「我這般廝敬重徧心願，只除是無添和知音的子弟，能主張敬思的官員。」

《盛世新聲》【雙調新水令・枕痕一線界胭脂】:「忒敬思,可人意瘦腰肢。」

《元人小令集》鍾嗣成《失題》三首之二:「打爻槌唱會鷓鴣詞,窮不了俺風流敬思。」

敬思,風流放浪、瀟洒可愛之意。吳曉鈴《西廂記》注,謂「値得尊敬」。

靜鞭

淨鞭

《單刀會》三【醉春風】:「一箇劍下一身亡,一箇靜鞭三下響。」

輯佚《望思臺》【商調集賢賓】:「不聽的靜鞭三下響,那裏也文武兩班齊?」

《貶黃州》一【油葫蘆】:「笙歌幾處聞,淨鞭三下響。」

《霍光鬼諫》一【天下樂】:「不聽的古剌剌淨鞭三下響,不見文官每列在左壁,武官每列在右廂,尚古自列金釵十二行。」

靜鞭,古時皇帝儀仗器具的一種,其形如鞭。上朝時,由侍衛揮動發聲,使人肅靜,因稱靜鞭。或曰鳴鞭。《宋史・儀衛志》云:「上皇日常朝殿,差御龍直四十三人,執仗排立,並設繖扇鳴鞭。」元・袁桷《內宴》詩:「欆殿沈沈曉日清,靜鞭初徹四無聲。」《清會典・工部》:「法駕鹵簿」注:「法駕鹵簿,用靜鞭。」《清會典・鑾儀衛》:「靜鞭」注:「黃絲,長一丈三尺,闊三寸;梢長三丈,漬以蠟;柄木質髹朱,長一尺,刻金龍首。」「淨鞭」之「淨」,應從「靜」,同音借用。

九百

九伯(bǎi)　九陌　久白

《董西廂》卷三【仙呂調・戀香衾】:「九百孩兒,休把人廝啅。」

同書卷一【越調・雪裏梅】:「立掙了法堂,九伯了法寶,軟癱了智廣。」

同書卷五【仙呂調・尾】:「我曾見風魔九伯,不曾見這般箇神狗乾郎在。」

《魯齋郎》二：「〔貼旦云：〕纔五更天氣，你敢風魔九伯，引的我那裏去？」

《岳陽樓》二【賀新郎】白：「他又瘋，我又九伯，俺大家耍一會。」

《誤入桃源》三【滿庭芳】白：「這兩個漢子是風魔，是九伯？」

《馬陵道》二【倘秀才】白：「我問你，你是風魔呵，是九伯？」

《藍采和》一【賺煞】：「則你那六道輪迴怎脫免，使不的你九伯風顛。」

元明雜劇本《酷寒亭》三：「言多語失，小人有些九陌風魔。」（《元曲選》本作「九伯」。）

《雍熙樂府》卷六散套【粉蝶兒・慳吝】：「又不是久白風魔。」

九百，癡呆、風顛、精神失常之謂；為宋元時方言。多作九伯（bǎi），亦偶作九陌或久白。明・徐渭《南詞敘錄》云：「九百，風魔也。宋人云：九百尚在，六十猶癡。」《說郛》卷十七引《愛日齋叢鈔》：「陳無己云：『世人以癡為九百，謂其精神不足也。』」宋・朱彧《萍洲可談》卷三：「青州王太守嘗守舒、丹二州，為詩極俚鄙。……其子曰：『大人九伯亂道，玷瀆高明。』蓋俗謂神氣不足者為九伯，豈以一千則足耶？」《愛日齋叢鈔》：「九百或取喻細瑣之為者。東坡文中有一條云：彭祖八百歲沒，其婦哭之慟，以九百者尚在也。李方叔曰：俗以憨癡為九百，豈可筆之文字間乎？坡曰：子未知所據耳。《西京賦》：『小說九百，本自虞初。』蓋《稗官》凡九百四十三篇，皆巫醫厭祝及里巷所傳言。西漢洛陽人虞初，以其書事武帝，出入騎從，其事亦號《九百》，語言豈無據乎？方叔後讀《文選》，見其事具選注，始嘆其精通。」

九陌（jiǔ mò）

《度柳翠》一【混江龍】：「恰纔箇袖拂清風臨九陌，又早是杖挑明月可便扣三門。」

《留鞋記》二【滾繡毬】：「風飄飄吹縷衣，露泠泠溼繡鞋，多情月送我在三條九陌，又不曾泛桃花流下天台。」

陌，謂市中之街道。《後漢書・袁紹傳》：「塡接街陌」。九陌，泛指都城中的大路。《三輔皇圖》卷二謂漢代長安城中有八街九陌。後遂借此形容街道縱橫交錯，市面繁華熱鬧，「九」，極言其多，不必拘泥於九之具體數字。駱賓王《帝京篇》：「三條九陌麗城隈，萬戶千門平旦開。」

九垓（jiǔ gāi）

《陳摶高臥》二【梁州第七】：「一身駕雲，九垓、八表神遊盡。」

《張生煮海》二【南呂一枝花】：「彌八方，徧九垓，問甚麼河漢江淮，是水呵，都歸大海。」

《金安壽》四【川撥棹】：「今日個暢情懷，縱神遊遍九垓。」

九垓，謂九天。漢・劉安《淮南子・道應訓》：「吾與汗漫期於九垓之外。」注：「九垓，九天也。」李白《廬山謠寄盧侍御虛舟》：「先期汗漫九垓上，願接盧敖遊太清」。韓愈《詠雪贈張籍》：「悠悠匝九垓」《漢書・禮樂志・郊祀歌》作九閡，注引《淮南》作九陔。按垓、閡、陔，音義並同。《說文》引《國語》，九垓，八極地也，而今本作九畡，訓爲九州，九州者，天下也。王令《夢蝗》詩：「一蝗百兒月再孕，漸恐高厚塞九垓」，其「九垓」云云，亦天下意也。

九紫十赤

《博望燒屯》三、白：「他家中也有那一爺、二娘、三兄、四弟、五姊、六妹、七青、八黃、九紫、十赤，放我一箭之地，埋鍋造飯。」

王伯良云：「《格古要論》謂：『金品：七青、八黃、九紫、十赤。』」但《博望燒屯》例以青黃紫赤與爺娘兄弟並舉，義殊不合。據唐・尉遲樞《南楚新聞》載段成式沒後與溫庭筠手札，有「男紫悲黃，女青懼綠」語，疑或指子女言，待考。

酒務

酒務兒

《劉知遠諸宮調》一【仙呂調・六幺令】：「前臨官道，新開酒務一竿，斜刺出疎籬。」

《謝天香》一【醉扶歸】白：「妾送你到城外，那小酒務兒裏，權與你餞行咱！」

《生金閣》一【天下樂】白：「遠遠望見一箇酒務兒，且到那裏避一避風雪，慢慢的入城去來。」

《李逵負荊》一、白：「老漢姓王名林，在這杏花莊居住，開著一個小酒務兒，做些生意。」

《砂砂擔》一【醉扶歸】白：「這是一個小酒務兒，小二哥！有酒麼？」

宋代設有酒務官，專門管理榷（què）酒（收稅）的事。酒是專利品，因稱酒店爲酒務或酒務兒。關於酒的專賣制度，《宋史・食貨志》規定：「酒務官二員者分兩務，三員者增其一務，員雖多，無得過四務。」

酒遊花

《青衫淚》四【蔓菁菜】：「俺只道他是個詩措大、酒遊花，卻原來也會治國平天下。」

酒遊花，朱居易釋爲「嗜酒文人」（見《元劇俗語方言例釋》）。按「花」爲妓者之稱，酒遊花，當是嗜酒嫖妓的意思，朱說恐不全面，待考。

舊流丟

舊留丟

《詞林摘艷》卷三白仁甫散套【粉蝶兒・賽社處人齊】：「恰曬的布被褡上褪兒乾，又淹的舊流丟前襜濕。」

《李克用箭射雙鵰》【醉春風】：「恰曬的布背褡褪兒乾，又淹的舊留丟前襟濕。」

舊流丟，即舊意；流丟，或作留丟，語助詞，無意。

救拔

濟拔

《後庭花》三【太平令】：「咱欲要兩家都罷，赤緊的我領得三朝嚴假，若事發，教咱救拔。」

《燕青博魚》一【初問口】：「你將我這螻蟻殘生廝救拔，我把哥哥那山海也似恩臨廝報答。」

《馬陵道》三【得勝令】白：「我是齊國卜商，特來救拔你哩。」

《看錢奴》一【幺篇】白：「謝上聖濟拔之恩，我便做財主去也。」

救拔，謂救濟、拯救，使之脫離危難也。《朱子全書・學》：「則雖有賢師長亦無救拔自家處矣。」《京本通俗小說・馮玉梅團圓》：「蒙君救拔，遂爲君家之婦，此身乃君之身也。」《董西廂》卷一【般涉調・哨遍纏令】：「追薦亡靈，救拔先考。」皆其例。或作救提，如《幽閨記》三十五：「幸遇秀才蔣世隆，惻隱存心，救提作伴」，意同。

就裏

就中　就兒裏　就地裏

就裏，或作就中、就兒裏、就地裏，有義有二：一、猶內中、內情、內幕：二、指心裏。

（一）

《救風塵》一【上馬嬌】：「我聽的說就裏，你原來爲這的，倒引的我忍不住笑微微。」

《曲江池》二【商調尚京馬】：「那有見識的哥哥每知了就裏，似這等切切悲悲。」

《鐵拐李》二【滾繡毬】：「那裏發付那有母無爺小業冤，就兒裏難言。」

《留鞋記》楔、白：「人都道我落第無顏，羞歸故里，那知就中自有緣故。」

《賺蒯通》二【朝天子】：「我説知就裏，想蒯徹也無他意。」

《謝金吾》一【賺煞】：「這書上已明開，休的胡猜，就兒裏關連著大利害，雖則是被那廝搶白，囑付俺孩兒寧奈，休得要誤軍機私下禁關來。」

上舉「就裏」、「就中」、「就兒裏」各例，意爲內中、內情、內幕。全唐詩 5142/-8 白居易《早春憶蘇州寄夢得》：「吳苑四時風景好，就中偏好是春天。」唐・杜荀鶴《登山寺》詩：「就中偏愛石，獨上最高層。」敦煌變文《醜女緣起》：「我緣一個帝王身，眷屬由來斷業因，爭那就中容貌差，交奴恥見國朝臣。」。《京本通俗小說・錯斬崔寧》:「劉官人一一說知就裏。」或作就理，《小孫屠》戲文：「你分明說此就理，怎地胡推拒？」《荊釵記》四十六：「這就理你怎知？」「理」為「裏」之同音假借字，意同。

《紅樓夢》九十九回：「次日果然聚齊，都來請假。賈政不知就里，便說：要來也是你們，要去也是你們。既嫌這里不好，就都請便。」

（二）

《救風塵》三【倘秀才】:「你這廝外相兒通疎就裏村。」

《陳摶高臥》四【梅花酒】:「你可也忒莽撞，則道你燮理陰陽，卻惜玉憐香，撮合山錯了眼光，就兒裏我也倉皇。」

《曲江池》一【青哥兒】:「俺娘呵外相兒十分十分慈善，就地裏百般百般機變。」

《張生煮海》一、詩云：「行童終日打勤勞，掃地纔完又要把水挑，就裏貪玩只愛耍，尋箇風流人共說風騷。」

《殊砂擔》四【太平令】:「你這個潑賤，就裏，落可便下的，白佔了俺家緣家計。」

以上「就裏」、「就兒裏」、「就地裏」各例，指心裏。一、三兩例，和「外相兒」互文，其義益明。是第一義的引申。

居止

居址

《董西廂》卷八【中呂調・渠神令】:「道是洛京人氏，先來曾蒲州居止；見今編修國史，莫比洛陽才子。」

《襄陽會》一、白：「我問他但借城池暫用，喒且屯軍居止。」

《趙禮讓肥》二、白：「小生趙禮，哥哥趙孝，因趁熟來到這南陽宜秋山下，蓋了一間草房居止。」

《百花亭》一、白：「自父親辭逝，來此洛陽叔父處居止。」

《西廂記》一本三折、白：「搬至寺中，正近西廂居址。」

居止，謂居住棲止，簡言居住。止，用為助詞，同只。《文選》向秀《思歸賦序》:「余與稽康、呂安，居止接近。」陶潛《止酒》詩：「居止次城邑，逍遙自閒止。」《齊書・張融傳》:「融為中書郎，未有居止，權牽船於岸上住。」各例「居止」云云，意為住址，屬名詞，與上舉劇例之用為動詞者不同。除此，還有作行動解者，如晉・薛瑩《龍女傳》:「訪其父母，居止儼然。」止，一作址，同音假借。

拘刷

拘攝

《趙氏孤兒》二、白:「把晉國內但是半歲之下，一月之上，新添的小廝，都拘刷到我帥府中聽令。」

同劇二【梁州第七】白:「要將晉國內半歲之下一月之上的小孩兒每，都拘攝到元帥府裏。」

《還牢末》一【後庭花】:「將普天下小廝每拘刷來，一搭裏砧刀上剁做肉泥。」

拘，執也；刷，清也（見《爾雅・釋詁》）；拘刷，即拘拿之意。《宣和遺事》亨集:「五臺山寺長違命不從，以此官司拘刷抗命僧人。」《三國志平話》卷中:「爾須知曹操，長安建銅雀宮，拘刷天下美色婦人。」二拍《疊居奇程客得助，三救厄海神顯靈》:「凡是飯店經商，都被拘刷了去。」皆其例。刷，一作攝，雙聲，義同。

拘箝（jū qián）

拘鉗　拘鈐　拘撁　拘謙　拘倦

《倩女離魂》楔【幺篇】:「你不拘箝我可倒不想，你把我越間阻，越思量。」

同劇一【油葫蘆】:「被拘箝的不忿心，教他怎動腳？」

《蕭淑蘭》一【混江龍】:「因無兄嫂，有失拘鈐。」

《抱粧盒》一【混江龍】:「尚兀自嫌拘倦，向御園中別是一壺天。」

《死葬鴛鴦塚》【黃鍾醉花陰】:「陽台路少拘鉗，行暮雨巫娥先被閃。」

《太平樂府》卷七曾瑞卿散套【鬭鵪鶉・風情】:「怎拘鈐，蘇卿不嫁窮雙漸。」

《盛世新聲》【雙調新水令・爲紅粧曉夜病懨懨】：「他爲我受拘謙，我因他病漸添。」

《雍熙樂府》卷一散套【醉花陰・春思】：「陽臺路少拘捧。」

拘箝，謂拘束、管教。箝、鉗、謙、鈐、捧，同音通用；倦，應作箝，借用，意同。或作拘拑（qián），如《荊釵記》十五：「好將心事拘拑。」或作牽拘，如《史記・封禪書》。

局段

局段兒　局斷　局斷兒

《董西廂》卷七【中呂調・古輪臺】：「説盡虛脾，使盡局段，把人贏勾廝欺謾，天須開眼！」

《風光好》二【三煞】：「被我著個小局段兒，早打入天羅網。」

《羅李郎》三【幺篇】：「將那謊局段，則向俺跟前使。」

《對玉梳》一【勝葫蘆】：「若早知你這圈繢，那般局段，急抽身不囫圇。」

《陽春白雪》後集二彭壽之散套【八聲甘州】：「機謀主仗風月景，局斷經營旖旎鄉。」

《樂府群珠》卷四曾瑞卿小令【紅繡鞋・風情】：「假認義做哥哥般親厚，行人情似妹妹般追逐，著小局斷兒包藏著鬼胡由。」

局段，又作局段兒，謂詐術、陰謀手段，即設圈套以陷害人之意。又作局斷或局斷兒。斷、段同音借用，意同。又局段意同科段，可參見。

局騙

脈望館鈔校本《曲江池》三、白：「俺二人爲幫閑，局騙了人錢物，被官司追要陪償，家財蕩然一空。」

暗設圈套，騙取財物或誘人上釣者，均謂之局騙。其行事多合數人爲之，一般以設局賭博爲多，故曰局騙。《元典章・刑部・禁局騙》：「無籍之徒，糾合惡黨，局騙錢物。其意專一尋訪良家子弟，富商大賈，到來本路；此輩則群聚密議，以意測料各所嗜好者，迤漸交結，設賭博戲，騙取人財，要磬取蓄。」《荊釵記》二十九：「我告你局騙人財禮。」《水滸》第二十五回：「我的一時間不是了，喫那廝局騙了。」或作騗騙，如《金瓶梅》第五回：「我的一時間不是，乞那西門慶騗騙了。」以上皆其例。

巨靈神

《金線池》二【南呂一枝花】：「大力鬼頓不開眉上鎖，巨靈神劈不斷腸中愁。」

《單鞭奪槊》四【喜遷鶯】白：「一個似摔碎雷車霹靂鬼，一個似劈開華岳巨靈神。」

《西遊記》五本二十齣、白：「慣將斧劈巨靈神。」

巨靈神，是佛教傳說中的一個神，他曾將華山和首陽山（原連在一起）劈開，成爲各自獨立的兩部分，見《水經注・河水》。《晉書・左貴嬪傳》：「峨峨華嶽，峻極泰清，巨靈導流，河瀆是經。」唐・趙彥昭《登驪山》詩：「河看大禹鑿，山見巨靈開。」以上，是說巨靈神能開山引水。

秬鬯（jù chàng）

《連環計》一、白：「比因十常侍作亂，何進薦某入朝，遂至官封太師之職。如今又加九錫：一車馬；二衣服；三樂器；四朱户；五納陛；六虎賁；七斧鉞；八弓矢；九秬鬯。出稱警，入稱蹕；頒曰詔，降曰制；言曰宣，語曰勅。」

秬鬯，是古時用黑黍米和香草釀造的酒，帝王用以祭祀降神，或賜給有功的諸侯（大臣）。《詩・大雅・江漢》：「釐爾圭瓚，秬鬯一卣。」《禮・表記》：「天子親耕，粢盛秬鬯，以事上帝。」《書・文侯之命》：「平王賜晉文侯秬鬯、圭瓚。」《左傳》僖公二十八年：「賜之大輅之服，戎輅之服，彤弓一，彤矢百，玈弓矢千，秬鬯一卣。」據此知「秬鬯」來源甚早。

圈（juān）

《老生兒》楔、白：「那兩間草房要留著圈驢哩。」

《賺蒯通》三【小桃紅】白：「天色晚了也，且回羊圈中歇息咱！〔做到圈中作悲科〕〔云：〕元帥也！」

圈，用作動詞，如例一，讀平聲，意謂關閉；用作名詞，如例二，讀去聲，《廣韻》：「圈，其卷切，音倦。」《說文》：「圈，養畜之閑也。」張衡《論衡・佚文》：「圈中之鹿，欄中之牛。」按「圈」，即養鳥獸的柵欄，即亦閑也。上述兩種用法，現代漢語仍然這樣用。

捲煎

《蔣神靈應》一【尾聲】白：「古來自有能征將，誰比我將軍快喫食？白米悶飯喫二十椀，硬麵燒餅嚽九十，經帶闊麵輪五椀，捲煎爛蒜夾肉喫。」

捲煎，一種食品。清・孫承澤《春明夢餘錄》載明帝後忌辰祭期，詳列祭品。每月自初一日至三十日，日有供獻，如初一日捲煎，初二日隨餅之類。

撧（juē）

蕝

撧：一、謂斷物；二、謂抓。

（一）

《黑旋風》二【賺煞尾】：「我把那廝脊梁骨各支支生撧做兩三截。」

《黃鶴樓》三【尾聲】白：「我撧箭爲誓，丟在這江裏。」

《飛刀對箭》二【四邊靜】：「我格支支撧折了那廝腰脊骨。」

《任風子》三【上小樓】：「你待要向這裏，撒滯殢，尋個自縊，赤緊的菜園中撧蔥般人脆。」

《岳陽樓》三【滾繡毬】：「柳呵，今日蕝蔥般人脆。」

斷物曰撧。按撧，乃𢷛之變體，《集韻》：「𢷛，租悅切，音蕝，與絕同，斷也。或作𢭏。」又撧，一作蕝，同音假借。

（二）

《蝴蝶夢》一【混江龍】：「我這裏急忙忙過六街，穿三市，行行裏撓腮撧耳，抹淚揉眵。」

《東堂老》二【倘秀才】：「你這般撧耳撓腮，可又便怎生。」

《董西廂》卷七【正宮・賺】:「檢秦晉傳檢不著,翻尋著吳越,把耳朵撧。」

上舉之「撧」,是抓的意思。

撅(juē)丁

厥丁　橛丁　撅倈

《太平樂府》卷八喬夢符散套【一枝花・私情】:「老虔婆坐守行監,狠撅丁暮四朝三。」(《雍熙樂府》收此套作「厥丁」。)

同書卷九無名氏散套【耍孩兒・拘刷行院】:「老卜兒藉不得板,一味地赸;狠撅丁夾著鑼則顧得走。」

同書同卷高安道散套【般涉調哨遍・嗓淡行院】:「入苗的把瑟歪著尖舉,擂鼓的撅丁瘤著左手。」

同書卷三無名氏【柳營曲・風月擔】:「保兒心雄糾糾,橛丁臉冷搊颼,且將我這風月擔兒收。」

《詞林摘艷》卷一劉庭信小令【寨兒令・戒漂蕩】:「撅丁威凜凜,鴇兒惡狠狠,搖撼的個寨兒吸淋淋。」

《雍熙樂府》卷二十小令【山仙子帶過折桂令・盼妓梁錦堂】:「劣厥丁使不透鴉青鈔。」

《雍熙樂府》卷十八小令【紅繡鞋】:「喬斷事撅倈雜嗽,《望梅花》子弟單兜,閔子里姨夫做冤讎。」

《青樓韻語》「撅丁愛鈔」注:「撅丁,妓家男子也。」知撅丁即妓樂人家男子的通稱。亦即張相所說的龜奴。因爲樂戶妻女都是歌伎,故把開設妓院縱妻女賣淫者稱爲龜。陶宗儀《輟耕錄》載《嘲廢家子孫》詩:「宅眷皆爲撐目兔,舍人總作縮頭龜。」蓋元時已用爲罵人的話了。考元代所稱的撅丁、厥丁、橛丁、撅倈,均淵源於宋「官本雜劇」的專稱「厥」字。「撅」或「橛」、「厥」等字下所綴的「丁」、「倈」,正如酸丁、酸倈一樣。倈、丁都指的是人。

角妓(jué jì)

《青衫淚》一、白:「這教坊司有個裴媽媽家,一個女兒,小字興奴,好生聰明,尤善琵琶,是這京師出名的角妓。」

《兩世姻緣》三【小桃花】白：「我有已亡過的妻室，乃洛陽角妓。」

妓女之以技藝著名者曰「角妓」，宋代已有此稱。吳自牧《夢粱錄》卷十「點檢所酒庫」條：「其諸庫（指官家酒庫）皆有官名角妓，就庫設法賣酒。此郡風流才子，欲買一笑，則徑往庫內點花牌，惟意所擇，但恐酒家人隱庇推托，須是親識妓面，及以微利啗之可也。」《西廂記》一本三折「世上有這等傻角」句，暖紅室本眉欄上載徐文長曰：「宋人謂風流蘊藉爲角，故有角妓之名。」元・夏伯和《青樓集》：「連枝秀姓孫氏，京師角妓也，酒酣則自起舞。」又云：「汪憐憐，湖州角妓，美姿容，善雜劇。」《水滸全傳》第七十二回：「宋江見了，便入茶坊裏來吃茶，問茶博士道：『前面角妓是誰家？』茶博士道：『這是東京上廳行首，喚做李師師。』」以上都說明角妓是以色技見長的。參見「上廳行首」條。

決（决）撒

蹶撒　厥撒

決（决）撒的含義：一、謂暴露、被識破、被戳穿；二、謂破裂、決裂。

（一）

《西廂記》三本二折【普天樂】：「〔旦怒叫：〕紅娘！〔紅做意云：〕呀！決撒了也！」

《秋胡戲妻》四【折桂令】：「〔秋胡背云：〕我決撒了也！則除是這般。梅英，我幾曾逼人來？」

《百花亭》四【殿前歡】：「這的是證明師，決撒了也春風驕馬五陵兒！」

《連環計》二【四塊玉】白：「決撒了，老爺都聽見了也。」

《太平樂府》卷八喬夢符散套【一枝花・私情】：「怕蹶撒也卻忑忑忐忐。」（《雍熙樂府》收此曲作「厥撒」。）

上舉諸例，意爲暴露、被識破、被戳穿。《京本通俗小說・志誠張主管》：「到（倒）虧當日小夫人去房裏自吊身死，官司沒決撒，把我斷了。」或又作撅撒，如《水滸全傳》第七十二回：「莫要弄得撅撒了。」按決（决）撒、蹶撒、厥撒、撅撒，音義並同。

（二）

《玉壺春》二【採茶歌】：「素蘭呵，那裏也翠珠囊，百忙裏玉螳螂，決撒了高燒銀燭照紅粧。」

《西遊記》五本十七齣【尾】：「决撒了帽兒光光，恨韋郎，不做周方。」

上舉二例，意爲破裂、決裂。

𢇍（jué）

《風光好》三【倘秀才】：「昨夜個橫著片風月膽房中那親，今日個𢇍著柄冰霜臉人前又狠。」

同劇四【鮑老兒】：「則見他人叢裏疊撲著𢇍臉兒。」

𢇍，《說文》謂古文「絕」字，象不連體。路温舒《尚德緩刑書》云：「𢇍者不可復屬」，是也。這裏的「𢇍」字，謂「迸」也。𢇍臉，即迸（繃）臉之意。「𢇍著柄冰霜臉」，和《雍熙樂府》卷十九《小桃紅・西廂百詠》三十八：「瓶著冷臉兒將人矖」句，語意正同，可互相印證。蓋「𢇍臉」、「綳臉」、「繃臉」、「瓶臉」語意相同。

窘不窘

《王粲登樓》一【混江龍】：「窘不窘爐無煙火酒瓶乾，剗的在天涯流落，海角飄零。」

窘不窘，即窘意，猶如窮不窮，即窮意；苦不苦，即苦意等等。不字是爲加重語氣，以反語見意。

俊生（jùn・sheng）

俊

《東牆記》二【上小樓】：「只因你青春俊生，俺小姐心腸不硬。」

《雲窗夢》二【滾繡毬】：「如今這麗春園使不的馮魁俊，赤緊的平康巷時行有鈔的親。」

《詞林摘艷》卷一劉庭信小令【寨兒令・戒漂蕩】：「柳隆卿引著火窮兵，俊撅丁劫著座空營。」

俊，謂容貌秀美；生爲語助詞，無義，讀輕聲。現在口語中還這樣說。

開

開阿　開呵

《西廂記》一本楔子：「〔外扮老夫人上開〕……老身姓鄭，夫主姓崔，官拜前朝相國，不幸因病告殂。」

《介子推》一：「〔正末扮介子推披秉上開〕自家介子推，晉朝職當諫議。」

《周公攝政》楔子：「〔正末扮太師上開〕自家姬姓，周家的族，見爲太師，參預國事。」

《紫雲庭》三【堯民歌】：「你則是風流不在著衣多，你這般浪子何須自開阿？」（一作「開呵」。）

《雍熙樂府》卷十八小令【寨兒令】：「開硬呵，發乾科，潑生涯百般來做作。休逞嘍囉，索自評跋，都是些花太歲，女閻羅。」

開，元劇術語，其意有二：一、指腳色上場時念詩或報姓名始末；二、爲開場之意，猶如引。明・徐渭《南詞敘錄》云：「開場：宋人凡勾欄未出，一老者先出，夸說大意以求賞，謂之開呵。今戲文首一出謂之開場，亦遺意也。」孫楷第《也是園古今雜劇考・附錄》云：「乃知開者，腳色初上場時開端之語也。」宋、元時，演出民間雜劇，先由一個人出場介紹內容，表演唱念，謂之開呵、開阿，或開科、開和、開喝，後省爲開。《水滸》第五十一回：「拿把扇子，上來開科道：老漢是東京人氏，白玉喬的便是。」亦其一例。

開除

《玉壺春》三【二煞】：「我將著五花誥與他開除了那面煙月牌。」

《灰闌記》三、白：「則我這身上罪何日開除？腹中冤向誰訴與？被他人混賴了我孩兒，更陷我毒殺夫主。」

《趙氏孤兒》四【二煞】：「你當初屈勘公孫老，今日猶存趙氏孤，再休想咱容恕，我將他輕輕擲下，慢慢開除。」

開除，這裏有二義：一、謂豁免（即免除），如一、二例；二、謂處決、殺戮，如例三。

開屠

《東堂老》三【滿庭芳】:「哎！兒也，就著這賣不了殘剩的菜蔬，則你那五臟神也不到今日開屠。」

得到酒食曰開屠，猶言開葷、開齋。宋・王楙《野客叢書》:「今人久茹素，而其親若鄰設酒殽之具，以相煖熱，名曰開葷。」《破風詩》三【幺篇】云:「他肚皮裏衝開五臟神，俺出家兒不喫腥葷」，亦可證明開屠即吃葷也。

開荒劍

《陳州糶米》三【烏夜啼】:「爲頭兒先吃俺開荒劍，則他那性命不在皇天。」

《蕭淑蘭》一【賺煞】:「秀才每難託志誠心，好喫開荒劍。」

《詞林摘艷》卷三王世甫散套【粉蝶兒・浪靜風恬】:「我則會傅粉施朱對粧奩，心嚴財錢信口添，著這廝喫我會開荒劍」

開墾荒地曰開荒，因稱初次殺人的劍爲開荒劍，如例一；引申之，比喻做妓女對嫖客的甜言蜜語，亦即口蜜腹劍之意，如例二、三。

揩磨

揩摩

《伊尹耕莘》二【耍孩兒】:「看一番揩磨日月興宗廟，揀土馬驅兵戰討。」

同劇三【滾繡毬】:「輔佐的中華社稷安，揩磨的乾坤日月輝。」

《風雲會》楔【仙呂賞花時】:「兩隻手揩磨日月新，一片心扶持天地穩。」

《劉弘嫁婢》四【水仙子】:「掃蕩的蠻夷靜，揩磨的日月明。」

《陳摶高臥》三、詩云:「兩手揩摩新日月，一番整理舊乾坤。」

揩磨，謂擦拭打磨，引申義爲治理、整理。磨，一作摩，音義並同。

勘

勘問

勘：一、謂審訊，或作勘問；二、同「砍」。

（一）

《趙氏孤兒》四【二煞】：「你當初屈勘公孫老，今日猶存趙氏孤，再休想咱容恕。」

《蝴蝶夢》二【鬬蝦蟆】：「休說麻槌腦箍，六問三推，不住勘問。」

《張天師》三【鮑老兒】白：「謝眞人勘問成了也。」

《貶黃州》一、白：「前日著廷尉司勘問蘇軾，至今不見復旨。」

《勘頭巾》二【賀新郎】：「請先生別勘問，告大人再尋思。」

《鴛鴦被》楔、白：「我如今有罪赴京聽勘。」

《神奴兒》四【收江南】：「今日到南衙來勘問。」

勘，即勘問，簡作「勘」，舊讀去聲，意謂審訊。《清平山堂話本．老馮唐直諫漢文帝》：「劉昂到縣，將魏尚拿下，長枷送獄，勘問其實。」白居易《奏所聞狀》：「如有人勘問，便即錄名，奏來者內外相傳，無不驚怪。」此云「勘問」，謂查核詰問，義亦近。

（二）

《西廂記》二本楔子【二】：「遠的破開步將鐵棒颩，近的順著手把戒刀釤；有小的提起來將腳尖踹，有大的扳下來把髑髏勘。」

勘，凌蒙初謂即「砍」，讀如字。吳曉鈴解爲「擘」。

看承（的）

看成（的）　堪成

《玉鏡臺》三【耍孩兒】：「我把你看承的、看承的家宅土地、本命神祇。」

《魯齋郎》三【迎仙客】：「看成的似玉顆神珠，終不似他娘腸肚。」

《薦福碑》二【倘秀才】：「他請我在莊兒上教村學，也曾看成的我至好。」

《鴛鴦被》三【收尾】:「第一來把俺這親兄長好看成，第二來將俺那俊男兒奈（耐）心等。」

《小張屠》二【紫花兒序】白:「我又有一個孩兒叫做萬寶奴，我一家兒堪成似神珠玉。」

《爭報恩》二【紅繡鞋】白:「你做的好勾當！相公怎麼歹看承你來？」

《陳州糶米》一【金盞兒】:「俺看承的一合米，關著八、九個人的命。」

《劉知遠諸宮調》第十二【黃鍾宮・快活年】:「難忘夫人十二三年好好看承。」

看承，或作看承的，猶言看待。看，一作堪；承，一作成：同音假借。宋・黃庭堅【歸田樂引】詞:「看承幸廝勾，又是樽前眉峰皺。」辛棄疾【滿江紅・中秋寄遠】詞:「若得長圓如此夜，人情未必看承別。」僧輝【金明池】詞:「怨入雙眉閒鬭損，乍品得情懷，看承全近。」《京本通俗小說・錯斬崔寧》:「小婦人嫁與劉貴，雖是個小老婆，卻也得他看承很好。」

看承，亦可解爲護持、照顧，如《劉知遠諸宮調》，及宋・韓琦《龍興寺芍藥》詩:「聞得龍興好事僧，每歲看承不敢暇。」均其例。

看看

（一）

《魯齋郎》楔、白:「小人害急心疼，看看至死。哥哥可憐見，救小人一命咱！」

《三奪槊》一【金盞兒】:「單雄信先地趕上，手撚著六沉槍，槍尖兒看看地著脊背，脊背透過胸膛，那時若不是胡敬德，陛下聖鑑，誰搭救小秦王？」

《鐵拐李》三【梅花酒】:「看看的過百日，官事又縈羈，衣食又催逼，兒女又央及。」

《降桑椹》四【倘秀才】白:「孩兒也，我這病看看的好將來了也。」

看看，爲估量時間之詞，表示將到未到之際，有轉眼、眼看、就要等義，現在口語中還有此用法。9/3381 唐・王建《關山月》:「追風割面天欲明，金沙岭西看看沒。」唐・杜牧《湖南正初招李郢秀才》詩：「看看白蘋花欲吐，雪舟相訪勝閒行。」皮日休《南陽潤卿將歸雷平因而有贈》：「東卿旄節看看至，靜啓茅齋慎掃除。」宋・柳永【殢人嬌】詞：「別來光景，看看經歲。」周邦彥【留客住】詞：「乍見花紅柳綠，處處林茂。又覩霜前籬畔，菊散餘香，看看又還秋暮。」《水滸》第六十五回：「看看相近上元。」以上意並同。

（二）

此外，還有剛剛、方才的意思；如《樂府新聲》上無名氏散套【夜行船・院宇深沉人靜悄】：「兩三番嫁子兒看看道，道來到口角頭連忙嚥了」，即其一例。

看覷

看取

《竇娥冤》楔、白：「小生目下就要上朝進取功名去，留下女孩兒在此，只望婆婆看覷則箇。」又白：「婆婆，女孩兒早晚呆癡，看小生薄面，看覷女孩兒咱。」

脈望館鈔校本《竇娥冤》一：「〔竇：〕婆婆，女孩兒早晚呆癡，看小生面看取孩兒咱。」

《虎頭牌》四、白：「誰想山壽馬做了元帥，則道怎生樣看覷我，誰想道著他打了一百。」

《爭報恩》楔、白：「二夫人，你須好生看覷一雙兒女。」

《陳州糶米》二【幺篇】白：「老府尹若到陳州，那兩個倉官可是我家裏小的，看我分上看覷咱。」

看覷，謂關照、照顧。看覷，或作看取，音義同。

看街樓

元刊本《公孫拜衫記》一折、白：「孩兒，道與交安排酒者，咱看街樓上賞雪咱。」

《陳母教子》二【紅芍藥】：「我這裏笑吟吟行下看街樓，和我這兒女每可便相逐。」

《連環計》二【採茶歌】白：「昨日與妳妳在看街樓上，見一行部從擺著頭踏過來，那赤兔馬上可正是呂布，您孩兒因此上燒香禱告，要得夫婦團圓。」

《曲江池》二【梁州第七】白：「孩兒，我和你到看街樓上散悶去。」

看街樓，謂面臨街道的樓房，可以從窗戶望見街上。南唐・劉崇遠《金華子》：「李景讓最剛正，奏彈無所避，爲御史大夫，宰相宅有看街樓子，皆泥封之，懼其糾劾也。」看街，或作看階，同音通用。如《警世通言・白娘子永鎮雷峰塔》：「門前四扇看階」，是也。

瞰（kàn）

闞 矙

《氣英布》一【那吒令】：「喒道你這三對面先生來瞰我，那裏是八拜交仁兄來訪我，多應是兩賴子、隨何來說我。」

《西遊記》四本十三齣【寄生草】：「見一人光紗帽，黑布衫，鷹頭雀腦將身探，狼心狗行潛蹤闞，鵝行鴨步懷愚濫。」

《不伏老》三【幺】白：「把左眼矙幾矙，右眼矙幾矙，再把兩眼齊矙幾矙，略略丟幾個眼色兒，試我一試。」

瞰，《廣韻》、《集韻》、《韻會》、《正韻》並「苦濫切，音矙。」《博雅》：「視也。」這裏有窺視意，《孟子・滕文公下》：「陽貨瞰孔子之亡也，而饋孔子蒸豚」，是也。瞰，或作闞（矙）、矙，音義並同。漢・揚雄《校獵賦》：「東瞰目盡。」班固《東都賦》：「瞰四裔而抗稜。」晉・稽康《琴賦》：「邪視昆侖，俯闞海湄。」宋・史達祖【八歸】：「秋江帶雨，寒沙縈水，人瞰畫閣愁獨。」均其例。

尻（kāo）包兒

《太平樂府》卷九馬致遠散套【般涉調耍孩兒・借馬】：「將青青嫩草頻頻的喂，歇時節肚皮鬆鬆放，怕坐的困尻包兒款款移。」

尻包兒，指臀部，即屁股。段注《說文》：「尻，今俗云溝子也。脾，今俗云屁股是也。析言是二，統言是一。」章太炎《新方言・釋形體》：「今山西平陽、蒲、絳之間謂臀曰尻子，四川亦謂臀爲尻子，音稍侈如鉤。」又云：「山東北至天津皆謂尻曰臀兒，音如定，殿音之轉也。《釋名》曰：臀，殿也，高厚有如殿遌（è）也。」或解作馬鞍，誤。

栲栳（kǎo lǎo）

栲栳圈　拷拷圈

《董西廂》卷三【越調．鬬鵪鶉纏令】：「栲栳大隊精兵，轉過拽腳慢坡。」

《冤家債主》三【紅繡鞋】白：「若不是米蟲呵，怎生偌大一箇栲栳？」

《三戰呂布》一、白：「您眾將四下裏拷栳圈籬箕掌圍住，看我殺這匹夫。」

《千里獨行》一【油葫蘆】：「曹丞相暗地裏，他可早先準備，打了箇拷栳圈在垓心內，人和馬怎生走不能飛。」

《獨角牛》二【絡絲娘】白：「栲栳來也似一箇肚子。」

《飛刀對箭》二【滾繡毬】白：「腦袋恰似栲栳。」

《漁樵記》三、白：「著兩個公吏人把老漢按在栲栳圈銀交椅上。」

栲栳，是用竹篾（miè）或柳條編成的圓形盛物器具，因借作圓的比喻詞。栲栳圈，就是指的圓形。宋．張端義《貴耳集》：「今之交椅，古之胡床也，自來只有栲栳樣。」「栲栳樣」，即圓形的樣子。明．唐寅《題崔娘像》：「琵琶寫語番成怨，栲栳量金買斷春」，亦其意也。或作拷拷、箸筟，或稱笆斗。北音呼如 gā lā。

科

科：一、用爲元劇術語，表示劇中人物的動作或情態；二、用爲量詞，同棵；三、謂草叢；四、用爲助詞，無義；五、指禍根。

（一）

《竇娥冤》楔：「〔（竇天章）做嘆科，云：〕嗨！這箇那裏是做媳婦？分明是賣與他一般。」

《舉案齊眉》一：「〔正末做嘆科，云：〕梅香，你看這暮春天道，好生困人也呵！」

《獨角牛》三【滾繡毬】:「〔部署搽科,云:〕兀那小廝,靠後!」

《漁樵記》二:「〔旦兒做嘆科,云:〕待討休書來,我和朱買臣是二十年的夫妻;待不討來,父親的言語又不敢不依。」

科,是元劇術語,用來表示劇中人物的動作或情態的,或叫做介,如《小孫屠》戲文:〔淨扮朱令史上介〕。明·徐渭云:「科、相見、作揖、進拜、舞蹈、坐、跪之類,身之所行,皆謂之『科』。今人不知,以諢爲科,非也。介,今戲文於科處皆作介,蓋書坊省文,以科字作介字,非科、介有異也。」(見《南詞敘錄》。)

(二)

《忍字記》四【迎仙客】:「去時節這一科松柏樹兒高似我。」

《桃花女》二【尾煞】白:「出到城外東南角上有一科小桃樹,正是這桃花女的本命,你不要著一個人看見,也不要開言,悄悄裏一徑砍倒這科桃樹,我著那桃花女板殭身死。」

科,用作量詞,同棵。唐·譚用之《山中春晚寄賈員外》詩:「暗養清音竹數科。」宋·陳與義《秋雨》詩:「菜圃已添三萬科。」《廣雅·釋詁》:「科,本也。」因謂一本樹曰一科。

(三)

《五侯宴》三【隔尾】:「望得無人拾,將這草科兒遮。」

《衣襖車》二【梁州】白:「我趓在蓬科裏,我見他,他不曾見我。」

草叢曰科。《西遊記》第十五回:「將身一幌,變作一條水蛇兒,鑽入草科中去了」,亦其一例。

(四)

《忍字記》四【堯民歌】:「師父也,不爭你昇天去後我如何,我則索割捨了殘生撞松科。」

科,用在語尾助詞,無義。

(五)

《貨郎旦》一【油葫蘆】:「休這般枕上說,都是他栽下的科。」

科,喻禍根、計謀。「栽下的科」,意爲種下的禍根,安排的計謀。爲第二義的引申。

科子

《救風塵》三、白：「不問官妓私科子，只等有好的來你客店裏，你便來叫我。」

同劇三【滾繡毬】白：「是好一個科子也。」

《百花亭》二【醉春風】白：「俺兩個是太學中同齋朋友；我苫著個科子，喚做白捉鬼；他沒廉恥，每夜瞞了我去與他偷。」

《卓文君》三【梁州第七】白：「就打睃那科子一打睃。」

科子，謂私娼，如：《誠齋樂府》【半夜朝元】楔、白：「張二哥說院裏有個科子，樂名小天香。」《慶朔堂》三【滿庭芳】白：「我且不到嫂嫂家，先去我那科子家看一看。」又作窠子，如《金瓶梅》第二回：「南街子又占著窠子卓二姐」，是也。宋・洪邁《容齋俗考》：「雞雉所乳曰窠，窠即科也。《晏子春秋》：『殺科雉者，不出三月。』私科，蓋言官妓出科，私妓不出科如乳雉也。」明・謝在杭《五雜俎》：「今時娼妓，布滿天下，又有不隸於官家，家居而賣姦者，謂之土妓，俗謂之私窠子。」清・李艾塘《揚州畫舫錄》：「官妓既革，土娼潛出，如私窠子、半開門之屬，有司禁之。」《桃花扇・拒媒》：「小私窠賤根，小私窠賤根」，皆其例。

科地

《藍采和》四【慶東園】：「這一火路歧，料應在那公科地，持著些鎗刀劍戟，鑼板和鼓笛。」

《太平樂府》卷九高安道散套【哨遍・淡行院】：「梁園中可慣經，桑園裏串的熟；似兀的武光頭、劉色長、曹娥秀，則索趕科地治（沿）村轉疃走。」

科地，謂可供優伶、散樂表演的場地、場子。「公科地」，即公共場所；「趕科地」，即趕場子。《雍熙樂府》卷八《嘲妓》：「趕賽處空熬了歲月，……也子索每日家遶戶巡門，論年價撞疃沿村；唱的是唇乾口燥，舞的是眼暈頭昏」，曲意與上例相類，可參證。

科範

科泛

科範，一、謂表演或科段的規範；二、謂機謀、圈套。範，一作泛，同音假借。

（一）

《西廂記》三本四折：〔潔引太醫上，《雙鬬醫》科範了，下〕

《雍熙樂府》卷四散套【點絳唇・子弟收心】：「鬬目兒奈（耐）心聽，科範兒從頭講。」

上舉「科範」各例，即謂表演或科段有種種規範可循。明・徐渭《南詞敘錄》云：「科者，相見作揖、進拜舞蹈、坐、跪之類，身之所行，皆謂之科。」元・陶宗儀《輟耕錄》卷二十五：「其間副淨有散說，有道念，有筋斗，有科汎。教坊色長魏、武、劉三人鼎新編輯。魏長於念誦，武長於筋斗，劉長於科汎，至今樂人宗之。」科範一作科泛，汎同泛，音意同。按科範（簡作科）雖包括表演及科段，實則二者不能分，因無表演無從談體段，反之亦然。元・陸友仁《硯北雜志》：「廬山道士黃可立之言曰：『寇謙之、杜光遠之科範，不如吳均之詩；吳均之詩，不如車子廉、楊世昌之酒。何則？漸自然。』」（《月簃叢書》中）科範一語，或導源於釋、道二教之儀式乎？

（二）

《雍熙樂府》卷四散套【村裏迓鼓・氣毬雙關】：「尋你的查頭兒是，安排的科範兒牢。」

《盛世新聲》【正宮端正好・柳飛綿花飄瓣】：「非是他情疎意懶，多應我分淺緣慳，無柰被人赸，粧成科範，將咱好事攔。」

《太平樂府》卷八曾褐夫散套【一枝花・買笑】：「見別人有破綻著冷句兒塡扎；見別人生科泛著笑話兒逼匝；見別人乾廝研者假意兒承塌。」

以上各例，意爲圈套、機謀，是科範的引申義。《金瓶梅》第三十四回：「春梅做定科範」，意即做定圈套也。

科段

《董西廂》卷五【仙呂調・滿江紅】：「你好不分曉，是前來科段，今番又再使。」

《氣英布》二【煞尾】白：「適纔漢王濯足見英布，非是故意輕他，使這嫚罵的科段；只因爲英布自恃英勇無敵，怕他有藐視漢家之心，故以此折挫其銳氣。」

《隔江鬪智》二【三煞】：「你使著這般科段，敢可也枉用心機。」

《百花亭》二、白：「如今被俺使個科段，將他攛出門去。」

科段，謂伎倆、手段，意同局段，可互參。《朱子語類》：「韓文不用科段，直便說起去至終篇，自然純粹成體無破綻；歐、曾卻各有一箇科段。」按此「科段」，謂段落也，與曲文意別。

科差

差科

《張天師》一、詩云：「農事已隨春雨辦，科差猶比去年稀。」

《介子推》一【混江龍】：「卻正是農忙耕種，百忙裏官急科差。」

《智勇定齊》二【石榴花】：「差科徵稅當歸附，盛興隆民戶咸伏。」

《太平樂府》卷九杜善夫散套【耍孩兒・莊家不識構闌】：「桑蠶五穀十分收，官司無甚差科。」

科差，謂農民向官府繳納捐稅和承當差役；倒作差科，意同。杜甫《遭田父泥飲美嚴中丞》詩云：「差科死則已，誓不舉家走。」《元史・食貨志一》「科差」條云：「科差之名有二：曰絲科，曰包銀。其法各驗其戶之上下而科焉。絲科之法，太宗丙申年始行之。每二戶出絲一斤，並隨路絲線、顏色輸於官；五戶出絲一斤，並隨路絲線、顏色輸於本位。包銀之法，憲宗乙卯年始定之。初，漢民科納包銀六兩，至是只徵四兩，二兩輸銀，二兩折收絲絹、顏色等物。逮及世祖，而其制益詳。」又云：「中統元年，立十路宣撫司，定戶籍科差條例。」

磕擦

磕叉　搕叉　可叉　可擦　磕叉叉　乞抽扢叉　磕槎

（一）

《黑旋風》四【堯民歌】白：「早磕擦的一板斧一個，砍下頭來。」

《生金閣》二【收尾】白：「我便提起銅鍘來，可叉一下，刀過頭落。」

《昊天塔》二【幺篇】：「憑著我這蘸金巨斧，乞抽扢叉，砍他鼻凹。」

《賺蒯通》一、白：「喚他來可擦的一刀兩段。」

《衣襖車》二【牧羊關】：「史牙恰束手纔爭鬭，狄將軍去他頂門上搕叉的則一刀。」

《爭報恩》楔、白：「那廝不由分說，將我亂打，被我可叉則一拳，丕的打倒在地。」

《黃花峪》二【哭皇天】：「惱的我磕叉叉斧砍人。」

《小尉遲》二【道合】：「他鋼鞭忙向手中抬，磕叉打的他連盔夾腦半斜歪。」

磕擦，象聲詞，形容拳擊或刀砍等聲，並起著副詞作用。或作磕叉、搕叉、可叉、可擦、磕槎，因狀聲詞無定字，均音近通用。複言之，則曰磕叉叉、乞抽扢叉，義同。

（二）

《生金閣》二、白：「你揪著頭髮，我提起這銅鍘來，磕叉！」

《李逵負荊》二、白：「舉起我那板斧來，覷著脖子上，可叉！」

《黃花峪》二、白：「舉起我這夾鋼板斧來，覷著那廝嘴縫鼻凹裏，磕叉！」

《龐掠四郡》三【調笑令】：「你覷那張將軍劍鋒吹毛般快，磕槎，可又血淥淥早躺著屍骸。」

上舉各例，由狀聲副詞轉爲動詞，作爲斬殺之義。

磕腦

搕腦

《哭存孝》二【尾聲】白：「將我虎皮袍、虎磕腦、鐵燕撾與鄧夫人，就是見我一般也。」

同劇四【梅花酒】：「你戴一頂虎磕腦。」

《盛世新聲》亥集、小令【慶東原】：「寬穿領布袍，歪戴頂磕腦。」

戲文《張協狀元》八：「有采時捉一兩個大蟲，且落得做袍搕腦。」

同劇一【犯思園】白：「如何打扮？虎皮磕腦虎皮袍，兩眼光輝志氣豪。」

磕腦，一作搕腦，猶抹額，古代男子裹頭的頭巾。「虎磕腦」，用虎皮製成的磕腦，多爲武士所戴。孤本《哭存孝》穿關，記有「虎磕腦盔」。此詞亦見於《水滸》第五十一回「只見一個老兒裹著磕腦頭巾。」及《金瓶梅》第一回「頭上帶著虎磕腦。」

磕塔

磕搭　磕答　可搭　可答　呵塔　可疋塔

《黑旋風》二【賺煞尾】：「東嶽廟磕塔的相逢無話説，把那廝滴溜撲馬上活挾。」

《柳毅傳書》二【聖藥王】：「錢塘龍忿氣雄，粗鐵索似撧蔥；早磕搭頓開金鎖走蛟龍，撲騰的飛過日華東。」

《三奪槊》四【倘秀才】：「我呵塔地勒住征駞，立在這邊。」

《趙氏孤兒》五【笑和尚】：「來來來，可疋塔的提離了鞍鞽上。」

《存孝打虎》二【尾聲】：「一隻手可答地拖離寶殿。」

《昊天塔》四【七弟兄】：「把這廝帶鞓，可搭的搯定。」

《抱粧盒》四【十二月】：「可搭的把咽喉來當住，諕得咯魂魄全無。」

《貨郎旦》四【七轉】：「只說道姦夫是船家，猛將咱家長喉嚨掐，磕搭地揪住頭髮。」

《飛刀對箭》一【青哥兒】：「磕答地搯住征袍。」

《午時牌》一【鵲踏枝】:「滴溜撲摔下雕鞍，磕塔的搯住征服。」

磕塔，形容動作突然和迅速的狀態，猶云忽地、一下子。又作磕搭、磕答、可搭、可答、呵塔、可疋塔，皆一聲之轉，意並同。

頦下癭（ké xià yǐng）

胲下癭

《陳州糶米》一【後庭花】:「你道窮民是眼內疔，佳人是頦下癭。」

《陽春白雪》後集五關漢卿散套【願成雙・出隊子】:「妾守馮魁，似胲下癭。」

頦下癭，意爲下巴頦下的瘤子，比喻憎恨的東西；又作胲下癭。頦，一讀「孩（hái）」；胲與頦，音近意同。但各地土音不同，呼字亦異，明・王驥德《曲律》卷二「論須識字第十二」條云:「若癭之音爲穎，頸瘤也。鄭虛舟《玉玦記》『卻教愧殺癭瘤婦』，是認作平聲矣。」

可

「可」字在元曲中的用法非常多，略述如下：

（一）

《趙氏孤兒》一【醉中天】白:「程嬰，我放你去，難道耍你？可快出去！」

《智勇定齊》二【鬬鵪鶉】:「〔晏嬰云:〕將來！賢女，俺公子將此紫絲鞭爲信定。〔正旦云:〕要結夫婦之禮，豈爲執鞭之事？不可。」

《馬陵道》楔、白:「您兩個都要下山，未知何人堪可。」

上舉「可」字，意猶可以，表示准許、認可，「否」之反也。《說文》:「可，肯也。」《中庸・第九章》:「天下國家可均也，爵祿可辭也，白刃可蹈也，中庸不可能也。」《史記・秦始皇本紀》:「百官奏事如故，宦者輒從轀涼車中可其奏事。」唐・劉肅《大唐新語》卷二「剛正第四」:「宋璟所奏，事關社稷，望陛下可其所奏。」《紅樓夢》九十九回:「現今天氣一天熱似一天，園里尙可住得，等到秋天再挪。」。用法均同。

（二）

《灰闌記》楔、白：「不是我做娘的割捨的你，你可也做人家媳婦去，再不要當行首了也。」

《合同文字》二【滾繡毬】：「〔張秉彝云：〕有墳塋外邊那個墳兒，孩兒你也拜他一拜。〔正末拜科，云：〕父親，牆外邊那個墳兒，常年家著您孩兒拜他，可是俺家甚麼親眷？父親可說與孩兒知道。」

以上「可」字，猶當，猶該。劉淇《助字辨略》卷三：「范曄《後漢書・自序》：『班氏最有高名，既任情無例，唯志可耳。博贍可不及之，整理未必愧也。』又云：『欲徧作諸志，前漢可有者，悉令備。』可不及之，猶云當不及之。可有，猶云當有。《漢書》如《禮儀》、《輿服》等志皆缺，此皆史所宜備，故云《前漢》可有者也。蔡邕《陳政事七要》：『先帝舊典，未嘗有此，可皆斷絕，以覈眞僞。』《魏志・鍾會傳》：『但可敕會取艾，不足自往。』《邴原傳》注：『軍中士大夫詣原者數百人，太祖怪而問之。時荀文若在坐，對曰：獨可省問邴原耳。』諸可字，皆當辭也。當有應合之義，亦否之反也。」唐・劉禹錫《生公講堂》詩：「高坐寂寥塵漠漠，一方明月可中庭。」「可中庭」，當中庭也。白居易《宿張雲舉院》詩：「隔房招好客，可室致芳筵。」「可室」，謂當室也。宋・周邦彥【南柯子】詞：「曉（當是「晚」）來階下按新聲，恰有一方明月可中庭。」「可中庭」，亦當中庭也。據上所引，足見「可」做「當」字用，由來以久。

（三）

《魯齋郎》四【甜水令】：「俺這裏春夏秋冬，林泉興味，四時皆可。」

《哭存孝》一【尾聲】：「你可便難倚弟兄心，我今日不可公婆意。」

《西廂記》一本四折【甜水令】：「稔色人兒，可意冤家，怕人知道，看時節淚眼偷瞧。」

《柳毅傳書》楔【仙呂端正好】：「早是我受不過狠毒的兒夫氣，更那堪不可公婆意。」

《揚州夢》二【煞尾】：「可體樣春衫親手兒縫。」

《百花亭》三【掛金索】：「枝頭乾，流傳可口眞佳味。」

以上「可」字，猶宜、適、合、愜、稱（chèn）也。《漢書・蒯通傳》：「事有適可。」漢・蔡琰《悲憤》詩：「欲生無一可。」王安石《示德逢》詩：「處世但令心自可，相知何藉一劉龔？」「心自可」，猶心自愜也。蘇軾《秋晚客興》詩：「流年又喜經重九，可意黃花是處開。」陸游《書歎》詩：「平生不可俗子眼，後世誰知吾輩心。」「不可俗子眼」，謂不合俗人眼也。由「可意」而推演之則曰「可人意」，參見「可人」條。

又引申之，猶言盡（jǐn），即就某種範圍不增不減、不大不小之意也。例如：白居易《紅線毯》：「紅線織成可殿鋪。」謂毯的尺寸大小與殿正適合。《岳陽樓》三【正宮端正好】：「可乾坤做一牀黃紬被」，是說照著宇宙那樣大小做一牀黃綢被子。《雍熙樂府》卷十九【小桃紅・西廂百詠十一】：「可身穿領團衫孝」，是說照著身材大小穿一領團衫孝衣。

（四）

《東堂老》三【滿庭芳】：「那油鹽醬旋買也可是零沽？」

《剪髮待賓》四【雙調新水令】白：「老母，你可認的我麼？則我便是將領陶侃去的范學士。」

《舉案齊眉》四【慶宣和】白：「今日你接我，可是我接你？」

《凍蘇秦》三【牧羊關】白：「哥也，你是謊那？可是眞個？」

《黃花峪》一【醉中天】白：「我若有姑娘呵，肯著他渾家遞酒？你說可是我的是？可是他的是？」

以上「可」字，猶還（hái），用在問句裏，表示選擇。

（五）

《雙赴夢》二【賀新郎】：「但合眼早逢著翼德，纔做夢可早見雲長。」

《博望燒屯》四【醉春風】白：「其餘將軍，都來聽令；趙雲附耳來，可是恁的。」

《豁江亭》二【尾聲】：「〔先生打耳喑科，云：〕牛璘近前來，可是喑的。」

《黃花峪》二【梁州】：「可者末待遇敵軍，獨自箇相持。」

《符金錠》三【煞尾】：「〔做打耳喑科，云：〕可是恁的。」

《隔江鬪智》三：「〔做打耳喑科，云：〕可是恁的。」

以上「可」字，猶即，猶就。「可是恁的」，即如此、就是這樣之意。「可者末」，即或之意。

（六）

《西廂記》一本楔子【幺篇】：「可正是人值殘春蒲郡東，門掩重關蕭寺中。」

《曲江池》一【混江龍】：「可臨郊外，乍到城邊。」

《倩女離魂》一【混江龍】：「可正是暮秋天道。」

《金錢記》一【後庭花】：「可便似舞困三眠柳，端的是這春風恰破瓜。」

《雲窗夢》三【十二月】：「可摟抱在懷兒裏覷定，著這短命牢成。」

《劉弘嫁婢》楔【仙呂賞花時】：「我和這貨卜的先生可在路上逢。」

以上「可」字，猶恰，猶正。「可正是」，恰正是也。「可臨郊外」，正臨郊外也。李白《古風》十：「吾亦澹蕩人，拂衣可同調。」李商隱《辛未七夕》詩：「由來碧落銀河畔，可要金風玉露時。」明・吳炳《綠牡丹・簾試》：「這簾影低挪，可便似貢院裏花陰鎖。」兩「可」字，皆恰意也。重言之，則曰可可，見「可可」條（一）。

（七）

《黑旋風》四【上小樓】：「〔正末殺搽旦科，云：〕我把這一顆頭，且放在這裏，我可殺白衙內去。」

《襄陽會》一、白：「若聚集的些人馬呵！那其間可與曹操讎殺，未爲晚矣。」

《破窰記》二、白：「小和尚！每日都吃了齋時，可與我聲鐘。」

《老生兒》楔、白：「別人家的甕兒借將的來家做酒，只等酒熟了時，可把那甕兒送還與他本主去。」

同劇三、白：「這酒冷怎麼吃？我去庄院人家盪熱了這酒，吃了呵，可來取我這把鐵鍬。」

以上「可」字，猶今之再，作用在於：連接前後動詞，表示一先一後的關係。明人雜劇《龍門隱秀》四折：「到家中參拜了公婆，然後可拜姐姐。」《臨潼鬬寶》楔子：「你可領五百人馬，去那深山峪裏巡哨，若有各國諸侯來時，先奪了他的寶物，可來見我。」皆其例。

（八）

《董西廂》卷一【正宮・萬金臺】：「這些病何時可？」

同書卷五【正宮・應天長】：「瘦得渾似削，百般醫療終難可。」

《西廂記》二本三折【離亭宴帶歇指煞】：「從今後玉容寂寞梨花朵，胭脂淺淡櫻桃顆，這相思何時是可？」

又同劇三本四折、白：「我寫一簡，則說道藥方，著紅娘將去與他，證候便可。」

《還牢末》一【油葫蘆】：「〔（正末）帶云：〕大嫂，這病若痊可了呵，〔唱：〕我可便謝天謝地謝神祇。」

《揚州夢》四【鴛鴦煞】：「畢罷了雪月風花，醫可了游蕩疎狂病。」

《太平樂府》卷一盧疏齋小令【沉醉東風】：「醫不可相思病體。」

以上「可」字，指病愈，常與痊字連用。或作疴，如《符金錠》二折：「等明日若還痊疴，必然要問個來因。」或訛作何，如《小張屠》一【寄生草】白：「我藥用硃砂定心丸便何。」

（九）

《金鳳釵》四【水仙子】白：「當初你慨然借與我，並無難色，可是多虧了你！」

《三戰呂布》一、白：「今有呂布威鎮於虎牢關，搠戟勒馬，可有一關之壯！」

《伍員吹簫》三【鬬鵪鶉】白：「可是蹺蹊！怎麼那婦人到得家裏，脱了衣服，放了拄杖，卻又跪著這大漢？」

《老君堂》一【寄生草】白：「可是奇怪也！兀的不是隻白鹿？」

以上「可」字，猶眞。「可有」，猶眞有；「可是」，猶眞是。眞，確實、的確之意。

（十）

《玉鏡臺》一【幺篇】：「好天良夜成疎曠，臨風對月空惆悵，怎能彀可情人消受錦幄鳳凰衾，把愁懷都打撇在玉枕鴛鴦帳。」

《西廂記》一本一折【幺篇】:「恰便似嚦嚦鶯聲花外囀，行一步可人憐。」

以上「可」字，用作使令詞，猶使、猶讓，猶叫。「可情人消受」，謂使情人享受。「可人憐」，叫人憐也。

（十一）

《董西廂》卷六【雙調・豆葉黃】:「我孩兒安心，省可煩惱！」

《西廂記》一本二折【二煞】:「睡不著如翻掌，少可有一萬聲長吁短嘆，五千遍倒枕搥牀。」

同劇二本三折【月上海棠】:「而今煩惱猶閑可，久後思量怎奈何？」

《紫雲庭》四【落梅風】:「我恰猛可地向這亭堂中見，諕得我待尋幔幙中藏。」

《謝金吾》三【哭皇天】:「那軍情非同輕可。」

《太平樂府》卷三馬謙齋小令【柳營曲】:「曾窨約，細評薄，將業兵功非小可。」

以上「可」字，用作語助詞，無義。參見「省可」、「小可」、「閑可」、「猛可」、「輕可」各條。有時亦用作語首助詞，爲《拜月亭》一〔混江樓〕:「早是秋雨颯颯，可更幕雨淒淒。」可況更也。「可」字無義。

（十二）

《緋衣夢》一【賺煞】:「你可也莫因循，早些兒休遲慢。」

《青衫淚》二【滾繡毬】白:「小子可等著了！」

《黃粱夢》二【油葫蘆】:「莫厭追歡笑語頻，但開懷好會賓，尋思離亂可傷神。」

《破窰記》一、白:「憑天匹配，你可也休差拋了繡球兒！」

《㑳梅香》三【小桃紅】白:「可早是我哩，是夫人呵，可怎生了也？」

《桃花女》一、白:「你可不是這等說，我這一個挑著三十年了，如今被人拿去，我是出大言牌的，教我有甚嘴臉，好見那伙算卦的人？」

《延安府》一、白:「這廝可無禮也！你放心，我與你做主。」

以上「可」字，均爲加強語氣之用，切切叮囑之意。如《紅樓夢》九十八回：「我的兒，我告訴你，可別告訴寶玉。都是因你林妹妹，纔叫你受了多少委屈。」同書九十九回：「可別鬼鬼祟祟來講什麼帳。」

（十三）

《緋衣夢》三【尾聲】：「裴炎不可誰償命，殺了這賊醜生天平地平。」

以上「可」字，意爲認罪、招伏。是「認可」的省語。

（十四）

《灰闌記》一【天下樂】白：「我這衣服頭面，都是員外和姐姐與我的，教我可什麼與他？」

以上「可」字，有拿的意思。「教我可什麼與他」，是說「讓我拿什麼東西給他呢」。

（十五）

《望江亭》一【元和令】白：「只他便是夫主，可不好那？」

同劇三、白：「今日是八月十五日中秋節令，我每安排些酒果，與大人玩月，可不好？」

《裴度還帶》一【寄生草】白：「我與你些本錢，尋些利錢使，可不氣概！」

《誶范叔》三、詩云：「齊邦爲使有風塵，今日趨車又入秦，人道此中狼虎地，可能容易出關門？」

《西廂記》二本二折【脫布衫】：「幽僻處可有人行？」

《九世同居》二、白：「儻若有些小財物，殯葬父親，可不是好？」

以上「可」字，表反詰，猶言豈。毛西河論《西廂》定本云：「北語以豈有爲可有。」此用法唐宋已有之，例如：白居易《蝦蟇》詩：「豈惟玉池上，污君清泠波；可獨瑤瑟前，亂君鹿鳴歌？」「可」與「豈」互文見意，「可獨」即豈獨也。又《欲與元八卜鄰先有是贈》詩：「可獨終身數相見，子孫常作隔牆人！」李商隱《錦瑟》詩：「此情可待成追憶，只是當時已惘然。」蘇軾《送歐陽季默赴闕》詩：「郎君可是筦庫人！乃使騄驥隨蹇步。」劉克莊【賀新郎】詞：「可但紅塵難著腳，便山林未有安身地。」以上所引詩詞，「可」字意均同「豈」。下文「可不的」、「可不道」等條之「可」字，亦猶豈也，可互參。

（十六）

《冤家債主》二【逍遙樂】白：「有這大的箇孩兒，多虧了他早起晚眠，披星帶月，掙揣下這箇家私，今日可有病；小的箇孩兒，吃酒賭錢，不成半器，他可無病。」

《降桑椹》一、白：「我心上要喫些茶飯，手裏又無錢，可怎麼好？」

《東堂老》一、白：「哦！你起功局，你立帳子；賣了房子，我可在那裏住？」

《對玉梳》三【朝天子】白：「你可來做甚麼？我自有人來取你。」

《劉弘嫁婢》二【醉春風】：「既不索，可怎生短命死了顏回？卻怎生延年老了盜跖？」

《爭報恩》二【朝天子】白：「好麼，只說獐過鹿過，不說麂過，每日則捏舌頭說別人，可是今日你還不羞死了哩！」

《陳州糶米》三、白：「雖然錢物不要，你可吃些東西也好。」

以上「可」字，表轉折，猶言卻或但。「卻」字語氣較輕，如前四例；「但」字語氣略重，如後二例。此用法，唐宋亦有之，如李白《相逢行》：「相逢情已深，未語可知心。」「可知心」，卻知心也。趙令畤【思越人】詞：「可是相逢意便深，爲郎巧笑不須金。」「可是」，卻是也。可與甚或甚麼相結合，又有可甚、可甚麼等熟語，參見「可甚」條。

（十七）

《蝴蝶夢》二：「〔張千云：〕六房吏典，有甚麼合僉押的文書？〔內應科〕〔張千云：〕可不早說？早是酸棗縣解到一起偷馬賊趙頑驢。」

《三戰呂布》二【得勝令】白：「平身！可不早說？喏！報的元帥得知，呂布索戰。」

《博望燒屯》三【得勝令】白：「可不早說？喏！報的軍師得知，夏侯惇領一百騎人馬又來索戰哩。」

以上「可」字，表疑問，猶言何。「可不早說」，謂何不早說也。清・劉淇《助字辨略》卷三：「李義山詩：『可要昭陵石馬來。』又云：『此情可待成追憶。』又云：『可在青鸚鵡。』方雄飛詩：『棲身可在深。』此可字，何辭也。可要，猶云何用。可在，猶云何必。」唐・吳融《木塔偶題》:「無限黃花襯黃葉，可須春月始傷心。」句中「可」字，《全唐詩》卷 686 注曰:「一作何。」(全唐詩 (20) 7878) 是知唐語已然。按上引李義山詩:「此情可待成追憶」句中之的「可待」解為「豈待」，更確當而有力。

（十八）

《誶范叔》一【賺煞】:「我可也敢嫌輕？」

《東牆記》一【青哥兒】白:「梅香，你可知我心間的事？」

以上「可」字，表疑問，猶言怎，如何之意。

可人

《樂府群玉》卷二喬夢符小令【雙調折桂令】:「這氣味溫柔可人，那風流旖旎生春。」

《詞林摘艷》卷六吳昌齡散套【正宮端正好・墨點柳眉新】:「粧梳諸樣巧，笑語暗生春，他有那千般兒可人。」

可，猶稱 (chèn)，猶愜 (qiè);「可人」，即稱心如意之人。宋元戲文《董秀英花月東牆記》【黃鍾引子】:「緣慳分淺，未曾遇可人。」又《韓翊章台柳》【前腔】:「痛可人如刃簽。」皆其例也。

「可人」一詞，起源很早。《禮記・雜記下》:「孔子曰：管仲遇盜，取二人焉，上以為公臣，曰：其所與遊辟也，可人也。」注:「言此人可也，但居惡人中，使之犯法。」疏:「可人也者，謂其人性行是堪可之人也，可任用之。」《三國志・蜀志・費褘傳》:「君信可人，必能辦賊者也。」《晉書・桓溫傳》:「嘗行經王敦墓，望之曰:『可人，可人。』」《唐書・溫造傳》:「州刺使張建封聞其名，書幣招禮，造欣然曰:『可人也。』往從之。」黃庭堅《次韻師厚食蟹》詩:「趨蹌雖入笑，風味極可人。」陳師道《絕句》四首:「書當快意讀易盡，客有可人期不來。」陸游《老學庵筆記》卷六:「晉語兒、人二字通用。《世說》載桓溫行經王大將軍墓，望之曰:『可兒！可兒！』蓋謂『可人』為『可兒』也。故《晉書》及孫綽《與庾亮牋》，皆以為『可人』。又陶淵明不欲束帶見鄉裏小兒，亦是以『小人』為『小兒』耳，故《宋書》云:『鄉裏小人』也。」以上均其例。

可甚

可甚的　可甚麼　可什麼　可是麼　可是末

《貶黃州》三【聖藥王】:「你教我快疾回，莫疑遲，可甚『踏花歸去馬如飛』！」

《羅公遠夢斷楊貴妃》【呆骨朵】:「臣今日不盡孝能盡忠，你可甚『養小來防備老』？」

《望江亭》一【勝葫蘆】:「你卻便引的人來心惡煩，可甚的『撒手不爲姦』！」

《三戰呂布》二【得勝令】:「我可甚麼『男兒得志秋』！」

《趙氏孤兒》一【混江龍】:「多喒是人間惡煞，可什麼『閫外將軍』！」

《金錢記》二【醉太平】:「大古來布衣走上金鑾殿，可甚麼『笙歌引至畫堂前』！」

同劇三【滿庭芳】白：「將這開元通寶傳心事，你可是麼『一春常費買花錢』！」

《東堂老》一【賺煞】:「哎！兒也，心下自量度。則你這夜夜朝朝，可甚的『買賣歸來汗未消』！」

《翫江亭》二【隔尾】:「你挾著這半截家竹筒閑行立，你可甚麼『一部笙歌出入隨』！」

《詞林摘艷》卷八賈仲明散套【一枝花・花谿音樂喧】:「白玉池瓊花島，將我度爲道友，可是末『善與人交』！」

可甚，「可甚麼」之省詞，猶言卻算甚麼。《存孝打虎》二【烏夜啼】:「不能勾開疆展土笑談間，算甚麼『頂天立地男兒漢』！」這裏的「算甚麼」正與上列諸例意同，可爲證。「算甚麼」，意猶云算不得或說不上也。在此語辭後面，均引一成語或熟語，成爲元曲語言的一種特有的結構。

可甚麼，又作可什麼、可是麼、可是末。甚、什音意同，是爲音近借用字。末通麼。意並同。

可可

可可：一、猶恰恰；二、謂對一切不在意或含糊度過；三、謂自得貌。

（一）

《魯齋郎》一【賺煞】：「也是俺年裏時乖運蹇，可可的與那個惡那吒打個撞見。」

《生金閣》一【金盞兒】詩云：「今日買賣十分苦，可可撞見大官府；一個錢兒賺不的，不如關門學擂鼓。」

同劇三【牧羊關】白：「不想失錯了，可可打了相公背上。」

同劇三【黃鍾尾】白：「可可的我的燈籠剛到門就滅了，那裏討火燒他？」

《殺狗勸夫》四【醉春風】：「怎麼這屍首可可的在你後門？」

可可，猶云恰恰；一作磕磕，如《金瓶梅》第一回：「磕磕把兩條棒，折做兩截。」

（二）

《謝天香》二：「〔錢念科，云：〕自春來慘綠愁紅，芳心事事可可。」

《陽春白雪》前集五張小山小令【滿庭芳】：「愁春未醒，芳心可可，舊友卿卿。」

可可，謂對一切事漫不經心、含糊度過。

（三）

《樂府群珠》卷四張小山小令【繡繡鞋・秋望】：「柳依依花可可，雲淡淡月彎彎，長安望迷眼。」

可可，自得貌。姜夔【小重山令】詞：「遙憐花可可，夢依依。」

可憐

《竇娥冤》四、白：「謝聖恩可憐，加老夫兩淮提刑肅政廉訪史之職。」

《張天師》一、白：「謝聖恩可憐，所除洛陽太守之職。」

《瀟湘雨》楔、白：「謝聖恩可憐，官拜諫議大夫之職。」

可憐，猶言憐惜、憐憫。《莊子・庚桑楚》：「汝欲返性情，而無由入，可憐哉！」白居易《賣炭翁》詩：「可憐身上衣正單。」李商隱《賈生》：「可憐夜半虛前席，不問蒼生問鬼神。」《清平山堂話本・合同文字記》：「可憐伯伯年老無兒無男。」明・王衡《再生緣》一折：「可憐薄命偏多病，寂寂深居閉院門。」以上意俱同，現在仍通用。可憐，另有可惜、可喜、可愛、可羨、可貴、可重、可怪等義，常見於唐、宋人詩詞中，例多，茲從略。

可知

可知道

可知，或作可知道，要意有三：一、謂當然；二、謂難怪；三、謂須知。

（一）

《竇娥冤》二【隔尾】：「〔張驢兒云：〕你可怕麼？〔卜兒云：〕可知怕哩！〔張驢兒云：〕你要饒麼？〔卜兒云：〕可知要饒哩！」

《謝天香》三【醉太平】：「〔錢大尹云：〕天香，你怕麼？〔正旦云：〕可知怕哩！〔錢大尹云：〕你要饒麼？〔正旦云：〕可知要饒哩！」

《牆頭馬上》一【幺篇】：「〔梅香云：〕你慌麼？〔正旦云：〕可知慌哩！〔梅香云：〕你怕麼？〔正旦云：〕可知怕哩！」

《老生兒》二【幺篇】：「〔小都子云：〕爹爹，你肚裏饑麼？〔劉九兒云：〕我肚裏可知饑哩！」

《趙氏孤兒》二【二煞】：「那其間枯皮朽骨難禁痛，少不得從實攀供。可知道你箇程嬰怕恐。」

《竹葉舟》一【混江龍】：「〔陳季卿云：〕……難道你要度我麼？〔正末云：〕可知道來。」

以上「可知」各例，意謂當然。一作可知道，意同。道，猶是也。「可知道」，當然是的意思。可參閱「道」字條。

（二）

《西廂記》二本二折【幺篇】：「衣冠濟楚龐兒俊，可知道引動俺鶯鶯。」

同劇五本四折【得勝令】白：「他是賊心，可知道誹謗他，老夫人如何便信得他？」

《灰闌記》一【天下樂】白：「原來海棠將衣服、頭面與姦夫去了。可知道來，他是風塵中人，有這等事，兀的不氣殺我也！」

《竹塢聽琴》二【鮑老兒】白：「我觀這道姑，生的外有西施之貌，內有道韞之才，可知我那姪兒留戀著他。」

《兩世姻緣》四：「〔張元賞云：〕元來如此，可知韋皋他前日見面生情也。」

《隔江鬭智》二【十二月】：「可知道劉玄德重興漢室，卻元來有這班兒文武扶持。」

以上各例，意爲難怪、無怪其然。巾箱本《琵琶記》三：「元來恁地，可知你快活也。」又同劇二十：「苦人吃著苦味，兩苦相逢，可知道欲吞不去。」意並同。

（三）

《任風子》二【倘秀才】白：「哦！可知道『殺人償命，欠債還錢』，你這等說纔是。」

《灰闌記》一【鵲踏枝】白：「可知道你這賤人，舊性復發，把衣服頭面與了姦夫去，瞞著夫主，做這等勾當哩。」

同劇四【得勝令】白：「可知道不是他所生的孩兒，就拽不出去闌外來。」

以上各例，意爲須知。

可便

可便：一、猶便；二、用爲襯字，不爲義；三、謂務必；四、謂豈能。

（一）

《虎頭牌》二【慢金盞】：「但要你用心兒把守得安然，你可便只愁陞，不愁貶。」

同劇二【離亭宴煞】：「我可便強健殺者波，活的到明年後年。」

《貨郎旦》一【賺煞】白：「我如今收拾些金銀財寶，悄地交付了你，可便先到洛河邊，尋下一隻小船。」

同劇二【沽美酒】：「看他這天淡雲開雨乍收，可便去尋一箇宿頭。」

可便，即便、就的意思。可，用作助詞，不爲義。

（二）

《襄陽會》三【紅繡鞋】：「柰時間將少兵微，你則去訪覓英賢可便廝扶持。」

《虎頭牌》三【慶宣和】：「則這斷事處，誰教你可便來這裏？這訟廳上，可便使不著你那家有賢妻。」

《秋胡戲妻》二【滾繡毬】：「則俺那青春子，何年可便甚日回？」

《合汗衫》一【仙呂點絳唇】：「便有那孟浩然可便騎驢的穩。」

同劇一【天下樂】：「願哥哥你可便爲官早立身。」

《東堂老》三【剔銀燈】：「我其實可便消不得你這嬌兒和幼女，我其實可便顧不得你這窮親潑故。」

可便，用於句中作襯字，僅助聲調，無實義。襯字之用，始自唐宋詞，發展於南、北二曲，它能使曲文迂迴跌宕，並有助於唱腔。如用襯字過多，像散套【越恁好】「鬧花深處」一曲，純是襯字，無異【纏令】，竟至不可句讀，就走到了反面，應爲譜曲者之戒。

（三）

《虎頭牌》一【賺煞】：「誓將那鯨鯢來盡吞，只將這邊關守緊，你可便捨一腔熱血報明君。」

上例，可便爲務必之意。

（四）

《東堂老》二【正宮端正好】：「雖然道貧窮富貴生前定，不俫，喒可便穩坐的安然等？」

上例，用作反詰辭，意爲豈能，怎能。

可堪

《曲江池》二【黃鍾煞】詩云：「可堪老鴇太無恩，撇下孤貧半死身。仔細思量無活計，不如仍還去唱『一年春盡一年春』。」

可，猶豈也、怎也、那也。「可堪」，即豈堪、怎堪、那堪之意。李商隱《春日寄懷》詩：「縱使有花兼有月，可堪無酒又無人！」賀鑄【清平樂】詞：

「楚城滿目春華，可堪游子思家！」辛棄疾【永遇樂・京口北固亭懷古】詞：「可堪回首，佛狸祠下，一片神鴉社鼓。」皆其意也。

可喜

可嬉　可戲　吃喜　乞戲　忔戲　可可喜喜　喫喜

《董西廂》卷一【雙調・尾】：「費盡身心，終是難逢忔戲種。」

《魯齋郎》楔、白：「他的箇渾家，生的風流，長的可喜。」

《㑳梅香》三【小桃花】白：「則願的俺小姐嫁一個風風流流，可可喜喜，標標致致的好姐夫也。」

《金錢記》一【後庭花】：「我見他簇雙鴉，將眼梢兒斜抹，美姿姿可喜煞。」

《陽春白雪》前集二馬東籬小令【湘妃怨】：「山過雨，顰眉黛，柳招煙，堆鬢絲，可戲殺睡足的西施。」

《太平樂府》卷七喬夢符散套【鬪鵪鶉・歌姬】：「扶颭煞東風桃李，吸留煞暮雨房櫳，吃喜煞夜月闌干。」

同書卷八喬夢符散套【一枝花・合箏】：「風流這生，乞戲可憎。」

《詞林摘艷》卷三【粉蝶兒・玉骨冰肌】：「言不盡風流，看不足嬌艷，畫不就可喜。」

同書卷七誠齋散套【集賢賓・二十年到今無消息】：「也子是天生的可嬉。」

《樂府新聲》中無名氏小令【喜春來】：「潘安容貌沈腰肢，可喜死是一個俊人兒。」

《樂府群玉》二・喬吉小令【水仙子・傷春】：「鶯花笑我病三春，香玉知他瘦幾分，屏窗獨自懷孤悶，那些兒喫喜人？」

可喜，俗語，美好之詞，重言之，則曰可可喜喜，猶云可愛。或作可嬉、可戲、吃喜、乞戲、忔戲；音近意並同。宋・趙長卿【念奴嬌】詞：「忔戲笑裏含羞，回眸低盼，此意誰能識？」又【醉蓬萊】詞：「金鳳釵頭，應時戴了，千般忔戲。」據此，知此語宋代已有。

隨文生訓，除可愛意義外，尚有：作有趣解者，例如：《張協狀元》【望江南】：「多跎戲，本事實風騷。」《殺狗記》二十：「見齊郎共廝郎舞得跎戲。」「跎戲」猶「忔戲」也。《小孫屠》戲文：「一雙兩美，我也成忔戲。」此「忔戲」，猶云好事也。《樂府群玉》卷二喬夢符小令【水仙子・傷春】：「屏牀獨自懷孤悶，那些兒喫喜人。」此「喫喜」，謂快活也。《樂府群珠》卷三喬夢符小令【折桂令・詠紅蕉】：「富貴人家，粧點湖山，吃喜窗紗。」此「吃喜」，謂美化也。

可磣（kē・chen）

《岳陽樓》二【梧桐樹】：「〔正末又吐科〕〔郭云：〕可磣殺我也！〔正末云：〕你吃了我的殘茶，我便吃你的剩飯。〔郭云：〕我和你說，我也不吃你殘茶，也不要你吃我的剩飯。你披著半片羊皮，乞兒模樣好嘴臉。」

《藍采和》二【鬬蝦蟆】：「待詔他也世情，說著的便決應，畫的十分可磣，怎覷那般行徑？」

可磣，意同寒磣：一謂辱沒、羞辱，如例一，「可磣殺我」猶云被寒磣了一頓；二謂丑陋、難看、不光彩，亦寒磣之意，如例二。可，讀陰平。

可煞

《董西廂》卷四【般涉調・急曲子】：「思量可煞作怪，夜靜也私離了書齋，走到寡婦人家裏，是別人早做賊捉敗。」

《望江亭》一【賺煞尾】白：「誰想今日成合了我侄兒白士中這門親事，我心中可煞喜也！」

可煞，用作甚辭，有眞是、極端、非常、十分等意。「可」爲語助詞，起加強語氣作用，無義。李清照【鷓鴣天・桂花】：「騷人可煞無情思，何事當年不見收？」黃公紹【滿江紅】：「可煞東君多著意，柳絲染出西湖色。」均其例。或作可殺，如楊萬里《歸雲》詩：「可殺歸雲也愛山，夜來都宿好山間。」煞又作噷，《新編五代梁史平話》卷上：「那白兔死倒在地，使人取來，可噷作怪，那白兔又變成一張白紙。」或作可霎，如《醒世恒言・勘皮鞋單證二郎神》：「可霎作怪，自從許下願心，韓夫人漸漸平安無事。」按煞、殺、噷、霎，同音通用。

張相《詩詞曲語辭匯釋》云：「可煞，猶云可是也，疑問辭。」衡諸曲意，似未允當。

可憎

忔憎　疾憎

《董西廂》卷一【仙呂調・尾】：「這一雙鶻鴒眼，須看了可憎底千萬，兀底般媚臉兒不曾見。」

同書同卷【雙調・尾】：「與那五百年前疾憎的冤家，正打箇照面兒。」

《金線池》二【梁州第七】：「這廝闌散了雖離我眼底，忔憎著又在心頭。」

《西廂記》一本二折【中呂粉蝶兒】：「借與我半間客舍僧房，與我那可憎才居止處門兒相向。」

同劇一本三折【紫花兒序】：「若是迴廊下沒揣的見俺可憎，將他來緊緊的摟定。」

《金錢記》一【寄生草】：「那姐姐怕不待龐兒俊俏可人憎。」

《太平樂府》卷四王和卿小令【陽春曲・題情】：「向前摟定可憎娘。」

可憎，是愛極的反語。閔遇五注《西廂》曰：「不曰可愛，而曰可憎，猶曰冤家，愛之極也，反語見意。」宋・黃山谷詩：「思量模樣可憎兒。」亦其例。又作疾憎、忔憎，義並同。魯人呼厭惡爲忔厭，忔憎猶忔厭也。宋・劉過【清平樂・贈妓】詞，又作忔憎憎，如云：「忔憎憎地一捻兒年紀」，蓋極言其年輕可愛也。

可又來

《灰闌記》二【幺篇】：「〔俫兒云：〕這個是我親娘，你是我妳子。〔正旦云：〕可又來！我的乖乖兒㘓！」

《神奴兒》三【迎仙客】：「〔李德義過銀子舒指頭科〕〔外郎做看科，云：〕你那兩箇指頭瘸，可又來！晚夕送來。」

《漁樵記》二【朝天子】：「〔正末云：〕劉家女，你有一件兒好處，四村上下別的婦女都學不的你。〔旦兒云：〕可又來！我也有那一樁兒好處？你說我聽。」

可又來，是對自己或別人說的話表示肯定和加重語氣。猶今之口語「說的是呀」。《京本通俗小說・錯斬崔寧》：「那大娘子道：『可又來！我的父親昨日明明把十五貫錢與他馱來作本，養贍妻小，他豈有哄你說是典來身價之理？』」《桃花扇・守樓》：「〔末：〕呵呀！好性氣，又像摘翠、脫衣、罵阮圓海的那番光景了。〔旦：〕可又來，阮、田同是魏黨，阮家粧奩尚且不受，倒去跟著田仰麼？」此二例，意同上。

可兀的

可兀的：一、用爲句中襯字，表聲無意；二、謂必定、一定；三、謂確實、實在。

（一）

《張天師》二【南呂一枝花】：「你今日相思容易得，豈不聞飽病可兀的最難醫。」

《瀟湘雨》二【南呂一枝花】：「則道是洞房花燭夜，金榜可兀的掛名時。」

《薛仁貴》二【醋葫蘆】：「哎！兒也！知他是甚風兒足律律吹你可兀的到京來。」

《金錢記》一【金盞兒】：「我雖不能勾朝雲暮雨，也強似流水可兀的泛桃花。」

《獨角牛》三【白鶴子】：「本對也，可不道三角瓦兒，阿可赤可兀的絆翻了人。」

以上各例，「可兀的」均作爲句中襯字用，助音無義。

（二）

《生金閣》楔【仙呂賞花時】：「非是您孩兒自誇得這自獎，我若是不富貴，可兀的不還鄉。」

《盆兒鬼》楔【仙呂賞花時】：「將著那些少養家財，一來是躲災，二來是做客，我若是躲過呵，可兀的早回來。」

可兀的，謂必定、一定，爲表態堅決之詞。

（三）

《虎頭牌》二【離亭宴煞】:「你待要重相見面皮難。咯兩個再團圓，可兀的路兒遠！」

《爭報恩》二【紅繡鞋】:「見一個偌來大一條漢，直撞入我這臥房來，可兀的是侯門深似海。」

《小尉遲》一【仙呂點絳唇】:「你這般對壘交鋒，到頭都總南柯夢。說甚軍功？可兀的與你身兒上元無用。」

可兀的，作爲上下句的連接語，意謂確實、實在。

可不的

《張天師》二【黃鍾尾】:「可不的乾著你這相思無盡極，倒不如早收拾，將一段雲雨幽期，都付與高唐夢兒裏。」

《薛仁貴》三【醉春風】:「可不的失掉了鑞釵錍，歪斜著油鬏髻。」

《魔合羅》四【道和】:「這當堂假限剛三日，可不的勢劍倒是咱先喫！」

《紅梨花》一【後庭花】:「爭奈我是女孩兒家，做這一場話靶，可不的被旁人活笑殺？」

《賺蒯通》四【鴛鴦煞】:「若是漢天子早把書明降，韓元帥免受人誣罔，可不的帶礪山河，盟言無恙？」

《謝金吾》三【調笑令】:「可不的山河易改，本性難移！」

可不的，猶言豈不是。

可不道

可不道的含義，隨文而異，較常見者，條舉如下：

（一）

《救風塵》三【小梁州】:「可不道『一夜夫妻百夜恩』，你可便息怒停嗔。」

《牆頭馬上》三【七弟兄】:「〔尚書怒云：〕可不道『女慕貞潔，男效才良，聘則爲妻，奔則爲妾』，你還不歸家去！」

《薦福碑》一【寄生草】:「想前賢語總是虛呵！可不道『書中車馬多如簇』,可不道『書中自有千鍾粟』,可不道『書中有女顏如玉』;則見他白衣便得一個狀元郎，那裏是綠袍兒賺了書生處？」

《破窰記》一【天下樂】:「我這裏參也波詳，心自想；平地一聲雷振響，朝爲田舍郎，暮登天子堂，可不道『寒門生將相』。」

《王粲登樓》一【天下樂】白：「可不道『錦堂客至三杯酒，茅舍人來一盞茶』。我偌大個相府，王粲遠遠而來，豈無一鍾酒管待。」

《劉弘嫁婢》一【混江龍】白:「可不道『喫酒的望醉，放債的圖利』。」

上例諸例，可不道，意猶豈不知、豈不聞，引述成語或古語於反問口氣時用之。

（二）

《金線池》一【醉中天】:「你道俺纔過二旬，有一日粉消香褪，可不道老死在風塵？」

《勘頭巾》四【七弟兄】白：「趙仲先，這樁事可不道你也和他曾有首尾來？」

上二例，可不道，意猶豈不是。「道」作「是」解，參見「道」字條。

（三）

《哭存孝》一【遊四門】:「你則會飲酒食，著別人苦戰敵，可不道生受了有誰知！」

《㑳梅香》一【幺篇】:「不爭向琴操中單訴著飄零，可不道𦖋兒外更有個人孤另！」

《博望燒屯》一【醉中天】:「〔張飛云：〕誰不知我是莽張飛也。〔正末唱：〕可不道你外名兒是莽撞張飛。」

上三例，可不道，意猶卻不想；「道」作「想」解，參見「道」字條。

（四）

《救風塵》二【商調集賢賓】:「御園中可不道是栽路柳，好人家怎容這等倡優？」

《獨角牛》三【白鶴子】:「本對也，可不道三角瓦兒，阿可赤可兀的絆翻了人？」

《盛世新聲》【仙呂點絳唇・天霽雲開】：「卻正是蒺藜炒（沙）上野花開，可不道疑是玉人來？」

上三例，可不道，意猶豈能、怎能，多在否定句中用爲疑問副詞。

可憐見

《董西廂》卷五【仙呂調・瑞蓮兒】：「恁時節，是俺咱可憐見你那裏！」

《竇娥冤》四【鴛鴦煞尾】詞云：「莫道我念亡女與他滅罪消愆，也只可憐見楚州郡大旱三年。」

《救風塵》三【滾繡毬】：「第一來我則是可憐見無主娘親。」

《牆頭馬上》二【隔尾】白：「妳妳可憐見，你放我兩個私走了罷！」

《陳州糶米》四【鴈兒落】：「〔楊金吾云：〕大人可憐見，我不曾與他，我則當的幾個燒餅兒喫哩。」

可憐見，猶可憐，憐憫之意。見，用作語助詞，猶得，猶著，無義。可憐見，猶可憐得、可憐著，意在動人以情，求得憐憫或寬容也。

《清平山堂話本・合同文字記》：「安住告相公，可憐伯伯年老無兒無男，望相公可憐見。」《元史・泰定帝本紀》：「薛禪皇帝可憐見嫡孫。」《元典章》：「至元時勘屬孔夫子的田地，皇帝可憐見，分付各處秀才。」又云：「時江淮百姓闕食，典賣孩兒，皇帝可憐見，交官司收贖。」明・王九思《中山狼》一折：「先生可憐見，救俺一命咱。」《紅樓夢》第二十九回：「小門小戶的孩子……倘或唬著他，倒怪可憐見兒的。」皆其例。

可喜娘

可嬉娘　可意娘　可喜種　可意種

《西廂記》一本一折【元和令】：「顛不剌的見了萬千，似這般可喜娘的龐兒罕曾見。」

同劇一本四折【雁兒落】：「我則道玉天仙離了碧霄，元來是可意種來清醮。」

《金安壽》一【村裏迓鼓】：「琉璃鍾，琥珀醲，呀！簇捧定可喜娘風流萬種。」

《詞林摘艷》卷二散套【繡停針·蕩起商飈】:「風流處可嬉娘妖嬈。」

《盛世新聲》【雙調新水令·玉驄絲鞚錦鞍韉】:「我去那人叢裏瞧見，半遮著羅扇，正是俺可嬉娘風流的業冤。」

《月下老定世間配偶》【川撥棹】:「喜相逢，喜相逢可喜種。」

《太平樂府》卷三無名氏小令【柳營曲·風月擔】:「眼角眉尖，意深情忺，且是可意娘飽兒甜。」

可喜娘，謂著人喜愛的美女；或作可嬉娘、可喜種、可意娘、可意種，義並同。按可意，中意也，中人之意，自然著人喜愛。

可擦擦

磕擦擦　可磕擦

《黃粱夢》二【後庭花】:「我則見颼颼的枷棒捽，打的他紛紛的皮肉開，見他可擦擦拖將去，我與他氣丕丕趕上來。」

《燕青博魚》四【喬木查】:「只聽的可磕擦閃出個人來到。」

《氣英布》二【梁州第七】:「喒也曾磕擦擦登山驀嶺，喒也曾緝林林劫寨偷營。」

《柳毅傳書》二【紫花兒序】:「則俺這兩隻腳爭些兒踏空，可擦擦墜落紅塵。」

《趙氏孤兒》四【紅繡鞋】:「這一個可磕擦緊扶定一輪車。」

《馬陵道》三【離亭宴帶鴛鴦煞】:「磕擦擦驅征騎。」

可擦擦，象聲詞，象物相互磨擦聲。《趙氏孤兒》、《黃粱夢》兩例，是狀推車、拖拽時發生的磨擦聲；《燕青博魚》、《氣英布》、《馬陵道》、《桃符記》諸例，是狀人畜行進時腳下的磨擦聲；《柳毅傳書》例，是狀落體在空氣中的磨擦聲。一作可察察，如《桃符記》二【滾繡毬】:「可察察腳步兒蹻。」按可擦擦、磕擦擦、可磕擦、可察察，音近義並同。又，此詞與前文「磕擦」義極相近，可參看。但「磕擦」多狀刀斧等金屬砍擊聲，略有區別。

渴睡

磕睡

脈望館鈔校本《看財奴買冤家債主》三、白：「我一會渴睡上來，著我就在板櫈上，不想著睡了。」

《樂府群珠》卷四宋方壺小令【朱履曲・閱世】：「懵懂的憐磕睡，鶻伶的惜惺惺。」

渴睡，一作磕睡、瞌睡，疲倦時，閉眼假寐叫做渴睡，現在口語中還沿用；南方叫做打磕眈。《施註蘇詩》卷十七王鞏《清虛堂》詩：「清虛堂裏王居士，閉眼觀身如止水。……吳興太守老且病，堆案滿前長渴睡。」

剋落（kè luò）

《陳州糶米》一、白：「這箇數內，我們再剋落一毫不得的。」

同劇三、白：「依著父親改了價錢，插上糠土，剋落了許多錢鈔，到家怎用得了？」

剋落，猶剋扣，即私行扣減之意。《元史・刑法志一》：「剋落價鈔者，準不枉法贓論。」按「剋」，「尅」之俗體，亦作「尅」。

嗑牙

磕牙　敲牙　牙磕

《西廂記》三本三折【清江引】：「沒人處則會閑嗑牙，就裏空奸詐。」

《對玉梳》二【賽鴻秋】：「呆廝你收拾買花錢，休習閒牙磕，常言道：『井口上瓦罐終須破。』」

《陳母教子》三【醉高歌】：「誰共你磕牙抖（料）嘴！」

《舉案齊眉》三【鬼三臺】：「喒與你甚班輩，自來不相會，走將來磕牙料嘴。」

《兒女團圓》一【那吒令】：「誰敲牙波料嘴。」

《太平樂府》卷七喬夢符散套【新水令・閨麗】「鬪的滿街裏閑嗑牙，待罷呵如何罷！」

說長道短，閒聊天或談笑戲謔以消磨時光，謂之磕牙。或作嗑牙、敲牙。倒作牙磕。《錯立身》戲文又作「課牙」，如云：「你課牙比不得杜善甫。」《金瓶梅》又作「打牙」，如第二十三回云：「常和眾人打牙配嘴。」陶宗儀《輟耕錄》卷十二「連枝秀」條又作「獠牙」。意並同。重言之，則曰磕牙料嘴。與「閒（閑）」字連文，成爲閑磕牙、閑牙磕等熟語，蓋指明無所事事，而以「磕牙」消遣度日也。現在口語仍沿用。

肯

肯，猶應，猶會，猶敢，猶豈。

（一）

《玉壺春》一【幺篇】：「〔梅香見末科，云：〕秀才，俺姐姐說來，請你去那花塢中飲幾杯酒，你心下如何？〔正末云：〕小生願隨鞭鐙。〔梅香云：〕你看他一讓一個肯。」

《秋胡戲妻》二、白：「我便肯了，則怕俺媽媽不肯。」

《紫簫記》十〔江兒水・前月腔〕白：「若與郡主商量，定是個『肯』字。」

肯，答應之意，猶許，猶願，猶可，現在口語還這樣用。《詩・邶風・終風》：「惠然肯來。」劉淇《助字辨略》卷三：「肯，《爾雅》：『可也。』愚案：肯，願辭也；心誠願之，故爲可也。《左傳》成公四年：『楚雖大，非吾族也，其肯字我乎？』《漢書・高帝紀》：『燕王韓廣亦不肯徙遼東。』」

（二）

《哭存孝》一【柳葉兒】：「你放下一十八般兵器，你輪不動那鞭鐧撾槌，你怎肯袒下臂膊刀廝劈。」

《曲江池》一【醉中天】：「今日和劉郎相見，不因你個小名兒沙，他怎肯誤入桃源？」

《瀟湘雨》二【牧羊關】：「兀的是閒言語，甚意思，他怎肯道節外生枝？我和他離別了三年，我怎肯半星兒失志？我則道他不肯棄糟糠婦，他原來別尋了個女嬌姿。」

《太平樂府》卷九睢景臣散套【哨遍·高祖還鄉】:「只道劉三,誰肯把你揪捽住!白甚麼改了姓,更了名,喚做漢高祖?」

上舉各「肯」字,意猶會也。唐·陸龜蒙《自譴》詩:「人間縱道鉛華少,蝶翅新篁未肯無」,「未肯無」,言不會無也。宋·王安石《梁王吹臺》詩:「況乃漢驕子,魂遊誰肯逢」,「誰肯」,猶誰會也。

(三)

《三奪槊》四【倘秀才】:「這廝爲甚麼則管裏廝佻延,不肯動轉?」

《太平樂府》卷七喬夢符散套【新水令·閨麗】:「佇頭憑闌,一日三銜。唱道成時節準備著小意兒粧鰕,不成時怎肯呆心兒跳塔?」

上舉之「肯」,謂敢也。

(四)

《老君堂》四【掛玉鉤】白:「程咬金追某至老君堂,此人當時盡忠於魏王,未識某矣。今來投唐,某肯念其前讎?」

上舉之「肯」,謂豈也。唐·李頎《送喬琳》詩:「阮公能飲酒,陶令肯羞貧」,「肯羞貧」,豈羞貧也。王維《老將行》,「射殺山中白額虎,肯數鄴下黃鬚兒」。「肯數」,豈數也。

肯分(fèn)

《玉鏡臺》二、白:「姑娘選定今日好日辰,不曾銜門裏去,肯分的姑娘又來請。」

《老生兒》二【幺篇】白:「天那!你看我那命波,肯分的我那姐夫正在門首,可怎麼好?」

《合汗衫》一【混江龍】白:「他把我趕將出來,肯分的凍倒在你老人家門首。」

《爭報恩》楔、白:「每一個月差一個頭領下山打探事情,那一個月肯分的差著,我離了梁山,來到這權家店支家口。」

《陽春白雪》前集三馬致遠小令【壽陽曲·洞庭秋月】:「金蓮肯分迭半折,瘦厭厭柳腰一捻。」

肯分，猶云恰恰、正好、湊巧。或簡作肯，如巾箱本《琵琶記》七：「思鄉遠，愁路貧，肯如十度謁候門。」「肯如」，恰如也。王季思等注《看錢奴》云：「肯分，偏生的意思。肯，當即掯字，有勒掯意。……分讀去聲，與生分、熟分等詞的分字用法同。」（見《元雜劇選注》）不確。

肯酒

《魯齋郎》楔、白：「兀那李四，這三鍾酒是肯酒；我的十兩銀子與你做盤纏；你的渾家，我要帶往鄭州去也。」

《秋胡戲妻》二、白：「恰纔這三鍾，是肯酒；這塊紅，是紅定。」

《李逵負荊》一、白：「你還不知道，纔此這杯酒是肯酒。」

古代習俗：男方向女方求婚，要送酒去，如女方接受，便表示同意婚事。這種酒，叫做肯酒。《西遊記》第五十四回：「既然我們許諾，且教你主先安排一席，與我們吃鍾肯酒如何？」亦其一例。按，孟元老《東京夢華錄》卷五「娶婦」條：「凡娶媳婦，先起草帖子，……次擔許口酒，以絡盛酒瓶……」肯酒，當即「許口酒」之意。

啃（kěn）

明鈔本《四春園》二【尾聲】白：「不吃米飯，則啃骨頭。」

《曲江池》一【金盞兒】：「啃羊骨不嫌羶。」

《李逵負荊》二、詩云：「鴉嗛肝肺扎煞尾，狗啃骷髏抖搜毛。」

《黃花峪》四、白：「煮肥羊肉，我也要啃他些骨頭哩。」

啃，字書解釋作「吐貌」，與上舉各例意義不合；當即現在通用的「啃」字，以齒囓骨之意。

裉（kèn）

《東堂老》二【三煞】：「我覷不的你裉寬也那褶下，肚疊胸高，鴨步鵝行。」

《太平樂府》卷九朱庭玉散套【哨遍・春夢】：「裙腰鬆掩，衫裉寬餘。」

《陽春白雪》後集二楊西庵散套【賞花時・賺煞尾】：「舊時衣裉，寬放出兩三分。」

《詞林摘艷》卷十無名氏散套【鬬鵪鶉·媚媚姿姿】:「試羅衫褙兒寬。」

褙，謂腋（yè，即夾肢窩）下之衣縫。俗語「殺褙」，即指把衣縫縫上。今多作「裉」，音意同。明雜劇《香囊怨》三：「這些時瘦身軀寬掩過衫兒褙。」《紅樓夢》第三回：「（王熙鳳）身上穿著縷金百蝶穿花大紅雲緞窄褙襖」，皆其例。

坑

傾

坑：一、謂苦害；二、謂賴人財物。

（一）

《竇娥冤》一【賺煞】:「則被坑殺人燕侶鶯儔。」

《兩世姻緣》二【醋葫蘆】:「看了他容貌兒實是撐，衣冠兒別樣整；更風流，更灑落，更聰明；唱一篇小曲兒宮調清，一團兒軟款温柔情性：兀的不坑了人性命！引了人魂靈！」

《倩女離魂》四【喜遷鶯】:「據才郎心性，莫不是向天公買撥來的聰明？那更內才外才相稱；一見了不由人不動情。忒志誠，兀的不傾了人性命！引了人魂靈！」

《雍熙樂府》卷十九【小桃紅·西廂百詠四十二】:「他家子母忒心硬，把人坑，不合救恁全家命。」

坑，謂苦害也。《史記·項羽本紀》:「羽詐坑秦卒三十萬。」「坑秦卒」，陷殺秦兵也。按今俗云坑死人，即取意於此。清·李斗《艾塘曲錄》:「郝天秀，字曉嵐，柔媚動人，得魏三兒之神，人以坑死人呼之」，這與曲意正合。坑，一作傾，同音通用。

（二）

《曲江池》三、白：「想俺這虔婆好是不中，見元和有些鈔物都坑了他的，趕將出去。」

《鬧銅臺》一【混江龍】:「他一迷裡專把人坑。」

上舉二例，坑謂騙賴人之財物。明·徐樹丕《識小錄》卷四：「里人汪叔卿者，市儈也；家頗裕，兵亂時，曾坑好友七百金」，意同此。現在仍然這樣說。

空亡

空忘　空房

《玉鏡臺》一【金盞兒】:「來日不空亡，沒相妨，天生壬申癸酉全家旺。」

《陳摶高臥》一【金盞兒】:「日犯空亡爲將相，時逢祿馬作公卿，你是南方赤帝子，上應北極紫微星。」

《開詔救忠》二【石榴花】:「正值著空房大敗不良日，把俺這大軍故陷兵機。」

《盛世新聲》【南呂一枝花・偷傳袖裏情】:「先選下箇不空忘的日子，後擇你箇不失脫的口詞。」

空亡，占卜術語，舊時星相術士迷信說法，謂「空亡」是壞日子，做事不利。唐・劉禹錫《劉夢得集》五、《燕爾館破屏風所畫至精》詩：「畫時應遇空亡日，賣處難逢識別人。」空忘、空房，均空亡之訛。據《晁氏讀書志》說：「空亡之說，本於《史記》孤虛。」參見「孤虛」條。

空門

沙門

《董西廂》卷一【大石調・吳音子】白：「法本曰：『空門何計此利！寮舍稍多，但隨堂一齋一粥。』」

《西遊記》六本二十一齣【鵲踏枝】:「你奔波趲紅塵，我清靜守空門。」

明《梧桐葉》三、詩云：「正是牢落空門嘆索居，姻緣他日竟何如；天涯遊子多羈思，腸斷梧桐葉上書。」

《東坡夢》一【賺煞】:「可兀的拜俺沙門。」

空門，謂佛門。因佛教說世界一切皆空，故稱「空門」，亦稱沙門或桑門（《梵語音譯》）。《後漢書・郊祀志》注：「沙門漢言息心，削髮出家，絕情洗欲，而歸於無爲也。」唐・白居易《答客說》詩：「吾學空門非學仙，恐君此說是虛傳。」清・楊潮觀《吟風閣雜劇・韓文公雪擁藍關》:「爲桑門祈禱，礙先王正道。」

空悶亂

空沒亂

《董西廂》卷七【大石調・玉翼蟬】：「纔讀罷，仰面哭，淚把青衫污。料那人爭知我，如今病未愈，只道把他孤負。好恓楚，空悶亂，長嘆吁。」

《蝴蝶夢》四【沽美酒】：「則被他拋殺您奶奶，教我空沒亂把地皮摑。」

《金安壽》三【望遠行】：「空沒亂椎胸跌足，揉腮瞪目，將一朵並頭蓮碜可可分兩處。」

《詞林摘艷》卷三無名氏散套【粉蝶兒・浩月澄澄】：「空沒亂無緒無情。」

空悶亂，極狀其煩悶愁苦、心神不安、不知所措的樣子。沒亂，爲悶亂的音轉，意同。請參閱「沒亂」條。

孔目

都孔目

《魯齋郎》楔、白：「我在這鄭州做著個六案都孔目。」

《鐵拐李》一、白：「妾身姓李，是岳孔目的渾家。」

《魔合羅》三、白：「自家姓張，名鼎，字平叔，在這河南府做著個六案都孔目，掌管六房事務。」

《殺狗勸夫》二【滾繡毬】：「似這雪呵，鄭孔目怎生迭配？」

孔目，原指檔案目錄，見《史通・題目》。後來把管理、收貯文書檔案卷宗的吏員，叫做孔目。地方政府中各房都設有孔目。總管全衙的文書檔案卷宗的，叫做六房（案）都孔目。司馬光《資治通鑑》唐玄宗天寶十載下胡三省注：「孔目官，衙前吏職也，唐世始有此名。言凡使司之事，一孔一目皆須經由其手也。」宋時內外衙署多置之。王府亦然，如《宋史》載有秦府孔目官閻密是也。鹽鐵、度支、戶部三司等都置有都孔目官，是一種還沒有銓敘官級資格的小官，約相當於後來的書記、錄事。元改都孔目爲都目，置於諸司。元劇中的六案都孔目，指的是判官、吏目一類的官吏。

孔方兄

孔方

明·朱鼎《玉鏡台記》六〔普賢歌〕白：「孔方結兄弟，金穴乃我居。」

《來生債》一【鵲踏枝】：「〔曾云：〕錢之爲體，具有陰陽，親之如兄，字曰孔方，無德而尊，無勢而熱，排金門，入紫闥，危可使安，死可使活，貴可使賤，生可使殺。……〔詩云：〕金谷奢華富石崇，爲人傭作窘梁鴻。從古文章磨滅盡，至今猶說孔方兄。」

孔方兄，指錢。古代制錢當中有一方孔，故云。晉·魯褒《錢神論》云：「親之曰兄，字曰孔方。」後遂稱錢爲孔方兄或孔方。南宋·陳元靚《事林廣記》卷四十：「玉帛門」又稱錢爲「方兄」。

明·孟稱舜雜劇《英雄成敗》二折：「則不如把孔方兄熱臉湯。」明·邱濬《投筆記》十六：「口中問飲食，腰間索孔方。」話本《西湖二集·巧妓佐夫成名》「只是爲了孔方兄三字，天下通行。」清·李笠翁《蜃中樓·授訣》：「這錢呵，雖然一孔方，從來勢力強。」皆其例也。

空便（kòng biàn）

《黑旋風》三【鴈兒落】：「那坨兒裏牆較低，那坨兒裏門不閉，那坨兒裏得空便，那坨兒裏無尋覓。」

《梧桐雨》二【剔銀燈】：「止不過奏說邊庭上造反，也合看空便，覷遲疾緊慢。」

《灰闌記》一、白：「趙令史去了也，我且把這毒藥藏在一處，只等覷個空便，纔好下手。」

《馬陵道》三【得勝令】白：「小官看了孫子，數日不得空便，未敢接談。」

《全元散曲》喬夢符小令【南呂玉交枝·失題】：「穿袖衫調傀儡，搭套項推沉磨，我如今得空便都參破。」

空便，謂空子、機會，北語謂「瞧空兒」。空，讀去聲。

控持

控馳

《董西廂》卷二【道宮・解紅】：「多被賊人控持了，有些兒事體夫人表：『若惜奴一箇，有大禍三條。』」

《竹塢聽琴》四【折桂令】：「似這等難控難持，便待要相偎相傍，也顧不得人笑人嘲。」

《西遊記》三本十齣【尾】：「龍君跟著師父呵，把意馬頻頻急控馳。」

控持，一作控馳，意為控制。《新唐書・王忠嗣傳》：「勁兵重地，控制萬里」，句意正同，可為證。

除此，控持還作折磨、磨難解，例如：宋元戲文《張資鴛鴦燈》【中呂過曲】：「吃了萬千控持，諳了無限磨難，受了多少忐上忑下。」元本《琵琶記》二十：「糠！遭礱，被舂杵，篩你，簸揚你，吃盡控持。」《小孫屠》十四【同前換頭】：「殺死它（他）喫控持，到如今禁在牢內。」皆其例。

口號

《金錢記》三：「〔丑云：〕我與師父做了幾句口號。〔淨云：〕你念與我聽。〔丑云：〕我念與你聽：這個先生實不中，九經三史幾曾通？自從到你書房內，字又不寫書懶攻。日日要了束脩禮，我看他獨言獨語似魔風。每日看著你家後廳哭，他敢要入你姐姐黑窟籠。」

口號，指舊體詩裏的一種形式，有些近似現在的順口溜，或俗諺之類。它始於梁簡文帝《仰和衛尉新渝侯巡城口號》，庾肩吾、王筠等皆有此作。至唐遂襲用之，如王維《凝碧池》詩題云：「私成口號，誦示裴迪。」元微之《酬李六見寄》：「頓愈頭風疾，因吟口號詩。」李商隱《詠懷祕閣》：「柏臺成口號，雲閣暫肩隨。」《金瓶梅》第九回：「地街上編了四句口號說得極好。」《桃花扇・草檄》：「我蘇崑生睜著五旬老眼，看了四代時人，故此這幾句口號。」皆其例。

又「口號」是頌詩的一種，古代帝王宴飲，樂工先頌駢文一段，叫「致辭」，接著唱詩一章，曰「口號」。見《宋史・樂志十七》。孟元老《東京夢華錄》卷九「宰執親王宗室百官入內上壽」條：「第四盞如上儀舞畢，發譚子，參軍色執竹竿拂子，念致語口號。」又云：「第五盞御酒……參軍色作語，問小兒班首近前，進口號。」

在元曲中，「口號」也有作暗號用的，如《爭報恩》一折，丁都管說：「我有個口號兒，赤赤赤」，是也。

口順

順口

《魯齋郎》楔、白：「小可許州人氏，姓李，排行第四，人口順喚做銀匠李四。」

《緋衣夢》一、白：「小可汴梁人氏，姓王，因有幾文錢，人順口都叫我做半州王員外。」

《鐵拐李》三、白：「父母生我時，眼上有一塊青，人順口叫我青眼李屠。」

《揚州夢》三、白：「小生姓白名謙，字文禮，揚州人也。頗有幾貫貲財，人口順以員外呼之。」

《凍蘇秦》一、白：「只因平生忠厚，敬老憐貧，人口順都稱我做王長者。」

口順，即順口，謂隨口、順嘴。《水滸》二：「京師人口順不叫高二，卻都叫他做高毬。」亦其例。

口硬

《倩女離魂》四【出隊子】：「騎一匹龍駒，暢好口硬。恰便似馱張紙，不恁般輕。」（亦見於《詞林摘艷》卷九鄭德輝《醉花陰套》。）

騾馬牲畜年齡較小、較壯的，稱爲口硬或口輕。

口磣（chěn）

《兒女團圓》一【鵲踏枝】：「〔二旦云：〕韓二，我老實和你說，你棄一壁兒，就一壁兒，你愛他時休了我，愛我休了他者！〔正末云：〕虧你不害口磣，說出這等話來。」

《漁樵記》二【滾繡毬】白：「你砂子地裏放屁，不害你那口磣，動不動便說做官？」

口中食物，遇見砂石等硬質磕硼一下，叫做牙磣；口磣，意謂出言不雅。「不害口磣」即說出難聽的話，自己卻不羞慚。明·蔣一葵《堯山堂曲紀》：「紐死鶴，劈破琴，不害磣。」「不害磣」，亦「不害口磣」之意也。現在北京話作呵嘇（kē chēn）或牙磣，如云：你說這話也不牙磣。

口含錢

口噙錢　口銜錢

《灰闌記》二【幺篇】：「今日個浪包婁到公庭混賴著；您街坊每常好是不合天道，得這些口含錢直恁般使的堅牢。」

《雲窗夢》一【勝葫蘆】：「我與你積趲下些口含錢。」

《樂府新聲》卷中無名氏小令【滿庭芳】：「枉乖柳青，貪食餓鬼，勸鏝妖精，爲幾文口含錢，做死的和人競。」

《五侯宴》一【尾聲】：「哎，兒也！你尋些箇口噙錢，贖買您娘那一紙放良書。」

《看錢奴》四【收尾】：「笑則笑賈員外一文不使，單爲這口銜墊背幾文錢，險送了拽布拖麻孝順子。」（元刊本：「只爲折賠口含錢，干折了拖麻拽布子。」）

舊俗：死人入殮時，放在死人嘴裏的錢，謂之口含錢。含，一作噙、銜，音近義並同。上舉各例，「口含錢」，含有形容極少之義。

扣廳

《金線池》三、白：「只要哥哥差人拿他娘兒兩個來扣廳責他四十，纔與您兄弟出的這一口臭氣。」

《舉案齊眉》四【得勝令】：「準備著荊條，將他扣廳階吃頓拷。」

《延安府》三【白鶴子】白：「他扣廳打我一頓。」

《藍采和》二【鬬蝦蟆】：「拿下去扣廳打四十。」

《勘金環》四【滴滴金】白：「張千，捲起問事簾，將交牀來，我扣廳自問。」

扣廳，猶云當廳，或作拷廳。如明·孟稱舜雜劇《眼兒媚》二折：「你兀自口強，我且拷廳責你三十，慢慢問你罪名兒。」按扣、拷雙聲通用。

枯木堂

《西廂記》一本二折【幺篇】:「也不要香積廚，枯木堂。」

《樂府群珠》卷四關漢卿小令【普天樂·隨分好事】:「梵王宮月輪高，枯木堂香煙罩。」

枯木堂，佛家語，即和尚參禪打坐的房間。《禪林僧寶傳》卷五《潭州石霜諸禪師傳》云：「諸不出霜華二十年，學者刻意師慕，至堂中有不臥，兀然枯株者，天下謂之枯木眾。」「枯木堂」蓋本此。或謂「枯木堂」爲僧寺柴薪堆積之所，非。

窟籠（kū·long）

窟籠，孔穴也；引申之有破綻等意。

（一）

《來生債》一【寄生草】:「富極是招災本，財多是惹禍因，如今人恨不的那銀窟籠裏守定銀堆兒盹，恨不的那錢眼孔裏鑄造下行錢印。」

同劇三【紫花兒序】白：「行錢，將那大海船底下鑿碗來大數十個窟籠，他必然沉了也。」

窟籠，謂孔穴、洞也。宋·宋祈《宋景文公筆記·釋俗》:「孔曰窟籠。」章太炎《新方言·釋地》:「《說文》:『空，竅也；堀，兔堀也。』引申凡空竅曰堀。字亦作窟。今人謂地有空竅爲窟籠。籠者，收聲也。或曰窟籠，合音爲孔。」又同書《釋器》云：「凡術物等部字，今多以東部字爲餘音，如窟言窟籠，其例之也。」今俗謂負債曰窟籠，是其引申義，如言掏窟籠是也。窟籠或作窟窿，音義同。

（二）

《勘頭巾》二【牧羊關】白：「這上面都是窟籠，又無招伏無贓仗。」

《魔合羅》三【幺篇】白：「相公，這狀子不中使。……上面都是窟籠。……相公，你想波：銀子又無，寄信人又無，姦夫又無，合毒藥人又無，謀合人又無：這一行人都無，可怎生便殺了這婦人？」

上舉「窟籠」，意爲破綻，即指言行有漏洞，亦爲引申義。這個詞現在還通用。

苦主

《魔合羅》三【幺篇】白：「這十錠銀，可是官收了？苦主收了？」

《延安府》一、白：「誰想俺小舅子打死兩箇人的命，那苦主要行詞告狀。」

《十五貫》十七、白：「眞正有些兜搭：凶身亦是窮鬼，苦主有些唧滑。」

苦主，舊時指命案被害人的家屬。《元史・刑法志》：「諸殺人者死。仍於家屬徵燒埋銀五十兩給苦主。」又云：「諸支解人，煮以爲食者，以不道論，雖庾死，仍徵燒埋銀給苦主。」元・王與《無冤錄》：「給付苦主。」注：「死人之親屬稱苦主者，取其被害之義也。」

《清平山堂話本・錯認屍》：「小二屍首又無苦主親人，燒化了罷。」《喻世明言・沈小官一鳥害七命》：「又無苦主。」《水滸》第三十六回：「那時閻婆已自身故了半年，沒了苦主。」皆其例也，今俗語仍沿用此稱。

苦志

《玉鏡臺》一【油葫蘆】：「還有那苦志書生才學廣，一年年守選場，早熬的蕭蕭白髮滿頭霜。」

《降桑椹》一、白：「小生幼習文墨，苦志於寒窗之下，學成滿腹文章。」

《傷梅香》二【六國朝】：「且只去苦志攻經史，休把那文章來墮落。」

同劇四【駐馬聽】：「頭刺在萬丈深崖，苦志捱時怎的捱？」

《醉寫赤壁賦》一【寄生草】曰：「苦志攻習經史，今日博得金章紫綬，千鍾之祿也。」

《飛刀對劍》一【混江龍】：「我乾受了半生苦志，十載劬勞。」

苦志，謂苦其心志，多指奮發讀書。《孟子・告子下》：「天之將降大任於是人也，必先苦其心志。」《孔叢子・記問》：「夫子曰：『太公勤身苦志，八十而遇文王。』知「苦志」一語，戰國以來即有之。

庫司

《董西廂》卷六【仙呂調・喜新春】:「紅娘曰:『先生平昔與法聰有舊，法聰新當庫司，先生歸而貸之，何求不得！』」

《羅李郎》三【金菊香】:「好門面，好鋪席，好庫司。」

《勘頭巾》二【牧羊關】:「這的是重蓋下倉廒庫司。」

庫司，即司庫，管理財務的人，類如今之保管員，如例一：存儲貨物的倉庫，如例二、三。

酷累

《村樂堂》三、白:「著你娘做些酷累來。」

同劇三【幺篇】:「〔正末云:〕著你娘做些酷累來，又是和和飯來。〔倈兒云:〕打你奶奶嘴，胡說！吃了罷！甚麼酷累，酷累！」

菜和麪攪拌在一起，用鍋蒸熟的一種食品，謂之酷累。今山西等地還有這類食品。龍潛庵《宋元語言詞典》把「酷累」併入「河漏（合酪）」條，恐非。

酷寒亭

《曲江池》三【堯民歌】:「你本是鄭元和，也上酷寒亭；俺娘那茅茨火，熬煎殺紙湯餅。」

《東堂老》二【三煞】:「你回窰去，匆匆匆，少不得風雪酷寒亭。」

《貨郎旦》一【鵲踏枝】:「那其間便是你鄭孔目風流結果，只落得酷寒亭剛留下一箇蕭娥。」

酷寒亭，本劇名，元・楊顯之撰。名「酷寒亭」者，鄭孔目（嵩）殺蕭娥後被發配時，兒女曾送飯於此，時值風雪交加，寒冷無比，後來遂引申爲饑寒落魄人的住所的代稱。

誇官

《謝天香》四、白:「誰想耆卿一舉狀元及第，誇官三日。」

《裴度還帶》四、白:「借都省頭答，誇官三日。」又瓊英白:「不想裴中立又中狀元及第，今日誇官。」

《梧桐葉》三【幺篇】白：「我兄弟二人得了文武狀元，今日誇官。」

相傳舊時考中狀元，要遊街三天，以示顯耀，謂之誇官。

跨虎

《裴度還帶》三【叨叨令】：「楊香爲父跨虎曾行孝。」

《老生兒》三【紫花兒序】：「且問你那跨虎的楊香。」

《雍熙樂府》卷十三散套【鬬鵪鶉】：「賈氏屠龍，楊香跨虎。」

南朝宋・劉敬叔《異苑》謂：順陽南鄉地方有名楊豐者，與其子楊香收粟於田，爲虎所噬。香年十四，手無寸刃，直搤（è）虎頸，豐遂得救。後遂用「跨虎」二字作爲孝子救父的典故。

快性（kuài・xing）

《任風子》二【滾繡毬】白：「貧道受死，你快性者！」

同劇三【幺篇】白：「兄弟，喒宰一個牲口兒，與他個快性者！」

《趙禮讓肥》三【紫花兒序】：「〔馬武云：〕兀那廝，您來了也！〔正末云：〕太僕，小生來了也，與個快性，殺，殺，殺。」

快性，猶言爽利、痛快；性輕讀，語尾助字，無義。梁・何遜《答高博士》詩：「爲宴得快性，安閑聊鼓腹。」《金瓶梅》第一回：「奴家平生快性，看不上這樣三打不回頭，四打連身轉的人。」今鄂北方言中還有此說法。

快疾

疾快

《誶范叔》四【沽美酒】：「我這裏喚公吏，快疾波請先生去了衣袂。」

《羅李郎》四【亂柳葉】：「哎！你個定奴兒快疾將你爺來認。」

《金鳳釵》三【採茶歌】：「你將我惡搶白，死栽劃，將休書疾快寫將來。」

《冤家債主》二【醋葫蘆】：「請法師喚太醫疾快走，將俺那養家兒搭救。」

《博望燒屯》二【尾聲】：「著劉封莫遲誤，使關公疾快去。」

《謝金吾》三【雪裏梅】：「你與我扭開了長枷，將六郎扶起，喚左右快疾。」

快疾，謂急速、趕快。一作疾快，意同。按疾，亦速意、急意。《國語·周語》：「高位寔疾僨。」注：「速也。」《左傳》襄公十一年：「晉不吾疾也。」注：「急也。」劉淇《助字辨略》卷五：「疾，急也。」是知「快疾」乃一複意詞，重言之，是爲加重語氣。

快活三

《忍字記》一【天下樂】：「恰便似快活三恰將頭剃了。」

快活三，形容肥胖人之詞。宋·孟元老《東京夢華錄》卷七：「關撲有名者，任大頭、快活三之類。」周密《武林舊事》卷二：「舞隊有快活三郎、快活三娘二種。」宋·張知甫《可書》：「鄧知剛任待制，守軍器監，形貌魁偉，每以横金炫眾。京師諺曰：不著涼衫，好個金稜快活三，蓋一時目肥人爲快活三也。」

寬快

《鐵拐李》四【幺篇】：「拄著拐，穿草鞋，麻袍寬快，但得個無煩惱，恰勝似紫袍金帶。」

《金安壽》四【忽都白】：「我如今丫髻環縧，椰瓢執袋，麻袍寬快，布襪芒鞋。」

寬快，衣袍鬆寬不受拘束貌。

寬綽

寬綽綽　寬敞敞

《東牆記》四【天淨沙】：「害的人病厭厭瘦了形容，寬綽綽帶慢衣鬆。」

《誤入桃源》二【脱布衫】：「寬綽綽羅幃繡櫳，鬱巍巍畫梁雕棟。」

《兩世姻緣》四【喬牌兒】：「見他裹著烏紗帽那氣概，秉著白象笏那尊大，寬綽綽紫羅袍偏稱金魚帶，氣昂昂立在白玉階。」

《趙禮讓肥》二【滾繡毬】:「他那裏茶飯忒整齊，筵席忒寬綽。」

《樂府群珠》卷四泭東漁父小令【朱履曲・贈隱者】:「寬敞敞紅塵路。」

寬綽，寬緩也。重言之，則曰寬綽綽。《書・無逸》:「不寬綽其心。」傳:「不寬緩其心，言含怒。」《詩・衛風・淇奧》:「寬兮綽兮。」傳:「寬能容眾，綽，緩也。」章太炎《新方言・釋言》:「《說文》:『綽，寬也。』《爾雅》:『寬，綽也。』今謂屋及器寬大爲寬綽，人性奢泰爲闊綽。」按：人之胸懷廣大能容物者，也稱寬綽，如《晉書・宣帝紀》:「性寬綽以能容。」引申之，則意爲「富裕」、「豐盛」，如上舉之《趙禮讓肥》劇:「筵席忒寬綽」，是也。寬綽綽，或作寬敞敞，音近義同。今口語稱房屋寬大爲寬綽。

寬片粉

闊片粉

《西廂記》二本楔子【叨叨令】:「浮沙羹、寬片粉、添些雜糝；酸黃虀、爛豆腐、休調啖。」

《藍采和》二【賀新郎】:「俺吃的是大饅頭闊片粉。」

粉條之寬約二分者，北人呼爲寬粉，即寬片粉或闊片粉（寬、闊意同）。王季思注《西廂》以爲寬片粉即瓢漏粉，誤。因製粉者都用的是漏子。只有在臨作羹的工序過程中，用濕粉團漏入鍋中時，才叫做瓢漏粉。

款識（kuǎn zhì）

《西廂記》五本二折【上小樓】:「這的堪爲字史，當爲款識。」

古代鐘鼎彝器上鑄刻的文字，叫做款識。《漢書・郊祀志下》:「今此鼎細小，又有款識，不宜薦見於宗廟。」注:「韋昭曰:『款，刻也。』師古曰:『識，記也。』」元・陶宗儀《輟耕錄》卷十七:「所謂款識，乃分二義：款，謂陰字，是凹入者，刻畫成之；識，謂陽字，是挺出者。」又云:「三代用陰識，謂之偃蹇字，其字凹入也。漢以來，或用陽識，其字凸，間有凹者，或用刀刻，如鐫碑。」《博士錄》云:「款在外，識在內。」花紋爲款，篆刻爲識，是又一說也。後來書畫上的標題姓名，也叫款識，俗稱落款。

款段

《太平樂府》卷四馬九皐小令【山坡羊・西湖雜詠】：「西山東畔，西湖南畔，醉歸款段松陰慣。」

《詞林摘艷》卷三無名氏散套【粉蝶兒・裏帽穿衫】：「騎一疋躭耳驢，乘一騎款段驂。」

款段，形容馬行徐緩之詞。《後漢書・馬援傳》：「乘下澤車，御款段馬。」李賢注：「款，猶緩也，言形段遲緩也。」明・朱謀㙔《駢雅・釋獸》：「款段，小馬也。」李白《江夏贈韋南陵冰》：「昔騎天子大宛馬，今乘款段諸侯門。」《西遊記》第八十四回：「說甚麼八駿龍駒，賽過了驌驦款段。」皆其例。款段，本爲馬行徐緩之形容詞，亦作爲馬的代稱。

虧負

《張協狀元》五十三〔幽花子〕：「（外：）孩兒你說破何虧負？」

《董西廂》卷二【黃鍾調・四門子】：「國家又不曾把賢每虧負，試自心審腹。」

《調風月》二【江兒水】：「你養著別個的，看我如奴婢，燕燕那些兒虧負你？」

《曲江池》二【十二月】：「又不曾虧負了蕭娘的性命。」

《降桑椹》四、白：「想俺這孝道的人，天公可也不曾虧負了俺也。」

《周公攝政》二【滿庭芳】：「若論著順有道伐無道，戊午日兵臨孟水，甲子日血浸朝歌，虧負殺呂望六韜。」

虧負，謂虧待，即情義或行爲上有欠缺，猶今云對不起。《張協狀元》五十三：「你說破它何虧負？」亦其例。

虧圖

窺圖　所圖

《救風塵》四【太平令】：「現放著保親的堪爲憑據，怎當他搶親的百般虧圖。」

《玉鏡臺》四【鴛鴦煞】：「則這琴曲詩篇吟和處，風流句，須不是我故意虧圖，成就了那朝雲和暮雨。」

《西廂記》五本四折【折桂令】:「那廝本意囂虛，將足下虧圖。」

《生金閣》一【賺煞】:「赤緊的先要了我這希奇無價物，又生出百計虧圖。」

《硃砂擔》一【後庭花】:「這塌兒裏無動靜，昏慘慘月半明，莫不要虧圖咱性命？」

《太平樂府》卷八姚守中【粉蝶兒·羊訴冤】:「多應是將我窺圖。」

《神奴兒》三【十二月】:「你道他將親（姪）來所圖，你道他抵盜那財物，這公事憑誰做主，都是他二嫂粧誣。」

滅損曰虧。虧圖，倒裝語，即圖謀損害之意。窺圖之窺，係同音誤用。所圖亦虧圖意也。

虧輸

輸虧

《劉知遠諸宮調》十二【仙呂調·一斛叉】:「虧輸底，似雨潵黃鶯金翅重；得勝底，如風吹白鷺玉毛輕。」

《氣英布》一【寄生草】白:「今漢王大敗虧輸，項王意得志滿。」

《薛仁貴》一、白:「張士貴大敗虧輸，有一白袍將出馬，三箭定了天山，殺退遼兵。」

《小尉遲》四【駐馬聽】白:「只見劉無敵大敗虧輸，滾鞍下馬，跪在塵埃中，不想就是我的孩兒尉遲保林。」

《襄陽會》三【堯民歌】:「殺的他輸也波虧，身無片甲回。」

虧輸，謂失敗；倒作「輸虧」，意同。按：虧，氣損也，見《說文》。引申之，凡減損、欠缺、毀失皆曰虧，故虧，亦輸意也，輸，即輸贏之輸。

傀儡

傀儡：一、指木偶戲；二、指兒童玩具。

（一）

《昊天塔》一【仙呂點絳唇】:「傀儡棚中，鼓笛聲送，相搬弄。」

《西遊記》二本六齣【梅花酒】:「那的他喚做甚傀儡，黑墨線兒提著紅白粉兒，粧著人樣的東西。」

《太平樂府》卷九無名氏散套【耍孩兒·拘刷行院】:「似線牽傀儡，粉做骷髏。」

《樂府群珠》卷四林南澗小令【朱履曲·林下作】:「傀儡棚眼前耍戲，風波海夢裏驚疑，辛苦艱難有誰知？功名早拋棄。」

傀儡，謂木偶戲。《元曲選》音釋:「傀音詭；儡，累上聲。」又作魁礧、窟礧。列子以偃師刻木爲人，即傀儡戲之萌芽。杜佑《通典》云:「窟礧子，亦曰魁磊（礧，磊俗字）子，作偶人以戲，善歌舞，本喪家樂也，漢末始用之於嘉會。」其說本於漢·應劭的《風俗通》，可證漢時即有此戲。清·焦循《劇說》引《筆塵》，謂「北齊高緯尤好之」。到兩宋爲最盛，種類也最繁，據《東京夢華錄》、《夢粱錄》、《武林舊事》等書所載，有懸線傀儡、走線傀儡、杖頭傀儡、藥發傀儡、肉傀儡、水傀儡等等，均以敷演故事爲主。唐·段安節《樂府雜錄》謂傀儡戲起於漢高祖平城之圍。

（二）

《神奴兒》楔、白:「老院公，我要傀儡兒耍子。」

這裏「傀儡」，指兒童玩具。俗謂胸無主張，任人擺弄者，也稱爲傀儡。

閫（kǔn）外將軍

孔文卿《東窗事犯》四〔滾繡球〕:「更罢軍權屈殺了閫外將軍。」

《襄陽會》三、白:「在朝休悞天子宣，莫違閫外將軍令。」

《蔣神靈應》楔【仙呂端正好】:「我奉朝內帝王宣，持閫外將軍令，統貔貅齊出石城。」

《趙氏孤兒》一【混江龍】:「多喒是人間惡煞，可什麼閫外將軍？」

《伊尹耕莘》三【滾繡毬】:「者莫他坐中設下千條計，豈不聞閫外將軍八面威，智勇無及？」

閫外，郭門之外也。閫外將軍，指大將。《史記·張釋之、馮唐列傳》:「臣聞上古王者之遣將也，跪而推轂曰:『閫以內者，寡人制之；閫以外者，將軍制之。』」裴駰《集解》引韋昭曰:「此郭門之閫（謂門限也）。」後因稱在首都以外的要地任重要軍職者爲閫外將軍；遣將爲閫寄，如白居易《感懷》詩：「累聖但日吁，閫外將誰寄」，是也。

臘梨

刺梨

《李逵負荊》三【幺篇】白：「不是！不是！那兩個：一個是青眼兒長子，如今這個是黑矮的；那一個是稀頭髮臘梨，如今這個是剃頭髮的和尚。」

《飛刀對劍》二【尾聲】白：「他那裏雄赳赳，氣昂昂，一箇箇都是好漢；我領著些無鼻子，少耳朵，駝著腰，瘸著腿，都是些鷹嘴刺梨。」

臘梨，生在頭上的皮膚病，俗呼爲禿瘡、癩子。《廣韻》：「癩，盧達切，音辣，與瘌同，瘌，疥也。」故臘梨，即瘌痢、鬎鬁。或作刺梨，音意並同。章太炎《新方言・釋形體》：「《釋名》：『髺（hé），頭生創白瘕（jiǎ）如髺然也。』《玉篇》：『髺，胡割切，罽（jì）也。』《廣雅》：瘌、㾊竝訓傷，罽之言㾊也。今自淮漢而南，謂頭生創白瘕蒙茸者曰瘌子，與髺同義。因而致禿亦曰瘌子。自河而北直言禿子。」

蠟渣

蠟滓　蠟堝

《紅梨花》一【鵲踏枝】：「迸定個膪膹不良鼻凹，醜嘴臉渾如蠟渣。」

《存孝打虎》三【古竹馬】：「黃甘甘容顏如蠟渣。」

《趙禮讓肥》一【寄生草】：「餓的這民饑色，看看的如蠟渣。」

《董西廂》卷二【大石調・玉翼蟬】：「諕得臉兒來渾如蠟滓。」

《酷寒亭》三【紅芍藥】：「黃甘甘面皮如蠟堝。」

蠟渣，即蠟渣滓。蟲蠟的渣滓是白色，蜂蠟的渣滓是黃色，故古人常用「蠟渣」二字形容慘白或慘黃，以狀失驚或久病之人的臉色。

或作蠟查，如《水滸》第二十五回：「面皮臘查也似黃了。」（《金瓶梅》第五回作「蠟楂」。）或作臘查，如《喻世明言・沈小官一鳥害七命》：「看那沈秀臉上臘查黃的，昏迷不醒。」或作蠟柤，如《籠門隱秀》三折：「臉蠟柤無瑩色。」

按臘爲蠟字的同音誤用。查、楂、柤均「渣」字的同音借用字。渣、滓異音同義。堝，讀如鍋。

來

「來」在元曲中的主要用法：一、用爲語助詞；二、用爲估量、比況之詞；三、用爲約計數目之詞。

（一）

《董西廂》卷八【越調・青山口】：「太守既到那裏，飛虎諕來癡，群賊倒槍旗。」

《拜月亭》二【南呂一枝花】：「龍鬬來魚傷，情願受消疎況。」

《西廂記》一本二折【快活三】：「卻怎睃趁著你頭上放毫光，打扮的特來晃。」

《相府院曹公勘吉平》三【雙調鎮江迴】：「一脚高來一脚低。」

《追韓信》二【鴈兒落】：「丞相道將咱來不住的趕，韓信則索把程途盼。」

《東堂老》楔、白：「叔父息怒，父親的症候，您孩兒待説不知來，可怎麼不知；待説知道來，可也忖量不定。」

《黃鶴樓》一、白：「今有周瑜請我赴宴，我待不去來，想當初赤壁鏖兵之時，多虧了周瑜元帥助俺破曹；我待去來，爭柰孔明師父與兩箇兄弟不在。」

《兒女團圓》一【寄生草】：「海！我這男子漢，到這裏好兩難也呵！待休了來，不想有這些指望；待不休了來，我這大渾家尋死覓活的。」

《劉弘嫁婢》二【朝天子】白：「嬸子兒，可止不過您伯娘有些閑言剩語，道了呵，我肯依的來？」

以上各「來」字，前五例於句中作襯字，後四例於句尾作語尾助詞，起配合音節作用，均不爲義。此用法，先秦以來即有之。劉淇《助字辨略》卷一：「來，語助詞。《莊子・人間世》：『雖然，若必有以也，嘗以語我來！』

《晉書・石勒載記》:『每耕作於野，嘗聞鼓角之聲。勒以告諸奴，諸奴亦聞之，因曰：吾幼來在家，恆聞如是。』李義山詩：『一樹濃姿獨看來。』又云：『小來兼可隱針鋒。』」按：《孟子・離婁》:「盍歸乎來？」敦煌變文《維摩詰經菩薩品變文甲》:「……有甚幡花寶蓋？多少來田地？如許多僧徒？」亦其例也。

來，或作倈、啾，音義同。參見「倈」字條（一）。

（二）

《董西廂》卷一【雙調・攪箏琶】:「你試尋思：自家又沒天來大福，如何消得？」

《西廂記》二本三折【離亭宴帶歇指煞】:「昏鄧鄧黑海來深，白茫茫陸地來厚，碧悠悠青天來闊。」

《爭報恩》二【紅繡鞋】:「見一個偌來大一條漢，直撞入我這臥房來。」

同劇三【小桃紅】:「這場煩惱天來大。」

《藍采和》二【哭皇天】:「偌來粗細荊杖子臨身，比俺那勾欄裏淡交疼。」

《詞林摘艷》卷七貫仲明散套【集賢賓・黃梅細絲江上雨】:「夫貴妻榮多來大福。」

以上各「來」字，用作估量、比況之詞，猶般，猶樣。「天來大福」，謂幸福天一般大也。「窮的來煞」，謂窮的這樣厲害也。「偌來粗細荊杖子」，謂這樣粗的荊木棍子也。《七國春秋平話》卷上：「騎一疋駱駝來高慣戰馬。」「駱駝來高」，謂如駱駝一般高也。

（三）

《燕青博魚》楔、白：「眾兄弟就推某為首，聚三十六大夥，七十二小夥，半垓來的小僂儸。」

《李逵負荊》一、白：「某娶三十六大夥，七十二小夥，半垓來的小僂儸，威鎮山東，令行河北。」

以上各「來」字，為約計數目之詞，常用於量詞或數詞之後，表有餘或不足，用法如同「左右」之義。蘇軾《與楊元素書》:「先只要二百來斤，餘可迤邐還。」明人雜劇《豹子和尚》三折：「滑出出水冷冷兩碗來素扁食。」

《水滸》第五十三回：「李逵看那鐵鎚時，約有三十來斤。」初拍《西山觀設籙度亡魂，開封府備棺追活命》：「今年已三十來了，懊悔前事無及。」等等，例意俱同。今一般口語中還有這種用法。

此外，還有些較少見的特殊用法，例如：《黃花峪》二【南呂一枝花】：「俺哥哥傳將令三四番，可怎生無一箇承頭的？來一箇燕青將面劈，那一箇楊志頭低。」文中「來一箇」與「那一箇」互文對舉，「來」字顯然是指示代詞「這」的意思。《謝金吾》一【鵲踏枝】：「覷了他拆的來分外，不由我感嘆傷懷。」「來分外」，謂忒分外也。就是說王樞密的女壻謝金吾假傳聖旨，拆毀楊家的清風無佞樓，蠻橫無理，忒瘋狂了。

來撒的

來得　來的

《圯橋進履》三【尾聲】白：「這廝倒來撒的，我近不過他，走！走！走！」

《燕青博魚》一【六國朝】白：「這廝手脚倒也來的，我與他纏什麼？我自尋那王臘梅姐姐去，走，走，走。」

《氣英布》一、白：「這英布手脚好生來得！若不是兩個拿他一個，可不倒被他拿了我去。」

《昊天塔》四【川撥棹】白：「這和尚倒來撒的，那三門又關了，我可往那裏出去？」

來撒的，或簡作來得、來的，謂手脚捷便、武藝高強，意猶「了得（的）」。了、來雙聲通用。《符金錠》楔子韓松白：「我有兩個伴當，好生了的」；又《水滸》第十八回：「我須知晁蓋好生了得」；意均與此同。的、得用爲語尾助詞，音義同。

另又作應付、招架講，如明人雜劇《吳起敵秦》二折：「我若念起竈經來，你怎麼來撒的？」「怎麼來撒的」，意謂怎麼應付呢？

倈（lái）

唻　倈人　倈兒

倈：一、用爲助詞；二、指兒童，爲元劇扮演小孩的角色名稱。

（一）

《黑旋風》三【小將軍】白：「你恰纔開門時節，你那頭撞著我這頭，叔待有倈？」

《冤家債主》二【幺篇】：「常言道：『好人倈不長壽。』這一場煩惱怎罷休？」

《忍字記》一【醉中天】：「我謝你箇達磨倈把衣鉢親交。」

《度柳翠》二【梁州第七】：「柳翠唻，少不的搜尋遍四大神州。」

《合汗衫》一【後庭花】：「你道他眉下無眼觔，你道他兀那口邊廂有餓紋。可不道馬向那群中覷，陳虎唻，我則理會得人居在貧內親。」

《殺狗勸夫》一【賺煞】：「哥哥，你有金有銀，閃的我無投倈無逩。」

《貨郎旦》四【南呂一枝花】：「揮霍的是一錠錠響鈔精銀，擺列的是一行行朱唇倈皓齒。」

《來生債》二【滿庭芳】：「卻原來都是俺冤家倈債主。」

同劇二【鬬鵪鶉】：「豈不聞駟馬難追，我今日個一言倈既出。」

倈，或作唻，用在句中或句尾的助詞，只起音節作用，無義，略同現代漢語中的啊、呢、拉、哩。漢．郊廟歌辭《日出入》：「吾知所樂，獨樂六龍，六龍之調，使我心若。訾黃其何不徠下」。又《天馬》（《詩紀》云：一作《天馬歌》）：「天馬徠，從西極涉流沙，九夷服。天馬徠，出泉水，虎脊兩，化若鬼……」

（二）

《西廂記》一本楔子【仙呂賞花時】：「〔旦倈扮紅見科〕〔夫人云：〕你看佛殿上沒人燒香呵，和小姐閑散心，耍一會去來。」

同劇一本一折：「〔正末扮騎馬引倈人上開：〕小生姓張，名珙，字君瑞，本貫西洛人也」。

同劇四本二折：「〔倈云：〕妳妳知道你和姐姐去花園裏去，如今要打你哩。」

《灰闌記》四【得勝令】：「〔包待制云：〕著他過來！〔搽旦、倈兒並街坊、老娘入跪科〕……〔做畫灰闌著倈兒跕科〕〔搽旦做拽倈兒出闌科〕」

元劇中扮演男女小孩角色的叫做倈，始見於金之「院本名目」，如《酸賣倈》。也稱倈人、倈兒、徠兒。《集韻》：「徠，或作倈。」兒爲名詞語尾，無義。

元雜劇的登場人物，一般都標明以何腳色扮演，如焦循《劇說》卷一云：「《貨郎旦》，沖末扮孤；《殺狗勸夫》，外扮孤；《勘頭巾》，淨扮孤；扮孤者，無一定也。《金線池》，搽旦扮卜兒；《秋胡戲妻》、《王粲登樓》，並老旦扮卜兒；《合汗衫》，淨扮卜兒，是扮卜兒者，無一定也。《貨郎旦》，淨扮孛老；《瀟湘雨》，外扮孛老；《薛仁貴榮歸故里》，正末扮孛老；《硃砂擔》，沖末扮孛老；是扮孛老者，無一定也。」但倈兒，多不言以何色扮之，惟《貨郎旦》李春郎前稱倈兒，後稱小末，則前以小末扮倈兒；蓋倈兒者，扮爲兒童狀也。春郎前幼，當扮爲兒童，故稱倈兒；後已作官，則稱小末耳。

闌珊（lán shān）

闌刪　闌山　瓓珊

《遇上皇》一【油葫蘆】：「你不見桃花未曾來腮上，可又早闌珊了竹葉尊前唱。」

《霍光鬼諫》一【油葫蘆】：「此日憂太康，我待諫昌邑王，可敢闌珊了竹葉樽前唱。」

《西遊記》四本十五齣【滾繡毬】：「急回來春事闌珊。」

《竇娥冤》一【寄生草】：「愁則愁興闌刪，嚥不下交歡酒。」

《樂府群珠》卷四王仲元小令【普天樂・春日多雨】：「迤逗入煩惱鄉，積攢下相思欠，教下情疎恩情儉，欲闌山卻又拘鈐（鈐）。」

《陽春白雪》前集二庾吉甫小令【蟾宮曲】：「佩玉鳴鑾，歌舞瓓珊。」

在詠事、詠景、詠物時，闌珊有衰歇、將盡、零落等意；在歌詠人的思想情緒時，闌珊，則有懶散、打不起勁兒的意思。白居易《詠懷》詩：「白髮滿頭歸得也，詩情酒興漸闌珊。」李煜【浪淘沙】：「簾外雨潺潺，春意闌珊。」柳永【晝夜樂・憶別】：「況值闌珊春色暮，對滿目亂花狂絮。」辛棄疾【青玉案】：「驀然回首，那人卻在燈火闌珊處。」闌，或作瓓；珊，或作刪、山：同音假借，意並同。

攔門

攔門鍾兒

《金錢記》三【煞尾】:「準備著迎親慶喜筵，安排著攔門慶賀酒。」

《舉案齊眉》一【天下樂】白:「老官兒，你請俺吃酒，酒又不醉，飯又不飽，就著俺起身，也等俺家吃個攔門鍾兒去！」

《詞林摘艷》卷五關漢卿散套【新水令・玉驄絲鞚錦鞍韉】:「我則聽的樂聲喧，列華筵，聚集諸親眷。首先一盞攔門勸，他道是走馬身勞倦。」

宋・孟元老《東京夢華錄》卷五「娶婦」條云:「迎客先回至兒家門，從人及兒家人乞覓利市錢物花紅等，謂之『攔門』。」在攔門時，喝酒祝賀，謂之攔門鍾兒。

攔縱

《西廂記》二本四折【拙魯速】:「索將他攔縱，則恐怕夫人行把我來廝葬送。」

《柳毅傳書》二【拙魯速】:「無非是魚鱉黿鼉共隨從，緊攔縱。」

《金安壽》一【賺煞尾】:「枉了你費精神，休則管相攔縱。」

《小尉遲》一【混江龍】:「單看的你這一條鞭，到處無攔縱；待要你扶持社稷，保護疆封。」

王季思注《西廂》云:「攔縱，攔阻意。」《牡丹亭・硬拷》:「則待列笙歌畫堂中，搶絲鞭御前攔縱。」所用「攔縱」意同此。明・徐士範云:「攔縱，猶言搓挼也。」按搓挼（cuō ruó），意爲揉搓，費解。

攔關

欄關

《黑旋風》一【哨遍】:「則我這兩條臂攔關扶碑，則我這兩隻手可敢便直鉤缺丁。」

《燕青博魚》二【後庭花】:「調動我這三尺攔關臂，努起一千條歹鬪觔。」

《三戰呂布》一【那吒令】：「憑著我這捉將手，挾人慣，兩條臂有似的這欄關。」

《硃砂擔》三【煞尾】：「那怕他潑頑皮綽號鐵旛竿，只消我這一對兒攔關，把那廝死狗也似拖將來，我直著見了您眼。」

攔關，原意是形容兩臂有攔關之力，如前三例：引申之則逕作手臂講，如例四。欄，應作攔，形誤。

鬛鬖（lán sān）

躭珊　髧鬖　鬏鬖

《智勇定齊》二【撼動山】：「我頭髮兒亂鬛鬖。」（孫本注：原作「髧鬖」，據《玉篇》改。）

《太平樂府》卷五趙顯宏小令【晝夜樂・春】：「想從前枉將風月擔，空贏得鬢髮鬛鬖。」

同書卷三張小山小令【柳營曲・收心】：「鬢髮躭珊，身子薄藍，無語似癡憨。」（校訂者注：躭珊，明大字本作「髧鬖」。）

《詞林摘艷》卷三無名氏散套【粉蝶兒・裹帽穿衫】：「漸漸的形容瘦減，看看的鬢髮髧鬖。」

同書卷九無名氏散套【醉花陰・行色匆匆易傷感】：「無暇理金簪，雲鬟鬏鬖。」

鬛鬖，髮長下垂貌，或作髧鬖、鬏鬖、躭珊，《荊釵記》十二又作藍參，形異音近意並同。監參爲鬛鬖的省寫；躭珊爲髧鬖的借音；鬛、髧（dàn），疊韻通用；鬏爲「髧」字之俗體，不見字書。

爁（lǎn）

《西廂記》二本楔子【滾繡毬】：「這些時吃菜饅頭委實口淡，五千人也不索炙煿煎爁。」

《蕭淑蘭》二【絡絲娘】：「將韓王殿忽然火爁，藍橋驛平空水渰。」

漢・劉安《淮南子・覽冥訓》：「火爁炎而不滅。」爁，謂焚燒、延燒。上舉之《蕭淑蘭》例，即此意也。《西廂》例，爁當爲烤炙之意，是燒意的引申。吳曉玲注《西廂》改爁爲燂（tán），解爲燉，恐未安。

爛黃齏

濫黃齏

《金線池》二、白：「聞得母親說，他是爛黃齏，如今又纏上一箇粉頭，道強似我的多哩。」

《謝天香》三【倘秀才】：「相公的耳朵裏風聞那舊是非，休只管這幾句，濫黃齏，我也記得。」

爛黃齏，記爛醃菜，這裏是形容秀才又酸又臭、愛情不專之詞。按爛，古「蘭」字，指行爲不端。章太炎《新方言・釋言》：「凡人縱弛無檢亦曰蘭。《列子・說符篇》：『宋有蘭子者。』注：應劭曰：『闌，妄也。』蘭與闌同。今人謂人舒縱不節曰爛，爛亦蘭字也。」爛，又作濫，義通。

郎中

《董西廂》卷五【黃鍾宮・黃鶯兒】：「奇妙！奇妙！郎中診罷，嘻嘻的冷笑。」

《拜月亭》二【梁州】白：「郎中，仔細的評這脈咱。」

《東牆記》四【絡絲娘】白：「小子李郎中是也，別無買賣營生，專靠我這藥上盤費。」

《西遊記》一本一齣【仙呂賞花時】白：「小人正是洪州人，在這裏專載客商、官長、郎中。」

郎中，本古代官名，始於戰國，自漢至清，歷代沿置。在唐末、五代時，賣官鬻爵之風甚行，人人以官名互稱爲榮，後來在南方農村中，遂以郎中爲醫生的別稱，北方則以大夫稱醫生。宋・洪邁《夷堅志》載有「杜涇郎中」條，宋・周密《武林舊事六・諸色伎藝人・說藥》載有「楊郎中、徐郎中」，可見宋已盛行此稱，直至今日未變。

郎主

狼主

《昊天塔》三【倘秀才】白：「這骨殖都有件數，每件件有郎主朱筆記認的字跡在上，那一個敢假得？」

《救孝子》一、白：「老夫乃王脩然是也，自出身以來，跟隨郎主，累建奇功，謝聖恩可憐，官拜大興府府尹之職。」

《薛仁貴》一、白：「自家葛蘇文的便是，郎主呼喚，須索見來。」

《村樂堂》一、白：「小官完顏女直人氏，完顏姓王，僕察姓李，自跟著狼主，累建奇功，加某爲薊州同知之職。」

郎主，是古代外國和我國某些少數民族對其首領的敬稱。郎，或誤作狼。《古今小說・沈小霞相會出師表》：「天朝感郎主之德，必有重賞」，亦其例也。

奴婢對主人也有時稱郎主，如《調風月》四【水仙子】：「你若無言語，怎敢將您覷付？則索做使長、郎主。」

郎君

郎均

在元曲中，郎君主要指嫖客；有時也指貴公子等。

（一）

《青衫淚》一【油葫蘆】：「我則道過中年人老朱顏改，誰想他撲郎君虎瘦雄心在。」

《雲窗夢》一、白：「老身姓鄭，是這汴梁樂籍，止生得一箇女兒，小字月蓮，風流可喜，賣笑求食，郎君每見了，無有不愛的。」
同劇二【滾繡毬】：「不爭我半披夜月才歸院，多管是獨立西風正倚門，盼殺郎君。」

《陳州糶米》三【梁州第七】白：「別的郎君子弟，經商客旅，都不打緊。我有兩個人都是倉官，又有權勢，又有錢鈔，他老子在京師現做著大大的官。」

《雍熙樂府》卷十關漢卿散套【南呂一枝花・不伏老】：「我是箇普天下郎君領袖，蓋世界浪子班頭。」

《詞林摘艷》卷一劉庭信小令【寨兒令・戒漂蕩】：「搭伏定推磨桿，尋思了兩三番，把郎均幾曾是人也似看。只爭不背上馱鞍，口內啣環、脖項上把套頭拴。」

古時婦女稱丈夫或所愛戀的人爲郎君，古樂府《子夜四時歌・夏歌》：「郎君未可前，待我整容儀」，是也。上舉元曲各例，均指嫖客。君，或誤作均。

（二）

《百花亭》三：「〔正末提查梨條從古門叫上，云：〕……香閨繡閣風流的美女佳人，大廈高堂俏倬的郎君子弟，非誇大口，敢賣虛名，試嘗管別，吃著再買。查梨條賣也！查梨條賣也！」

上舉「郎君」，是指貴公子。《鏡源遺照集》：「吳斗南曰：『漢制，二千石以上得任其子爲郎君』。」是郎君本爲官名，只有達官貴人的子弟才有資格充任。《三國志・蜀志・張嶷傳》：「自非郎君進忠言於太傅（指諸葛恪），誰復有盡言者也？」古樂府《孔雀東南飛》：「先嫁得府吏，後嫁得郎君。」清・王芑孫《碑版文廣例》中東魏《敬史君碑》稱太守敬忻之子爲小郎君。都是對貴顯子弟的稱謂。五代・王定保《唐摭言》：「薛逢晚年厄於宦途，策羸馬赴朝，值新進士前導，曰：『回避新郎君』」，按此指新進士，猶言新貴人也。

此外，岳父對女壻亦稱郎君，如《村樂堂》四【殿前歡】：「休怪咱波女壻郎君。」妻對夫也稱郎君，如《警世通言・崔衙內白鷂招妖》：「錯呼聖上爲郎君。」

郎當

《東坡夢》四【梅花酒】：「一個個逞歌喉歌婉轉，一個個垂舞袖舞郎當。」

以上曲例，郎當是形容衣服長大、拖沓、不稱身的樣子。宋・王灼《碧雞漫志》卷五：「郎當，俗稱不整治也。」宋・楊大年《傀儡》詩云：「鮑老當筵笑郭郎，笑他舞袖太郎當，若教鮑老當筵舞，轉更郎當舞袖長。」明・徐士俊《絡水絲》【北牧江南】：「有誰來叩知？有誰來叩知？管他個郎當舞袖愛前溪！」亦其例。

郎當，也形容頹唐、潦倒、不振作的樣子，明・顧起元《客座贅語》卷一所謂「敗事曰郎當」也。例如：《醒世恒言・張淑兒巧智脫楊生》：「壓得那馬背郎當，擔夫疼軟。」《西湖二集・吹鳳簫女誘東牆》：「汝怎生一病，郎當至此？」《牡丹亭・僕偵》：「〔丑扮疙童披衣笑上：〕自小疙辣郎當，郎當。」此語李唐已然。據宋・王灼《碧雞漫志》卷五記載：唐明皇奔蜀，「雨中聞鈴聲，悵然而起，問黃幡綽：『鈴作何語？』曰：『謂陛下特郎當！』特郎當，俗稱不整治也。」所謂「不整治」，猶今口語吊兒郎當。此蓋借鈴聲以諷其頹唐、潦倒、疲困之情狀也。蔣禮鴻《義府續貂》謂即「佛儅」之轉。

浪子

浪兒

浪子，用為褒詞，有風流、英俊、豪放不羈等義；用為貶詞，指不務正業、專事游蕩者。或作浪兒，意同。

（一）

《西廂記》三本一折【後庭花】：「忒聰明，忒敬思，忒風流，忒浪子。」

《紫雲庭》三【堯民歌】：「你則是風流不在著衣多，你這般浪子，何須自開阿？」

《倩女離魂》一【天下樂】白：「姐姐，那王秀才生的一表人物，聰明浪子，論姐姐這個模樣，正和王秀才是一對兒。」

《雍熙樂府》卷十關漢卿散套【南呂一枝花・不伏老】：「我是箇普天下郎君領袖，蓋世界浪子班頭。」

《詞林摘艷》卷一無名氏小令【梁州・題情】：「又不道不聰明，不浪子，不風流。」

同書卷六湯舜民小令【塞鴻秋・想多情傷懷抱】：「常言道風流的遇著俊英，浪子的逢著俏倬。」

《董西廂》卷一【仙呂調・醉落魄纏令・引辭】：「秦樓謝館鴛鴦幄，風流稍是有聲價。教惺惺浪兒每都伏咱。」

以上各例，用為褒詞，有風流、英俊、豪放不羈等意。子，一作兒，同為名詞語尾，無義。

（二）

《秋胡戲妻》三【滿庭芳】：「他不是閒遊的浪子，多敢是一箇取應的名儒。」

《羅李郎》三【後庭花】:「人都道你是教師，人都道你是浪子，上長街百十樣風流事，到家中一千場五代史。」

《陳州糶米》楔、白:「花花太歲爲第一，浪子喪門世無對;聞著名兒腦也疼，則我是有權有勢劉衙内。」

以上各例，用爲貶詞，指不務正業、專事游蕩的人。又作浪兒，意同，如《張協狀元》戲文:「你讀書莫學浪兒門一輩。」

浪侃

胡侃

《望江亭》一【後庭花】:「只願他肯、肯、肯做一心人，不轉關;我和他守、守、守《白頭吟》，非浪侃。」

《西廂記》三本二折【煞尾】:「你那隔牆酬和都胡侃，證果的是今番這一簡。」

侃(kǎn)，調弄之意。浪侃，就是胡謅、瞎扯，華而不實。劉淇《助字辨略》卷四:「浪，猶漫也。杜子美詩:『將詩莫浪傳。』又云:『附書元浪語。』李義山詩:『浪笑榴花不及春。』浪笑、浪傳，輕脫之辭也。浪語，虛枉之辭也。」此處「侃」字義，尚待考。疑爲「訐」之借用字。

浪語

浪言

《勘頭巾》四【喬牌兒】:「小人呵非浪言，這公事何難辨!」

《舉案齊眉》一【天下樂】:「非浪語，便道是秀才每秀而不實有矣夫。」

《樂府群珠》卷二汭東漁父【南呂小令・丁卯即事】:「平生正直從公道，翻落後小兒曹，讒言浪語千般造。」

浪語、浪言，隨便說、戲言、胡說之意。或作浪說，如明・陳與郊《靈寶刀》二十五:「浪說瓊瑤報木桃。」《警世通言・俞伯牙摔琴謝知音》:「浪說曾分管鮑金，誰人辦得伯牙琴?」意並同。

《詩・邶風・終風》:「謔浪笑敖。」《爾雅・釋詁》:「戲謔也。」後來的「浪語」等辭義本此。《隋書・五行志上》:「大業中童謠曰:……莫浪語，誰道許。」唐・張鷟《朝野僉載》卷一：「咸亨以後，人皆云：莫浪語，阿婆嗔。」杜甫《歸雁》詩：「繫書元浪語，愁絕故山薇。」宋・楊萬里《四印室長句效劉信夫呈信夫》詩：「涪州別駕亦浪語，渠家四印何曾鑄。」宋・王炎《夜半聞雨》詩：「朱旛浪說勸農桑，衣食何從可甘美？」現在某些地區，口頭上仍有這個詞兒，如「大吃大喝」，陝北土語說「浪吃二喝」，即胡吃胡喝之意。

浪包婁

浪包嘍　浪包摟

《黑旋風》四【醉春風】：「我想那一個濫如貓，這一個淫似狗，端的是潑無徒賊子，更和著浪包婁，出盡了醜、醜。」

《忍字記》二【哭皇天】：「呀！來來來，我和你箇浪包婁、浪包婁兩箇說話咱。」

《兩世姻緣》一【寄生草】：「如今些浪包嘍難註煙花選，哨禽兒怎入鶯花傳？」

《村樂堂》二【賀新郎】：「著這箇浪包摟一迷裏胡廝謊。」

浪包婁，是罵女人不正經的話。又作浪包嘍、浪包摟，音意並同。但未詳其取意。或謂：浪，淫蕩也；包婁疑爲抱摟之誤書；動詞借爲名詞之例。《金瓶梅》第八十五回：「春梅道：他在廚下撿米哩！——這破包簍奴才，在這屋是走水的槽……單管屋里事兒往外學舌。」猶言破貨，與浪包蔞意近。

撈菱（lāo líng）

撈鈴　撈淩

《誶范叔》一【金盞兒】白：「住者！幾年不曾見那酒，兩隻手撈鈴一般相似。」

《王粲登樓》四【喬牌兒】白：「住者！兩隻手撈菱般相似。」

《殺狗勸夫》三【牧羊關】：「我背則背手似撈鈴，怎麼的口邊頭拔了七八根家狗毛，臉兒上拿了三四個狗蠅？」

《神奴兒》二【梁州第七】：「哎喲，天哪！好教我便慌慌速速，手似撈鈴。」

《衣襖車》三【商調集賢賓】:「眼張狂手似撈凌,行不動一絲無力。」

撈蔆，又作撈鈴、撈凌。撈蔆是正寫，鈴、凌都是「蔆」字的借用。朱居易說：「因爲蔆上有稜，撈時刺手，引申爲發抖、抖戰的意思；手似撈鈴，即手似撈蔆時發抖的樣子。」（見《元劇俗語方言例釋》。）

勞動

動勞

明・吾邱瑞《運甓記》十〔鎖南枝・前腔〕白:「多番動勞你，另日一總相酬罷。」

《玉鏡臺》一【金盞兒】:「夫人云:既如此,就是明日要勞動學者！」

《灰闌記》一【天下樂】白:「姐姐,你先回來了,勞動著姐姐哩！」

《竹塢聽琴》四【沽美酒】:「這一領新道袍,似千里贈鵝毛,路遠風塵你動勞,急知我衣冠改了也,不是做夫人便粧幺。」

《藍采和》二【南呂一枝花】:「量小人有甚麼能,動勞你火伴隣裏街坊。」

勞動，猶言有勞、麻煩、多謝、辛苦；用作感謝他人爲自己勞碌之詞。白居易《病起》詩：「經年不上江樓醉，勞動春風颺酒旗。」又《初到江州》詩：「遙見朱輪來出廓，相迎勞動使君公。」王建《酬于汝錫曉雪見寄》詩：「勞動更裁新樣綺，紅燈一夜剪刀寒。」《今古奇觀・徐老漢義憤成家》：「那邊纔叫某大叔，有些小事相煩，還未答應時，這邊又叫某大叔，我也有事兒勞動。」《水滸》第三十三回：「動勞都監相公，降臨敝地，滿飲此杯。」以上皆其例。今口語中仍沿用。勞動，爲了押韻，倒作動勞，意同。

另有作起身解者，例如《琵琶記》二十一：「〔外：〕太公，休怪我，起來不得了。〔末：〕老員外，快不要勞動。」「勞動」與「起來」互文見義，即有勞之引申義。

勞承

勞成　牢成　牢誠

勞承，或作勞成：牢成、牢誠；其意約如下述三點。

（一）

《兩世姻緣》二【浪裏來】：「入門來畫堂春自生，緊緊的將咱摟定；那溫存，那將惜，那勞承。」

《對玉梳》一【油葫蘆】：「覷了那惜玉憐香人，教喒家越情親：那勞承，那敬愛，那溫存。」

上舉之例，勞承意爲殷勤、體貼，用於男女相悅之詞。

（二）

《曲江池》三【耍孩兒】：「只爲你虛心假意會勞承，賺的他囊橐如冰。」

《太平樂府》卷六朱庭玉散套【夜行船・悔悟】：「他盡是勞成，咱都是志誠。」

上舉之例，意爲周旋、敷衍、虛作人情，是殷勤、體貼的意轉。《金瓶梅》第十八回：「自幼乖滑伶俐，風流博浪牢成。」又同書第二十一回：「早時與人家做大老婆，還不知怎樣久慣鬼牢成。」按以上勞承、勞成、牢成，音意並同。

（三）

《陽春白雪》後集四散套【梅花引・蘭蕊檀心仙袂香】：「近來陡恁無情況，自寫個勞成不良。三兩遍問佳期，一千般說到謊。」

《詞林摘艷》卷五無名氏散套【新水令・鳳臺人去憶吹簫】：「幾番待撇勞成，暫合眼先到夢兒裏等。」

同書卷三無名氏散套【粉蝶兒・浩月澄澄】：「可摟著懷兒裏抱定，覷著這短命牢成。」（《元曲選外編》本《雲窗夢》劇所載文字與此略有出入。）

《樂府新聲》上卷侯正卿散套【醉花陰・涼夜厭厭露華冷】：「牢成！牢成！一句句罵得心疼。據蹤跡踈狂似浮萍，山般誓，海樣盟，半句兒何曾應？」

同書卷中無名氏小令【滿庭芳】：「小牢誠近日鋪謀大，今夜誰家？……眼睜睜望他，和淚倚琵琶。」

上列諸例，勞成由動詞變爲名詞，意同冤家，是對所歡者的暱稱，猶今蘇杭方言所謂之滑頭。湯顯祖《牡丹亭・詰病》：「打你這牢成，嘴骨稜的胡遮映」，亦其例也。勞成、牢成、牢誠，音義並同。

勞藍

《遇上皇》四【收江南】：「無煩無惱口勞藍，是非處沒俺。」

勞藍，乃囒哰（lán láo）之倒轉、通假，謂絮語不清也。漢・揚雄《方言》卷十：「囒哰，謰謱，拏也。東齊、周、晉之鄙曰囒哰。囒哰，亦通語也。南楚曰謰謱，或謂之支註，或謂之詁謕，轉語也。」《廣雅・釋訓》：「囒哰，謰謱也。」《廣韻》：「囒哰，撦拏，語不可解也。」《集韻》：「哰，囒哰，謰謱，語不可解也。」

牢城

《燕青博魚》楔、白：「被官軍拏某到官，脊杖了六十，迭配江州牢城軍營。」

《降桑椹》三、白：「謝勘官可憐，將我迭配鄭州牢城。」

牢城，囚禁罪犯之所。《宋史・刑法志一》：「若持杖罪不至死者，仍刺隸千里外牢城。」元・馬端臨《文獻通考・刑考・徒流》：「宋眞宗咸平三年詔，自今止決杖黥面，配所在五百里外牢城。仁宗景祐中詔，當配沙門島者，第配廣南遠惡地牢城。」

牢籠

撈籠　勞朧

《謝天香》三【正宮端正好】：「往常我在風塵爲歌妓，止不過見了那幾箇筵席，到家來須做箇自由鬼；今日打我在無底磨牢籠內！」

《梧桐葉》三【醉春風】：「長則是錦被撈籠，綺窗嗟嘆，畫樓凝眺。」

《詞林摘艷》卷二【好事近・風月雨無功】：「風月雨無功，枉把心事勞朧；巫山雲雨一去，杳然無蹤。」

牲畜欄圈爲牢，鳥檻爲籠，合言之則爲牢籠，指關閉禽畜之處所；引申之，有約束、控制、制馭等義，極言得不到自由的處境。或作撈籠、勞朧。又作勞籠，如敦煌變文《八相成道變文》：「欲擬下界勞籠，拔超生死。」《張協狀元》戲文：「苦天下，幾年來勞籠。」按撈、勞爲牢之借用字；朧爲籠之借用字，意並同。《淮南子・本經》：「牢籠天地，彈壓山川」，則爲包羅之義，俱係由名詞變爲動詞。

老兒

《生金閣》三【賀新郎】白：「眾老兒，我要買一包絲綿，可有麼？」

同劇四【太平令】：「〔衙內云：〕老兒，你敢怎麼？〔正末云：〕婁青，將枷來，將龐衙內下在死囚牢裏去。」

《延安府》三【白鶴子】白：「老兒，你不要惹事！你打了我，看你怎麼見我父親哩？」

《陳州糶米》二、白：「這個白髭鬚的老兒，敢是包待制，我試迎著告咱。」

以上所舉「老兒」，即老頭兒。《京本通俗小說・碾玉觀音上》：「舖裏一個老兒，引著一個女兒。」《水滸》第二十一回：「那老兒見宋江來，慌忙道：『押司，如何今日出來得早？』」皆其例也。

另外，老年婦女對丈夫，有時也稱老兒，猶云老伴，例如：《荊釵記》十：「好笑我老兒將女兒許嫁王十朋。」《水滸》第三十九回：「宋江道：『我說一句是一句，並不會說謊。你便叫你老兒自跟我去討與他。』那夫妻二人拜謝道：『深感官人救濟。』」

老公

《酷寒亭》三【黃鍾尾】白：「我老公不在家，我和你永遠做夫妻，可不受用？」

《竹塢聽琴》四【喬牌兒】白：「我教你彈琴，正要清心養性，倒教你引老公不成？」

《還牢末》一【賺煞】白：「若是蕭娥沒老公，今夜衙裏宿。」

《醉寫赤壁賦》三、梢公嘲歌：「秋風颼颼響重重，鄉裏阿姐嫁了個村老公。」

老公，對丈夫之俗稱。《清平山堂話本・簡帖和尚》：「老公又不要我，又無親戚投奔，不死更待何時？」《京本通俗小說・錯斬崔寧》：「我在家中也嫁了一個小老公。」(《荊釵記》二十二：「老賊招得好女壻，賤人嫁得好老公。」按此稱呼，自宋元明以來，一直沿用至今。

老身

《竇娥冤》楔、白：「老身蔡婆婆是也。」

同劇一、白：「若不是遇著老的和哥哥呵，那得老身性命來？」

《青衫淚》一、白：「老身姓李，是這教坊司裴五之妻。」

《西廂記》楔、白：「老身姓鄭。夫主姓崔，官拜前朝相國，不幸因病告殂。」

《小張屠》三【迎仙客】：「〔外旦上開：〕老身是王員外的母親。」

《百花亭》一、白：「老身洛陽人氏，姓賀，人都喚我做賀媽媽。」

老身，老人的自稱。《北史・穆崇傳》：「元順醉入穆紹寢所，紹讓曰：老身二十年侍中，與卿先君，亟連職事，縱卿後進，何宜相排突也？」敦煌變文《降魔變文》：「老身離居臣下，不郝爾順之年。」白居易《讀鄂公傳》詩：「惟留一部清商樂，月下風前伴老身。」此詩「老身」，便是對老者的稱呼。古男女通用，後世轉爲男稱老漢，女稱老身。《新五代史・漢家人傳》：「（太后誥曰）老身未終殘年，屬此多難，惟以衰朽，託於始終。」《宋史・章惇傳》：「皇太后曰：老身無子。」清・翟灝《通俗編・稱語・老身》：「按：婦人老者，每自稱老身，此其證也。然前此男子亦嘗以自稱矣。」戲曲話本中多用於老婦人自稱，如上舉諸例是。

老的

《竇娥冤》一、白：「若不是遇著老的和哥哥呵，那得老身性命來？」

《生金閣》楔：「〔孛兒云：〕……則憑著這生金閣上，也博換得一官半職回來也。〔正末云：〕父親，與您孩兒試看咱。〔孛兒云：〕婆婆將來。〔卜兒拏砌末科，云：〕老的，兀的不是？」

《合汗衫》二：「〔卜兒做叫科，云：〕老的！老的！〔正末上，云：〕婆婆，做甚麼？」

《延安府》一、白：「老的也，你去前後執料的停當者，我與媳婦兒先去，你隨後便來也。」

《獨角牛》一【單鴈兒】白：「劉千哥哥又廝打哩，我叫老的來。父親！父親！哥哥又廝打哩！」

老的，宋元人俗語，一般是對他人的尊稱，如例一；有時老婦亦用以稱呼丈夫，如二至四例；有時兒女們亦用以稱呼父母，如例五。總之，都是指年老或年長之人。「的」在這裏，用爲人稱代詞。此語現在仍通行。

老郎

《百花亭》三、白：「須記的京城古本老郎傳流，這菓是家園製造，道地收來也。」

《獨角牛》三、白：「〔部署云：〕依古禮鬭智相搏，習老郎捕腿拏腰，賽堯年風調雨順，許人人賭賽爭交。」

老郎，猶言老前輩、老師傅，是宋元人對說書藝人的尊稱。《醒世恒言・勘皮靴單證二郎神》：「原係京師老郎留傳，至今編入正史。」二拍《贈芝蔴識破假形，擷草藥巧諧眞偶》：「這一回書，乃是京師老郎傳流。」皆其例。

老相

老像

《鐵拐李》二【倘秀才】：「不老相，正中年。」（三十種本《鐵拐李》作「老像」。）

年未老而容貌先衰者，叫「老相」；反之，謂之「不老相」。宋・釋延一《續清涼傳》卷上：「文殊現老相之中，羅睺化嬰孩之內。」亦其一例。相，一作像，音義並同。

老大兒

老大

《降桑椹》五：「〔王伴哥云：〕老大兒，小人來了也，有甚麼東西，拿來先喫著耍兒。」

《射柳捶丸》一【天下樂】白：「衆老大兒，我道是誰，原來是虜寇耶律那箇小畜生。」

同劇四、白：「衆老大兒每，某已來了也。」

《詞林摘艷》卷三李致遠散套【粉蝴兒・歸去來兮】:「爲因甚把功名棄,豈不見張良、范蠡這兩箇老大得便宜。」

老大兒,即老頭兒。明人雜劇《智降秦叔寶》一折:「眾老大兒每,都在這裏嚷酒,您倒喫的自在!」《紫泥宣》一折:「我說老大兒,我兩箇貼你一百箇雙邊錢兒,你獨自箇走一遭去罷!」亦其例。簡作老大,意同。

老實頭

老石頭

《救風塵》二【幺篇】:「那一個不啖可可道橫死亡?那一個不實丕丕拔了短籌?則你這亞仙子母老實頭,普天下愛女娘的子弟口,那一個不指皇天各般設咒?」

《黃鶴樓》二【禾詞】:「爲甚莊家多快樂?休休,皇天不負老實頭。」

《莊周夢》三【倘秀才】:「老石頭人難措手,喬孔竅玲瓏剔透,跟著他倚翠偎紅不識羞。」

老實頭,即老實人,言其心地純樸,言行誠實,不弄虛假。「老石頭」之「石」,諧音借用。「頭」是詞尾,附在形容詞之後,和形容詞一起組成一個複合名詞。

《醒世恒言・賣油郎獨占花魁》:「王九媽雖同是箇鴇兒,到是箇老實頭。」《石點頭》第三回:「這王珣卻是老實頭,沒材幹的人。」皆其例。

落(lào)

《老生兒》楔、白:「他從來有些掐尖落鈔。」

《降桑椹》一、白:「與了俺十兩銀子,著我買辦,我倒落下他七兩九錢八分半。」

《殺狗勸夫》二【滾繡毬】:「你粧了么,落了錢。」

《劉弘嫁婢》二【普天樂】白:「我落他些銀子兒,買羊肚兒喫去來。」

《陳州糶米》楔、詩云:「議定五兩糶一石,改做十兩,落他些。」

落,讀如澇;賺取、從中取利之謂。今日此語仍流行,如俗話說:「裁縫不落布,三天賺條褲。」

勒掯（lè kèn）

擲掯　勒開　掯勒　掯　勒

勒掯，或作擲掯、勒開、掯勒、掯、勒；主要意義：一、謂勒索、敲詐；二、謂強迫、逼臨。

（一）

《魯齋郎》一【混江龍】：「休想肯與人方便，銜一片害人死，勒掯了些養家緣。」

《燕青博魚》二【醉中天】：「怎將俺這小本經紀來掯？」

《鐵拐李》二【倘秀才】：「舊官行掯勒些東西，新官行過度些錢。」

《百花亭》二、白：「那廝巨萬貫東西，要娶俺妮子。屢次著人來說，被俺勒了他二萬貫，嫁與那廝去了。」

上舉「勒掯」諸例，意爲勒索、敲詐，即用要挾手段向人索取財物之謂也。倒作掯勒，簡作勒或掯，義並同。亦作累掯，如《紅樓夢》第二十二回：「金的，銀的，圓的，扁的，壓塌了箱子底，只是累掯我們。」「累」與「勒」雙聲借用。

（二）

《玉鏡臺》四【鴈兒落】：「你只要應承了這一首詩，倒被我勒掯的情和睦。」

《劉弘嫁婢》一【寄生草】白：「哦！原來著我出去，呸！可怎麼好？擲掯殺我也！」

《漁樵記》三【上小樓】白：「你道他忘人大恩，又道他記人小恨，誰著你生勒開他？」

同劇四【落梅風】白：「官人，則被你勒掯煞我也。」

上舉各例，勒掯謂強迫、逼臨，即以勢壓人，使之屈從己意也。《京本通俗小說・錯斬崔寧》：「我自半路遇見小娘子，偶然伴他行了一程，路途上有甚皂絲麻線，要勒掯我回去？」亦其例也。勒掯，或作擲掯、勒開，音近意並同。

除上述兩意外，在話本中又有作「剋扣」講者，如《警世通言・玉堂春落難逢夫》：「以後米麵薪柴菜蔬等項，須是一一供給，不許掯勒短少。」又有作推脫解者，如《今古奇觀・喬太守亂點鴛鴦譜》：「那劉秉義只推女兒年紀尚小，勒揹不允」。

累七

壘七　齋七

《蝴蝶夢》四【風入松】：「我與你收拾壘七修齋。」

《老生兒》一【賺煞尾】：「我這裏自裁劃，也不索壘七波追齋，則那兩件事敢消磨了我這半世的災。」

《鐵拐李》四【中呂粉蝶兒】：「大院深宅，閒雜人趕離門外，與亡靈累七修齋。」

《昊天塔》一【後庭花】白：「到來日追齋累七，超度父親和兄弟也。」

累七，又作壘七。舊俗：喪事每七日設奠，俗稱爲七。接連幾個七天設祭，謂之累七。七七至四十九天而止，謂之斷七。明・田藝蘅《春雨逸響》：「人之初生，以七日爲臘，死以七日爲忌。一臘而一魄成，一忌而一魄散。」《北史・胡國珍傳》：「詔自始薨至七七，皆爲設千僧齋。」壘通累。敦煌變文《天常經講經文》：亦有「饒你累七總周施」語。此蓋佛教法也。

冷臉

冷臉兒　冷臉子

《謝天香》一【天下樂】白：「爺爺，那官人好個冷臉子也。」

《張天師》三【滾繡毬】：「你看那雪天王，迸著一個冷臉兒。」

《風光好》一【後庭花】白：「這學士好冷臉子也。」

《灰闌記》一【油葫蘆】白：「妹子，我今日特來投託，你怎做下這一個冷臉兒那？」

《雍熙樂府》卷十九【小桃紅・西廂百詠三十八】：「熱搶白，頩著冷臉將人矖。」

冷臉，冷酷無情的樣子。也作冷臉兒，冷臉子；兒、子均爲名詞語尾，不爲義。現在口語中還有這種用法，如：「不要去冷臉換熱臉！」

冷丁丁（lěng zhēng zhēng）

《救孝子》二【煞尾】:「哭吖吖的連聲喚救人，冷丁丁的慌忙用水噴。」

《陽春白雪》後集五關漢卿散套【新水令・收江南】:「冷丁丁舌尖上送香茶。」

《風光好》一【金盞兒】:「我這裏覷容顏，待追攀，嗨！暢好是冷丁丁，沉默默，無情漢。」

同劇四【石榴花】:「他則是冷丁丁清耿耿並無私。」

冷丁丁，一表寒冷，如一、二例；一表冷酷，如三、四例。《元曲選》音釋:「丁音爭。」

哩（lí）也波，哩也囉

里也波

《西廂記》三本二折【滿庭芳】白:「小姐罵我都是假，書中之意，著我今夜花園裏來，和他『哩也波，哩也囉』哩。」

同劇三本四折【小桃紅】白:「不知這首詩意，小姐待和小生『里也波』哩。」

哩也波，哩也囉，寓『如此這般』之意，以暗示男女之交合也。王季思注《西廂》云:「張炎《詞源・謳曲旨要》:『哩字引濁囉字清，住乃哩囉頓唆。』哩囉蓋歌曲結處腔聲。此處則男女合歡之諱詞也。」吳曉鈴注《西廂》云:「哩也波，哩也囉，有音無義。猶如現在用『那個』代替說不出的話一樣。」互有補充，並錄於此。簡作里也波，意同。

㔏（lí）

離　剺　利

《單刀會》二【尾聲】:「我則怕刀尖兒觸抹著輕㔏了你手，樹葉兒低防打破我頭。」

《詞林摘艷》卷一劉庭信小令【醉平太・憶舊】:「琴琴琴聽一下如錐剔，瑙瑙瑙睚一點如針刺，呀呀呀聒一會如刀剺。」

《單戰呂布》二【幺篇】:「施逞那離水吹毛，雙鋒耀日，巨闕光輝。」

《衣錦還鄉》一【那吒令】：「這劍可也比巨闕能利水兩開。」

剺，謂割。《廣韻》：「剺，里之切，音黎。《說文》：劃也。」離、劙、利同音混用。《後漢書・耿秉傳》：「舉國號哭，或至棃面泣血。」注：「棃即剺字，古通用也，剺，割也。」《唐書・回紇傳》：「磨延啜死，國人欲以公主殉，主曰：回紇萬里結昏，本慕中國，吾不可以殉，乃止。然剺面哭，亦從其俗云。」杜甫《哀王孫》詩：「花門剺面請雪恥，愼勿出口他人狙。」敦煌變文《王昭君變文》：「衙官坐位刀離面。」

禮

《竇娥冤》一【寄生草】：〔正旦作不禮科。〕

同劇一【賺煞】：〔正旦不禮科。〕

《西廂記》二本三折【雙調五供養】：「救了咱全家禍，殷勤呵正禮，欽敬呵當合。」

《昊天塔》四【得勝令】白：「叵耐楊六兒無禮，將他令公骨殖偷盜去了。」

《劉弘嫁婢》一【醉中天】白：「婆婆，你省的這箇禮麼？則這一張白紙，我便見出那人的心來。白紙二字：白者是素也；紙者是居也。他與我素不相識，著他寫甚麼的是？紙者是居也，正意的那則是托妻寄子與我。」

上舉各「禮」字，均應作理。《張協狀元》戲文：「我有道禮」之禮，亦應作理。按禮爲禮儀之禮，理爲道理之理，劇中誤用。（例四，兩字均可通。）

禮數

《董西廂》卷三【仙呂調・樂神令】：「禮數不周休怪呵！教我女兒見哥哥咱！」

《黑旋風》一【滾繡毬】：「我這裏見客人將禮數迎，把我這兩隻手插定。」

《單鞭奪槊》一【鵲踏枝】：「說話處調書袋，施禮數傚吾儕。」

《薛仁貴》四【折桂令】：「那一個知禮數，好生謙洽；這一個忒溫良，並沒參差。」

《鴛鴦被》一【油葫蘆】：「甚風兒吹你個姑姑來到此？……慌忙將禮數施。」

禮數，指禮貌、禮節的等級。在封建社會時對人施禮，因人之名位而異。《詩・小雅・我行其野》：「我行其野。」箋：「刺幽王不正嫁娶之數。」疏：「謂禮數也。」《左傳》昭公十八年：「名位不同，禮亦異數。」梁武帝《贈王茂詔》：「宜增禮數，式旺盛烈。」《舊唐書・回紇傳》：「可汗是唐家天子女壻，合有禮數。」杜甫《八哀》詩：「向時禮數隔，制作難上請。」王建《早秋過龍武李將軍書齋》詩：「語笑侍兒知禮數，吟哦野客任狂疏。」《紅樓夢》亦云：「虧了禮數，怕人笑話。」均其例。

李萬

《後庭花》二【賀新郎】：「這門前喚的語音熟，莫不是李萬、張千？」

《救孝子》四：「〔令史做慌科，云：〕喚李萬來！〔李萬上，云：〕哥哥喚我做甚麼？〔令史云：〕李萬好兄弟，你將著這紙筆，不問那裏，尋著那楊謝祖的母親，賺他畫一個字，殺了那小廝，也完了這一樁事務。」

李萬，元劇中對衙門裏差役所泛擬的姓名，一般稱爲李萬或張千。後來幾乎變成了差役的共名。明・王驥德《曲律》卷三「論部色第三十七」條：「凡廝役，皆曰『張千』；有二人，則曰『李萬』。」

里正

里長

《生金閣》三：「〔老人、里正慌上，云：〕走、走、走，如今那沒頭鬼不來了。」

《伍員吹簫》三：〔淨扮老人、丑扮里正同上。〕

《符金錠》楔、白：「我父親是大興縣里長，俺公公是宛平縣總甲。」

里正，古代社會最基層的政權組織的負責人。《公羊傳》宣公十五年下何休注：「一里八十戶，其有辨護（謂能辦事）伉健者爲里正，比庶人在官。」《韓非子・外儲說右下》：「訾其里正與伍老屯二甲。」《漢書・酷吏傳》：「亭長里正，父老伍人。」《文獻通考·職役考》：「唐令：諸戶以百戶爲里，五里爲鄉，四家爲鄰，三家爲保，每里設正一人。在邑居者爲坊，別置正一人。在田野者爲村，別置村正一人。」杜甫《兵車行》：「去時里正與裹頭」。南宋·趙彥衡《雲麓漫鈔》卷十二：「國（宋）初，里正、戶長掌課輸。」據此知春秋以後，歷代多設里正，具體制度及權限代有不同。清人梁章鉅《稱謂錄》謂疑即今之地保。按，里正、里長、地保、地方，一也。至明代始用里長之名，類似解放前的保甲長。

里數

《調風月》四【掛玉鉤】：「臉上肇淚靨無里數，今年見吊客臨，喪門聚；反陰復陰，半載其餘。」

里，理字之省。理，指玉石的紋路，引申之，泛指實物的紋理。《荀子·正名》：「形體色理，以目異。」楊倞注：「理，文理也。」這裏，里數，即指肌膚的紋路。「無里數」，即無數紋道、紋道很多之意。

里列馬赤

《射柳捶丸》三、白：「里列馬赤口傳著將令。」

里列馬赤，蒙古語：翻譯官。清·韓泰華《無事爲福齋隨筆》下：「元怯里馬赤，漢言通事也。」按「怯里馬赤」即「里列馬赤」，通事，即翻譯官。

裏

里　哩　理

裏：一、用作助詞，猶哩；二、指時間，猶時。

（一）

《金線池》一【混江龍】白：「你看妳妳做甚麼裏？〔梅香云：〕妳妳看經哩！」

《薦福碑》二【倘秀才】：「必然是個富官僚。〔行者云：〕可知裏。」

《拜月亭》二【賀新郎】：「是您女壻，不快理！」

《介子推》三【醉春風】白：「介林於府學中攻書，已經半年之間，不知你做甚功課里！」

《盆兒鬼》二【幺篇】白：「〔正末云：〕我就是你家瓦窑神。〔淨云：〕啐！我養著家生哨裏！我一年二祭，好生供養你，你不看覷我，反來折挫我，直恁的派賴！」

上舉「裏」、「里」、「理」，均猶哩，作語尾助詞；《金線池》例「裏」、「哩」相對應，更是明證。宋・張先【八寶粧】詞：「這淺情薄倖，千山萬水，亦須來裏！」「亦須來裏」，即亦須來哩之意。

（二）

《紅梨花》三【亂柳葉】白：「正看書裏，到這一更無事，二更悄然，到那三更前後，起了一陣怪風，一個如花似玉的小娘子，和我那孩兒四目相視，各有春心之意。」

「裏」在這裏，用如時候之時。《張協狀元》十六【後衮】：「妾身年少裏，父母俱傾棄。」亦其例。

立地

立地：一、謂立著；二、謂立刻。

（一）

《謝天香》一【金盞兒】：「立地剛一飯間，心戰勾兩炊時。」

《牆頭馬上》四【醉春風】白：「這個漢子不達時務，你這裏立地，我家去也。」

《虎頭牌》三【沉醉東風】：「只見他氣丕丕的庭堦下立地，不由我不惡噷噷心下猜疑。」

《西廂記》三本三折【攪箏琶】白：「姐姐，這湖山下立地，我開了寺裏角門兒。」

立地，即立著、站著；「地」用爲語助詞，猶著。這種用法，元曲中很普遍，如「坐地」即坐著、「臥地」即躺著，等等。敦煌變文《前漢劉家太子傳》：「其耕夫逐耕壟，上下埋地。」（「埋地」即埋著。）《清平山堂話本・簡帖和尚》：「我當初從你門前過，見你在簾子下立地。」皆其例。

（二）

《㑳梅香》二【歸塞北】白：「我是個未出嫁的閨女，你與他將著這等淫詞來戲我，倘或我風火性的夫人知道呵，教你立地有禍。」

這裏「立地」，是立刻、即時之意；「地」字的作用，不再是語助詞，而和「立」字結合一起，變成副詞。此用法已見於唐代，如：敦煌變文《漢八年楚滅漢興王陵變》：「二將勒在帳西角頭，立地已營。」王建《霓裳》詩：「一時跪拜霓裳徹，立地階前賜綵衣。」宋・楊萬里《江山道中蠶麥大熟》詩云：「新晴戶戶有歡顏，曬繭攤絲立地乾。」此語至今仍沿用。

立帳子

《東堂老》一：「〔揚州奴云：〕……如今便賣這房子，也要個起功局、立帳子的人。〔柳隆卿云：〕我便起功局。〔胡子傳云：〕我便立帳子。……〔揚州奴云：〕哦！你起功局，你立帳子，賣了房子，我可在那裏住？」

立帳子，即立帳歷、立簿契之謂，猶今云登記。元代規定：凡典賣田宅，須從尊長書押給據，立帳歷，問有否服房親及隣人（見《元典章》）。俗作「賬」字，未知始於何時。

立欽欽

《後庭花》一【混江龍】：「我立欽欽誰敢離衙門？常懷著心驚膽戰，滴溜著脚踢拳墩。」

《燕青博魚》四【沉醉東風】：「我在這黃葉林屈脊低腰，我曲躬躬地向地皮上伏，立欽欽把松樹來靠。」

《東堂老》三【叫聲】：「我這裏猛擡頭，剛窺覷，他可也爲甚麼立欽欽，恁的膽兒虛？」

《隔江鬬智》二【堯民歌】：「不由我不立欽欽奉命謹依隨，拚的個醉醺醺滿飲不辭推。」

《雍熙樂府》卷九散套【一枝花・題小脚】：「立欽欽穿一對新刀麻。」

立欽欽，怯立不穩貌。或作立兢兢，如《王蘭卿》一折：「比似他立兢兢人面前，總不如氣昂昂腦背後。」按欽欽、兢兢，驚懼貌，狀「立」之副詞。

利市

利市：一、指買賣興隆，獲得利潤；二、指吉利、好運。

（一）

《看錢奴》二【倘秀才】白：「那裏不是積福處，我早晨間供養的利市酒三鍾兒，我與那秀才一鍾喫。」

同劇四【紫花兒序】白：「大清早起，利市也不曾發，這兩個老的就來教化酒喫，被我支他對門討藥去了，便心疼殺他，也不干我事。」

《東堂老》四【喬牌兒】白：「你快出去，別處利市。」

以上各例，即獲得利潤、買賣興隆之意。元・陶宗儀《輟耕錄》卷八云：「利市之說，到處皆然。《易・說卦》：『巽爲利市三倍』。」明・楊慎《俗言》「利市」條云：「俗語利市，古亦有之《易・說卦傳》：『爲近利市三倍。』」兩說均謂利市之語，出於《易・說卦傳》，然《說卦》實以「爲近利」爲句，「市三倍」爲只一句。「市三倍」者，言獲利三倍也。《左傳》成公十六年：「爾有利市寶賄我。」《易林》：「入門笑喜，與吾利市。」此兩字連用之始也。

（二）

《李逵負荊》二【叨叨令】白：「我這光頭不睹他罷，省的你叫不利市。」

《西遊記》一本一折【勝葫蘆】白：「夫人，纔下船要利市，饒他初犯罷。」

《金安壽》一【仙呂八聲甘州】：「〔（鐵拐）見科云：〕稽首，貧道特來化齋添壽。〔正末云：〕一個先生來化齋求利市，不知先生從那裏來？」

《馮玉蘭》二、白：「只等那船頭上燒了利市紙馬，分些神福，吃得醉飽了，便撐動篙來，開起船來。」

以上各例，利市猶言吉利。古人多迷信、忌諱，如見了和尚就迴避，舟行出發前要燒利市紙馬以求福等等。宋・孫光憲《北夢瑣言》卷三：「夏侯孜相國未偶，伶傳風塵，時人號曰不利市秀才。」此「不利市」，謂運氣不好，則利市，亦吉利之意也。

利物

《黑旋風》一【耍孩兒】白：「你見他山棚上擺著許多利物，只怕你忍不過，就要廝打起來。」

《麗春堂》二【迎仙客】白：「老丞相，這般打無興，可賭些利物。」

《射柳捶丸》四【七弟兄】：「明晃晃擺著利物。」

利物，即比賽、打賭獲勝者的勝利品、彩物，猶今云獎品等。明·陳繼儒《銷夏部》載：「淳熙十一年六月，並令棋童下棋，及內侍投壺賭賽利物。」《清平山堂話本·楊溫攔路虎傳》。「員外道：『這人是個使棒的，姓李名貴，混名叫做山東夜叉。這漢上嶽十年打盡天下使棒的，一連三年無對，今年又是沒對，那利物有一千貫錢，都屬他。』」

麗春園

麗春院

《金線池》二：「〔韓輔臣上，詩云：〕一生花柳幸多緣，自有嫦娥愛少年；留得黃金等身在，終須買斷麗春園。」

《玉壺春》一【柳葉兒】：「我借住臨川縣，敢買斷麗春園。」

《曲江池》一【醉中天】：「莫不是衝倒臨川縣？莫不是買斷了麗春園？」

《東堂老》四【殿前歡】：「他去那麗春園納了那顆爭鋒印，你休鬧波完體將軍！」

《度柳翠》三【快活三】：「好也囉！你是一箇麗春院柳盜跖。」

《詞林摘艷》卷七王子一散套【集賢賓·鶯花寨近來誰戰討】：「麗春院萬馬瀟瀟，鳴珂巷眾口嗷嗷。」

麗春園，在戲劇故事中，相傳是名妓蘇卿的住處，後來便成為一般娼家或妓院的通稱。上舉一至三例，分別指的是妓女杜蕊娘、李素蘭、李亞仙；後三例指的是妓院。園，一作院，意同。

栗爆

蒺暴

《降桑椹》二【梧葉兒】白：「早知上聖來到，慌忙迎笑，若還不笑，鑿個蒺暴。」

《黃花峪》四、白：「我來便要吃酒，若無呵，我去你秃頭上直打五十箇栗爆。」

栗爆，一作蒺暴，謂打擊頭額腫起的大如栗子形的包。又作栗暴，例如：《清平山堂話本・花燈轎蓮女成佛記》：「被蓮女搶上前，去和尚頭上屑兩箇栗暴。」《水滸》第二十四回：「那婆子揪住鄆哥，鑿上兩個栗暴。」話本《簡貼和尚》又簡作㩧（bào）。今魯人呼爲顱疙。

捩（lì）鼻木

《岳陽樓》四【梅花酒】：「俺自拿著捩鼻木，您拽著我布道服。」

《兒女團圓》二：「〔丑扮王獸醫拏捩鼻木上，云：〕自家新莊店人氏，姓王，在這四村上下看著幾個頭口兒，人口順則叫我做王獸醫。……〔王獸醫云：〕呀！眞個有鬼，我拏出我這捩鼻木來，有鬼無鬼，攙鹽入水。待走過去，我先喝他一聲，哏！甚麼東西？」

又同劇二【賀新郎】白：「咦！敢眞個有鬼麼？我拏起這捩鼻木來，喝了一聲道：甚麼人？」

捩鼻木，舊時道士所持的避邪的手杖，或係雷劈木之訛。俗傳雷劈過的棗木，可以避鬼。今兩湖還有些地方讀雷爲黎的；由開口變齊齒。《奇門遁甲》書中所說道士所用木印，也是用雷劈棗木製造的。《元曲選》音釋：「捩，音利。」

連不連

《秋胡戲妻》二、白：「我這幾日身子不快，怎麼連不連的眼跳，不知有甚事來？」

《張生煮海》三、白：「把水一嗒，那潭就乾了一寸，連不連的嗒上幾嗒，那潭漸漸的乾下去，可不把掩身子似鰟珠兒露將出來，如何是好？」

《合汗衫》四【得勝令】白：「我陳虎，來到這窩弓峪裏，怎麼那眼皮兒連不連的只是跳，也不知是跳財是跳災。」

連不連，即連意，猶：窮不窮，即窮意；窨不窨，即窨意等；「不」字是爲了加重語氣，以反語見意。

連珠兒

《五侯宴》三【倘秀才】：「那官人繫著條玉兔鶻連珠兒石碾。」

《合汗衫》一【油葫蘆】：「我爲甚連珠兒熱酒，教他飲了三巡。」

《貶夜郎》三【乾荷葉】：「被我連珠兒飲了兩三盃，則理會酒肉擅場喫。」

《硃砂擔》二【南呂一枝花】：「則被我買下了些新槽的酒，連珠兒灌到有五六碗，他乘興飲吃到有三甌，盡醉方休。」

連珠兒，謂接連不斷，名詞轉爲副詞或形容詞。連珠，古代文體之一種。《文選・連珠》注：「其文體辭麗而言約，不指說事情，必假喻以達其旨，而覽者微悟，合於古詩諷興之義，欲使歷歷如貫珠，易看而可悅，故謂之連珠」，元曲蓋取義於此。

蓮子花

連子花

元刊本《看錢奴》【二煞】：「比及他這曲茶兒歲寒成松柏，閃得我這蓮子花乾枯了老骨揣。」（茶，徐本改爲「杈」）

《老生兒》三【小桃紅】：「哎！你箇蓮子花，放了我這過頭杖。」

《合汗衫》二【調笑令】：「可不道世上則有蓮子花，我如今別無什麼弟兄與房下。」

元刊本《紫雲亭》二【收尾】：「哎！連子花官人願的你一千歲。」

蓮子花，即蓮花，俗稱荷花。這裏用蓮子諧憐子，表示父母對兒女的憐愛。又作連子花，連、蓮同音借用。

蓮花落（lián huā lào）

《金線池》一【賺煞】白：「你要嫁韓輔臣這一千年不長進的，看你打蓮花落也。」

《救風塵》一【寄生草】白：「我嫁了安秀才呵，一對兒好打蓮花落。」

《合汗衫》一【混江龍】：「我唱個蓮花落，討些兒飯吃咱。」

《東堂老》一【寄生草】：「你少不的撇搖搥，學打幾句蓮花落。」

《舉案齊眉》三【鬼三台】：「〔張做跌出起踢門科，云：〕你久以後是打蓮花落的相識。」

蓮花落，曲名，常爲乞丐所習唱；故打蓮花落，即作乞丐之意。宋・釋普濟《五燈會元》：「俞道婆常隨眾參琅邪，一日間，丐者唱【蓮花樂】，大悟。」則【蓮花樂】爲丐者所唱曲名，其來已久。清・歸莊【萬古愁】曲：「遇著那乞丐兒，唱一回【蓮花落】：遇著那村農夫，舞一回【田家樂】。」清・鄭燮《道情》：「儘風流，小乞兒，數【蓮花】，唱【竹枝】，千門打鼓沿街市。」舊時，丐者以銅錢串掛於楊枝上，搖之作響，歌而乞錢，謂之打蓮花落。元曲中多用以形容士子落魄的情狀。蓮花樂，通作蓮花落。

蓮兒，盼兒

《劉行首》二、白：「蓮兒，盼兒，說與你姐姐梳妝打扮了，衙門裏喚你官身哩！」

《漁樵記》二【倘秀才】白：「哎呀！蓮兒，盼兒，憨頭，哈叭刺，梅鳥嘴，相公來也！」

蓮兒，盼兒，泛指婢女。

臁刃（lián rèn）

臁肕

《誶范叔》三【笑和尚】：「比我舊腰身寬二分，比我舊衣襟長三寸，正遮了這破單褲精臁刃。」

《薦福碑》一【金盞兒】：「一個撮著那布裙踏竹馬，一個舒著那臁肕跳灰驢，他每那裏省的鴉窩裏出鳳雛，您兄弟常則是油瓮裏捉鮎魚。」

臁，《集韻》：「離鹽切，音廉，脛臁也。」即小腿兩側。刃爲肕的省寫，堅肉也，見《玉篇》。臁肕，指腿之壯健者。

臉腦

臉腦兒

《黑旋風》楔、白：「呸！臉腦兒恰似個賊！」

《趙禮讓肥》二【倘秀才】：「我見他料綽口凹凸著面貌，眼嵌鼻匾，撓著臉腦。」

《對玉梳》一【混江龍】：「都是俺個敗人家油鬏髻太歲，送人命粉臉腦凶神。」

《樂府群珠》卷三劉庭信小令【折桂令．憶別】：「我這裏眉兒、眼兒、臉腦兒乜斜。」

臉腦，或作臉腦兒，猶臉道；即臉。腦、道和老一樣，在元曲中稱人體的某一部分時，作爲語尾助詞，不爲義。參見「淥老」條。

良賤

《拜月亭》四【夜行船】：「便坐駟馬高車，管著滿門良賤，但出入唾盂掌扇。」

《趙氏孤兒》楔、白：「某在靈公根前説過，將趙盾三百口滿門良賤，誅盡殺絕。」

《謝金吾》三、白：「叵奈楊景無禮，他私下三關，擅離信地，夤夜將謝金吾良賤一十七口，盡行殺壞。」

《盛世新聲》【中呂粉蝶兒．羊角風踅地踅天】：「這其間，你家屬，你親戚都遭刑憲，不知道怎生了滿門良賤？」

舊時以士、農、工、商爲良，以娼、優、隸、卒爲賤。良賤者，指身份高低不同之人。統治階級並據此制定法規，限制賤民通婚、應考、入仕等等。敦煌變文《降魔變文》云：「合門眷屬并良賤」，指明眷屬包括良賤，故元曲中的「良賤」云云，實即家屬的總稱（統治階級家中，有主人和奴婢；前者爲良，後者爲賤）。

梁園

梁園：一、借指東京汴梁，並泛指一切繁華熱鬧的地方；二、指劇場。

（一）

《緋衣夢》三、白：「來也！來也！好時也呵！船臨汴水休搖棹，馬到夷門懶贈鞭，看了大海休誇水，除了梁園總是天。」

《西廂記》一本一折【天下樂】：「滋洛陽千種花，潤梁園萬頃田，也曾泛浮槎到日月邊。」

《合同文字》一【賺煞尾】：「你是必休別了父母遺言，將骨殖到梁園。」

同劇二【煞尾】；「千里關山勞夢魂，歸到梁園認老親，恁時節纔把我這十五載流離證了本。」

漢文帝之子劉武，封爲梁孝王，生活非常奢侈，在汴梁（今河南開封）興建了一座豪華、巨大的花園和賓館，以供自己遊賞和接待賓客，名曰梁園，又名兔園或梁苑。當時司馬相如、枚乘等辭賦家，皆被延居園內，因而負有盛名，後來人們便用梁園作爲汴梁城的代稱。李白《贈王判官》詩：「荊門倒屈宋，梁苑傾鄒枚。」杜甫《寄李十二白》詩：「醉舞梁園夜，行歌泗水春。」皆其證也。

後又借梁園之名，泛指一切繁華熱鬧地方，如：《京本通俗小說・錯斬崔寧》：「卻不道是梁園雖好，不是久戀之家。」《張協狀元》戲文：「梁園雖好，非汝久戀之鄉。」《水滸》第六回：「二人道：『梁園雖好，不是久戀之家，俺二人只好撒開。』」

（二）

《藍采和》一、白：「俺兩個一個是王把色，一個是李薄頭，俺哥哥是藍采和，俺在這梁園棚內勾欄裏做場。」

《太平樂府》卷九高安道散套【哨遍・淡行院】：「梁園中可慣經，桑園裏串的熟；似兀的武光頭、劉色長、曹娥秀，則索趕科地治村轉疃走！」

以上兩則，意指劇場。胡忌《宋金雜劇考》說是「指良好劇場的通稱」，意同。

兩事家

《後庭花》三【沉醉東風】:「則這包龍圖怕也不怕?老夫怎敢共夫人做兩事家?」

《三戰呂布》三【滿庭芳】白:「莫不是兩事家使的槍刀劍戟麼?」

《豫讓吞炭》三【耍三台】:「和你是剜心摘膽兩事家,怎肯有喜悅和洽?」

《存孝打虎》三【古竹馬】:「不剌剌直趕到海角天涯,生熬的兩事家,心驚膽戰,力困神乏。」

《兩世姻緣》三【拙魯速】:「你這般耀武揚威待怎麼?將北海尊罍做了兩事家。」

《鴛鴦被》三【收尾】:「俺哥哥替還了原借銀十錠,兩事家臨危自省。」

《小尉遲》四【得勝令】:「分付與你兩事家劉季眞,歡欣,同扶著唐天子方興運。」

兩事家,猶云冤家或對頭。《牡丹亭・圍釋》:「一天之下,南北分開兩事家」,亦其例。

兩賴子

《氣英布》一【那吒令】:「那裏是八拜交仁兄來訪我,多應是兩賴子隨何來說我。」

《謝金吾》二【梁州第七】:「都是這兩賴子調度的軍馬,你可甚麼一管筆判斷山河?」

做事陰持兩端曰兩賴子,猶今云兩面派。宋・莊綽《雞肋篇》卷中:「元祐末,已有紹述之論,時來之邵爲御史,議事率多首鼠,世目之爲兩來子。」賴、來一音之轉。朱居易謂兩賴子爲「無賴、惡棍」,誤。龍潛庵謂「兩賴子,猶『無賴』。輕人、詈人之詞。」

兩頭白面

兩頭白麵

《李逵負荊》二【一煞】:「則爲你兩頭白面搬興廢。」

孔文卿《東窗事犯》二【堯民歌】：「你好坐兒不覺立兒飢，這的是兩頭白麵做來的。」

《兒女團圓》三【柳葉兒】王獸醫白：「不似你這個兩頭白面、搬脣遞舌的歹弟子孩兒！」

白面，一作白麵，比喻糊塗、蒙蔽。兩頭白面，謂兩面蒙蔽、討好；今北方尚有此口語。

亮槅

亮隔

《黃粱夢》二【商調集賢賓】：「我這裏七林林轉過庭槐，慢騰騰行過廳階，孤椿椿靠定明亮隔。」

《東坡夢》三【叫聲】：「你這裏排亮槅，揭簾櫳，赤律律起一陣劣風。」

《莊周夢》三【倘秀才】：「挨亮槅，靠毬樓。」

《抱粧盒》二【梁州第七】：「一剗的織錦繡翡翠簾櫳，朱紅漆虬樓亮槅，碧琉璃碾玉亭臺。」

《謝金吾》一【村裏迓鼓】白：「夫役每，把那金釘朱户，虬鏤亮槅，拆不動的都打爛了罷。」

《張順水裏報冤》二【高調雙雁兒】：「點銀燈，侵亮槅。」

《元曲選》音釋：「槅，皆上聲。」亮槅，一作亮隔，是透光窗槅的俗稱。宋・袁文《甕牖閒評》卷六云：「取明槅子，人多呼爲亮槅。《夷堅志》乃云：『廊上列水盆、帨巾；堂壁皆金漆涼槅子。』又卻用此『涼』字，作平聲。」爲何又以「涼」爲名？近人許政揚釋云：「蓋舊時堂宇、廳事，臨階皆作長窗。上半鏤篆空靈，以便採光。內室間亦設之。或糊以紙，或不。其並紙不糊者，則可以延風。故亦謂之『涼槅』。今存古建築中，不以宮闕、梵宇、廨舍、民居，所在有之。」（見《宋元小說戲曲語釋》。）

或作亭槅，如《古今小說・張古老種瓜娶文女》：「韋義方把舌頭舔開朱紅毬路亭槅。」故事中韋義方已從「翠竹亭」出來，迤逦走到一座殿前，向內窺瞰。則此「亭」字當是「亮」字之訛。

量決

脈望館鈔校本《竇娥冤》四【尾聲】白：「賽盧醫修合毒藥，雲陽市量決一刀。」

《南柯記》三十一〔南滴溜子〕：「將他捆執，量決一刀，做個旁州之例。」

量決，酌量判決，即根據法律做出判罪決定，猶今言量刑。「量決一刀」，即按律處斬之意。《魏書・世祖紀下》「詔：諸有疑獄，皆付中書，以經義量決。」唐・范攄《雲谿友議》卷下「金仙指」條「量決十下，牒出東界」。

量抹

脈望館鈔校本《青衫淚》四【蔓菁菜】：「妾往常酒布袋將他廝量抹，怎想他也治國平天下。」

《太平樂府》卷七喬夢符散套【新水令・閨麗】：「哎！你箇喫戲冤家，來來來將人休量抹。」

量抹，謂小覷、蔑視。

撩丁

寮丁　嘹叮

《曲江池》二【黃鍾煞】：「我直著你夢撒撩丁，倒折了本。」

《對玉梳》一【青哥兒】：「有一日使的來赤手空拳，夢撒撩丁。」

《太平樂府》卷六朱庭玉散套【夜行船・悔悟】：「若是自家空藏瓶，夢撒撩丁，花姑不重女猱輕，誰任見哽？」

同書卷八鍾繼先散套【一枝花・自序醜齋】：「折末顏如灌口，貌賽神仙，洞賓出世，宋玉重生，設答了鏝的，夢撒了寮丁，他采你也不見得。」

《雍熙樂府》卷四散套【點絳唇・嘲鹽商】：「虛飄飄鎖兩箇籠箱，絮叨叨寫幾行支帳，只弄得嘹叮孟撒不還鄉。」

撩丁，錢的意思。夢撒，謂沒有。「夢撒撩丁」，即沒錢之意。參見「夢撒」條。撩丁，或作寮丁、嘹叮。《錯立身》戲文又作鐐丁，如云：「空滴溜下老大荷包，猛殺了鐐丁鍉底。」《新編五代周史平話》又作遼丁，如卷上云：「小人身畔沒個遼丁，怎生敢說婚姻的話？」元・陶宗儀《輟耕錄》卷二十五「院本名目秀才家門」條下記有《療丁賦》，療丁，亦即撩丁。以上各種不同寫法，音義並同。

引申上義，又可解作分文，如《張協狀元》戲文：「錢又沒撩丁，米又沒半升。」上句謂錢沒分文也，正與下句「米又沒半升」相對應。

撩蜂剔蝎

剔蝎撩蜂

《澠池會》三【伴讀書】:「俺主公戰戰兢兢身無措，他正撩蜂剔蝎胡爲做。」

《襄陽會》楔【仙呂賞花時】:「他不合剔蝎撩蜂尋鬭爭。」

《氣英布》一【鵲踏枝】:「你那裏話兒多，廝勾羅；你正是剔蝎撩蜂，暴虎憑河。」

《趙氏孤兒》二【三煞】:「偏你這罷職歸田一老農，公然敢剔蝎撩蜂。」

《射柳捶丸》一【油葫蘆】:「見如今無邊草寇侵邊上，他正是撩蜂剔蝎將殘生喪。」

《詞林摘艷》卷一張鳴善小令【普天樂・詠世】:「哥哥每撩蜂剔蝎。」

撩蜂剔蝎，或作剔蝎撩蜂，比喻觸犯惡人，易招災禍。或作撩蜂剔蠍，如《水滸》第二十六回:「惡了西門慶，卻不是去撩蜂剔蠍？」或作撩蜂吃螫，如《醒世因緣》第十一回:「那晁住娘子是劉六、劉七裏革出來的婆娘，他肯去撩蜂吃螫？」義並同。《爾雅・釋蟲》:「蝎，蛣蝠。」注:「木中蟲。」今俗以爲「蠍」字，誤。

獠（liáo）

《青衫淚》三【太平令】:「聽不上蠻聲獠氣，倒敢恁煩天惱地。」

同劇四【么篇】:「從此日娘嗔女，妾愛他，愛他那走筆題詩，出口成章，頂針續麻；是他百般地，妳妳行過從不下，怎當那獠姨夫物擡高價。」

獠，謂醜虜、醜類，用爲罵人之詞。《舊唐書・褚遂良傳》：「諫曰：『皇后無他過，不可廢。昭儀昔事先帝，身接帷笫，今立之，奈天下耳目何！』武氏從帷後呼曰：『何不撲殺此獠？』」此武后罵褚遂良的話。按《集韻》：「西南夷謂之獠。」褚遂良以南人力諫唐高宗廢后立武昭儀，故武則天稱獠以醜抵之。唐・劉肅《大唐新語》卷四「持法第七」條：「乃罵之曰：『無賴險獠！崔宣破家，必引汝同謀，汝何路自雪！』」

燎漿

料漿泡

《張生煮海》三【滾繡毬】：「則見錦鱗魚活潑剌波心跳，銀腳蟹亂扒沙在岸上藏。但著一點兒，就是一個燎漿。」

《生金閣》三【牧羊關】白：「釃這麼滾湯般熱酒來盪我，把我的嘴唇都盪起料漿泡來。」

燎漿，被火燒或水燙，皮膚上起的亮泡，叫做燎漿或燎漿泡。現代口語中，還有這種名稱。《水滸》第八回：「林沖看時，腳上滿面都是燎漿泡。」明・無名氏《拔宅飛昇》二【醋葫蘆】白：「盪的我滿身都是撩漿泡。」皆其例。按撩、料均爲燎的同音假借字。

料持

《西廂記》一本一折【天下樂】白：「琴童，料持下餉（晌）午飯！那裏走一遭便回來也。」

同劇五本三折【收尾】白：「料持下酒者，今日他敢來見我也。」

《西遊記》四本十五齣【中呂朝天子】白：「想是箇猪精，我去料持他。」

同劇同本同齣、白：「你著他入房來，我料持他。」

料持，猶云整治；若分開講，一、二例，可解爲安排、準備，三、四例可解爲對付、收拾。

料量

《千里獨行》四【川撥棹】：「你那裏自參詳，張將軍不料量。」

《勘金環》楔【幺篇】:「兄弟也，我則理會得壯志男兒當自強，省可裡將他廝料量。」

《說文》段注:「稱其輕重曰量，稱其多少曰料」，則「料量」原是稱量計算之意，引申爲料想、估量之詞。《史記·孔子世家》:「及長，嘗爲季氏史，料量平。」敦煌變文《□□緣起》:「自家早是貧困，日受飢恓，更不料量，須索新婦，一處作活。」白居易《行簡初授拾遺同早朝入閣因示十二韻》詩:「老去何僥倖，時來不料量。」皆其證。

料嘴

料口　抖嘴

《陳母教子》二【絮蝦蟆】:「我可也不和你強枉料口，我年紀大也慚羞。」

同劇三【醉高歌】:「我可也不和你暢叫揚疾，誰共你磕牙抖嘴？」

《東坡夢》四【雙調新水令】白:「佛印從來快開劈，蘇軾特來閒料嘴。」

《對玉梳》一【青哥兒】白:「我也不和你料口，快趕出去！」

《漁樵記》一【勝葫蘆】:「學料嘴不讀書，他們都道見賢思齊，是說著謬語，那裏也溫良恭儉。」

料嘴，猶云鬬嘴、胡扯、瞎吹。或作料口、抖嘴，「抖」字疑爲「料」字之訛誤。重言之則曰磕牙抖（料）嘴。或作打牙配嘴，如《金瓶梅》第二十三回:「常和眾人打牙配嘴。」陶宗儀《輟耕錄》卷十二「連枝秀」條:「課嘴撩牙，常存道眼。」「課嘴撩牙」乃「課牙撩嘴」的倒文，義並同。撩、料雙聲通用，撩嘴即料嘴。

料綽口

《趙禮讓肥》二【倘秀才】:「我見他料綽口，凹凸著面貌，眼嵌鼻𦢊撓著臉腦。」

料綽口，就是嘴巴下部外伸；俗名綽箕嘴，是很難看的一種形象。《金瓶梅》第九十六回:「生的阿兜眼，料綽口，三鬚鬍子。」一作略綽口，《清平山堂話本·簡帖和尚》:「那官人生得濃眉毛，大眼睛，蹶鼻子，略綽口。」皆其例。

劣缺

劣角　劣蹶

省缺，又作劣角、劣蹶：一、謂乖戾、狠毒、頑劣；二、謂勇猛。

（一）

《拜月亭》三【倘秀才】：「那一個爺娘不間疊？不似俺忒嘽嚥，劣缺。」

《哭存孝》三【十二月】：「則您那康君立哏絕，則你那李存信似蝎蜇；可端的憑著他劣缺，端的是今古皆絕。」

《趙禮讓肥》二【倘秀才】：「這廝那不劣缺的心腸決㚘狡，寬展那猿猱臂，側坐著虎熊腰，雄糾糾施呈那燥暴。」

《董西廂》卷一【般涉調・哨遍纏令】：「大抵這箇酸丁忒劣角，風魔中占得箇招討。」

上舉諸例，意爲乖戾、狠毒、頑劣。劣缺，又作劣角，音近意同。三國・蔡邕《短人賦》：「其餘尫公，劣厥僂窶。」清・翟灝《通俗編》：「劣厥，亦乖忤之辭。」此「劣厥」亦猶「劣缺」也。

（二）

《圯橋進履》三【滾繡毬】白：「左隊陳劣缺天蓬，右隊擁搊搜甲士。」

《破天陣》三【柳青娘】：「一隊隊衝開陣角，人劣蹶，馬咆哮。」

上二例謂勇猛。缺（quē）、蹶（jué）音近通假。

烈紙

烈紙錢　烈楮

《冤家債主》二【醋葫蘆】：「你胸脯上著艾炙，肚皮上用手揉，俺一家兒燒錢烈紙到神州。」

《老生兒》三、白：「烈些紙兒，添些土兒，也當做拜掃。」

《合同文字》二、白：「時遇清明節屆，我到這墳上烈紙。」

《硃砂擔》四【沽美酒】：「並不曾見烈紙錢將咱祭，倒去熬粥湯送他吃。」

《兒女團圓》二【烏夜啼】：「不強如焚錢烈楮，滅罪消災。」

《孟子・滕文公》：「益烈山澤而焚之。」注：「烈，熾也。」火猛曰熾，引申爲燃燒；故烈紙，即燒化紙錢或紙馬的意思。舊俗祭祖或求神保佑，都要送冥財（即紙錢）以表誠敬。烈楮（chǔ），意同烈紙。宋・眞德秀詩云：「敗楮遺墨人爭買」，楮亦紙也。世稱紙幣冥鏹曰楮，因其爲紙制品而轉用也。

趔趄（liè jū）

列趄　列翅　列側　劣怯　低趄

《後庭花》二【南呂一枝花】：「不覺的身趔趄，不覺的醉模糊。」

《燕青博魚》三【叫聲】白：「怪道我這脚趔趄站不定呵，〔唱：〕原來那一盞盞都是甕頭清。」

《董西廂》卷一【大石調・玉翼蟬】：「列翅著脚兒，走到千遍。」

又同書卷三【雙調・月上海棠】：「席上正諠譁，不覺玉山低趄。」

《單刀會》二【滾繡毬】：「他若是玉山低趄，你安排著走。」

《貶夜郎》三【醉高歌】：「脚列趄登輦路花基，神恍惚步瑤階玉砌。」

同劇四【後庭花】：「尋常病無些，玉山低趄。」

《馬陵道》四【幺篇】：「脚趔趄，眼乜斜。」

《詞林摘艷》卷一張鳴蔭小令【水仙子・富樂】：「敲才但與些話兒甜，早列側著身子，扎掙著臉。」

同書卷一劉庭信小令【折桂令・憶別】：「他那裏鞍兒、馬兒、身子兒劣怯，我這裏眉兒、眼兒、臉腦兒乜斜。」

趔趄，謂人行走時，立腳不穩、腳步踉蹌、身體傾斜的樣子。又作列趄、列翅、列側、劣怯、低趄，皆一音之轉，意並同。《今古奇觀・蔣興哥重會珍珠衫》：「腳略斜的走入巷來。」「略斜」亦「趔趄」意也。《紅樓夢》第四十四回：「揚手一下，打的那丫頭一個趔趄，便躡腳兒走了。」均其例。

林浪

林琅　林郎

《救孝子》楔、白：「你送到林浪嘴兒邊，可便回來，叫『嫂嫂』自去。」

同劇二【滾繡毬】白：「聽說林浪中一個屍骸，準是我那女孩兒的。」

《李克用箭射雙鵰》【六幺篇】:「忽的向林浪中,見這山崦裏,閃出一隊勇烈軍旗。」

《三戰呂布》三【幺篇】:「恰離了軍陣中,早來到林琅裏。」

《對玉梳》三【迎仙客】:「轉過這山額角生慘悽,見一簇惡林郎黑模糊,不由我心兒裏猛然添怕懼。」

《雍熙樂府》卷一散套【醉花陰・降獅】:「搖著頭,擺著尾,林浪裡趨。」

林浪,謂叢林、森林。又作林琅、林郎。或又作林榔、林瑯、林桹,例如:《幽閨記》二十二:「既不曾忘,可記得林榔中的言語來?」《五馬破曹》三折:「領兵在此林瑯裏埋伏。」《九宮大成》十四:「忽的向林桹中。」按浪、琅、郎、榔、瑯、桹,均同音字,意並同。今北京話還說樹木林榔。魯人謂樹林曰樹嵐子,浪、琅、嵐均雙聲字,浪、琅或爲「嵐」字的訛寫。

林薄

《燕青博魚》四【喬木查】:「俺撩開衣拽起腳,剛轉過這林薄,只聽的可磕擦閃出個人來到。」

草木叢雜之處稱林薄。屈原《九章・涉江》:「路(露)申辛夷,死林薄兮!」王逸注:「叢木曰林,草木交錯曰薄。」揚雄《甘泉賦》:「列新荑於林薄。」張衡《西京賦》:「蕩川瀆,簸林薄。」左思《蜀都賦》:「中網林薄。」《晉書・束皙傳》:「士諱登朝而競赴林薄。」《新唐書・孟郊傳》:「林薄蒙翳。」章太炎《新方言・釋植物》:「《說文》:『薄,林薄也。』平陽一樹亦稱薄子。薄讀若博。」據此,則「林薄」實爲一複意詞也。

臨了

臨後

《金鳳釵》四【鴈兒落】:「〔(正末)云:〕臨了也說我圖財致命,著我犯法遭刑也。」

《圯橋進履》一【上小樓】白:「你要我救你,我有箇曲兒,是【朝天子】,我臨了那一句我說:『你要我救你麼?』你說:『要你救我。』我就救你。」

《度柳翠》楔：「〔正末笑科，偈云：〕……臨了兩句怎生道？蘆花兩岸雪，煙水一江秋。」

《符金錠》四【鴈兒落】白：「他臨後怎麼去了來？」

臨了，宋元時俗語，意謂最後、結局。《王直方詩話》：「山谷云：『作詩正如作雜劇，初時布置，臨了須打諢，方是出場。』可見宋語已然。今口語中仍通行。或作臨後，意同。

臨歧

《誤入桃源》三【中呂粉蝶兒】：「五百年宿緣仙契，不多時執手臨歧，倒攬下乾相思一場憔悴。」

《城南柳》四【雙調新水令】：「誰想從朝不見影，到晚要陰涼，空教我立盡斜陽，臨歧處漫凝望。」

《梧桐葉》一【青哥兒】：「〔（正旦）云：〕寫完了，試念咱。〔詞云：〕臨歧分別，一旦恩情成斷絕，烽火相連，鴈帖魚書誰與傳？……」

《詞林摘艷》卷三鄭德輝散套【粉蝶兒・執手臨歧】：「執手臨歧，空留下這場憔悴。」

歧，同岐，《爾雅・釋宮》注：「岐，道旁出也。」故臨歧，即面臨歧路，以示分別之意，如杜甫《發同谷縣》詩云：「臨歧別數子，握手淚再滴」；柳永【采蓮令】詞：「翠娥執手送臨歧，軋軋開朱戶」，是也。

臨逼

逼臨

《魯齋郎》二【罵玉郎】：「這都是我緣法薄，恩愛盡，受這等死臨逼。」

《金線池》二【尾煞】詩云：「怪他紅粉變初心，不獨虔婆太逼臨。」

《裴度還帶》楔、白：「他那官人問他要這玉帶呵，可不逼臨了人性命！」

《勘頭巾》三【後庭花】「你兩個待坐夫妻，怎當的官司臨逼，阻鸞鳳兩下飛。」

《魔合羅》四【迎仙客】:「枉惹得棍棒臨逼。」

《灰闌記》四【折桂令】:「也則是喫不過這棍棒臨逼。」

《蕭淑蘭》二【收尾】:「請學士忍耐權時暫,何必恁高聲怒喊。直待教兄嫂逼臨了他,著主人公葬送了俺。」

臨逼,或倒作逼臨,謂逼迫、欺凌;有時亦轉爲催促之意,如《西廂記》三本四折【紫花兒序】:「怒時節把一箇書生來迭噉。歡時節,將一箇侍妾來逼臨」,是也。臨,猶「恩臨」之「臨」,用作語助詞,無意。

啉(lín)

惏　婪　嘍

《西廂記》三本四折【鬼三臺】:「足下其實啉,休妝唔,笑你箇風魔的翰林。」

《韓彩雲絲竹芙蓉亭》【上馬嬌】:「則你個啉宋玉自裁劃,待將這無路巫娥推出門外,我爲甚麼來!干教我空下楚陽台。」

《雍熙樂府》卷七散套【粉蝶兒・力士泣楊妃】:「肥惏唔胖容儀。」

同書卷十八【水仙子・老風流】:「蠢啉的胎閒癡物。」

《詞林摘艷》卷一劉庭信小令【折桂令・憶別】:「想那廝胡做胡行粧啉粧呆。」

同書卷七王元鼎散套【商調河西後庭花・走將來涎涎鄧鄧】:「走將來笑吟吟,粧呆粧婪。」(《雍熙樂府》卷四作「嘍」。)

同書卷一劉庭信小令【寨兒令・戒漂蕩】:「學調鸕黃口鵜初出帳小哥嘍,怎當他風月擔兒沉。」

啉,呆貌。觀其與呆、唔、蠢等字連詞或互文,可證。故王伯良注《西廂》曰:「啉,愚也。」今浙江金華方言,猶有「呆不啉唔」語。啉,又作惏、婪(lán)、嘍,音近意同。《一切經音義》:「惏,或作啉,今亦作婪,同。」

淋琅(lín láng)

《西遊記》五本二十齣【喜遷喬】:「淋琅般雨勢相催。」

淋琅，本作淋浪，水滴連續不斷貌。稽康《琴賦》：「紛淋浪以流離。」陶潛《感士不遇賦》：「感哲人之無偶，淚淋浪以洒袂。」朱熹《試院雜詩》：「坐聽秋檐響，淋浪殊未休。」皆其例也。

伶倫

《度柳翠》一【金盞兒】：「你道是世間花柳本伶倫，一任你漫天飛柳絮，儘著你滿地落風塵；我則去萬花叢裏過，常是那一葉不沾身。」

《藍采和》二【鬬蝦蟆】白：「因此處有個伶倫，姓許名堅，樂名藍采和。」

《太平樂府》卷七趙明道散套【鬬鵪鶉・名姬】：「上殿伶倫，前輩色長。」

伶倫，指伶人、樂妓。按伶倫，本是古代黃帝樂官的名字，《呂覽・古樂》云：「昔黃帝令伶倫作爲律。」後來轉爲對伶人、樂妓這類人的泛稱。《國語・周語下》：「伶人告龢（hé）。」注：「伶人，樂人也。」

唐・沈既濟《任氏傳》：「家本伶倫，中表姻族，多爲人寵媵，以是長安狹邪，悉與之通。」唐・趙嘏《成名年獻座主僕射兼呈同年》：「曾失玄珠求象罔，不將雙耳負伶倫。」戲文《錯立身》四【紫蘇丸】：「伶倫門戶曾經歷」；同劇【一封書】：「又是伶倫一婦人」，皆其例。

伶倫，一作伶綸；或作泠倫、泠淪，音意並同。

凌遲

凌持

《周公攝政》三【麻郎兒】：「事既十惡大逆，罪合當萬剮凌遲。」

《豫讓吞炭》三【酒旗兒】：「你將俺主人凌遲處死，漆骨爲樽，因此上結的似上海冤讐大。」

《太平樂府》卷九曾褐夫【哨遍・羊訴冤】：「便休想一刀兩斷，必然是萬剮凌遲。」

元刊本《趙氏孤兒》一【尾】：「我待自身上受凌持，怎肯那廝行啀（捱）推問。」

凌遲，古代酷刑之一，俗稱剮刑。行刑時，先斷其肢體，次斷其咽喉，極爲殘酷。《宋史・刑法志》云：「凌遲者，先斷其支（肢）體，乃抉其吭，當時之極法也。」清・徐元瑞《史學指南》注：「陵遲，即咼（剮）也，謂碎臠肢體，身首異處。」

關於凌遲之法，起於何時的問題：王鍵《刑書・釋名》云：「隋、唐、宋、遼二等：一曰絞，二曰斬；金加陵遲，共三等。」是謂始於金也，但《遼史・逆臣傳》則曰：「陵遲處死。」顯見此說不能成立。修訂稿《辭海・語詞・凌遲》條，謂「始於五代」。但敦煌變文《目連緣起》則云：「牛頭每日凌遲，獄卒終朝來拷。」又《妙法蓮花經變文》云：「終日凌持，多般捶考（拷）。」可見凌遲之刑，至晚在唐朝已經有了，五代之說，亦難苟同。

按凌持、陵遲、音義並同凌遲。

凌賤

《陳州糶米》三【梁州第七】：「便有人將咱相凌賤，你也則詐眼兒不看見。」

凌賤，凌謂欺凌，賤謂卑視；合言之，就是凌辱、欺侮。《荊釵記》十一【玉交枝】：「逼奴改嫁相凌賤。」所謂「凌賤」，亦此意也。《楚辭・九歌・國殤》：「凌余陣兮躐余行。」「凌余陣」，謂侵犯我們的陣地；上述曲意是其引申之義。

凌鑠（líng lì）

《豫讓呑炭》二、白：「你暗暗的出去，見韓、魏二君，說三家俱被智氏凌鑠。」

凌鑠，或作凌轢，猶陵轢，意謂傾軋、欺壓。《纂詁》云：「凌，當爲陵，侵也。」《管子・宙合》：「琅湯凌轢人。」《呂覽・愼大覽》：「凌轢諸侯。」《史記・灌夫傳》：「凌轢宗室，侵犯骨肉。」《三國志・吳書・陸遜傳》：「羽矜其驍氣，陵轢於人。」曹植《七啓》：「凌轢諸侯。」注：「翰曰：凌轢，干犯也。」《北史・宇文化及傳》：「處公卿間，言辭不遜，多所凌轢。」五代・王定保《唐摭言》卷二：「王泠然之負氣，推命何疎；魏丞相之復仇，尤人太過。陵轢險詖，二子得之。」皆其例。凌轢、陵轢同凌鑠。

凌煙閣

凌煙閣　陵煙閣　凌煙

《董西廂》卷三【仙呂調・滿江紅】:「功業見得凌煙閣上寫，賞延後世，名傳萬劫。」

《東牆記》五【得勝令】:「插金花，飲玉筵，標寫在凌煙。」

《漢宮秋》二【三煞】:「我則恨那忘恩咬主賊禽獸，怎生不畫在凌煙閣上頭？」

《伍員吹簫》四【駐馬聽】:「誰承望凌煙閣重把姓名標。」

《昊天塔》三【滾繡毬】:「咱兩個可正是凌煙閣的人物。」

《太平樂府》卷五查德卿小令【寄生草・感嘆】:「如今凌煙閤一層一箇鬼門關。」

《詞林摘艷》卷六曾瑞卿散套【端正好・一枕夢魂驚】:「既功名不入陵煙閤，放疎狂落落魄魄。」

凌煙閣，閣名，爲唐太宗所建；在閣中畫了二十四個功臣的圖像，以表揚、紀念他們的功勳。《舊唐書・太宗紀》:「十七年二月，圖功臣於凌煙閣。」唐・劉肅《大唐新語》卷十一:「貞觀十七年，太宗圖畫太原倡義及秦府功臣趙公長孫無忌、河間王孝恭、蔡公杜如晦、鄭公魏徵、梁公房玄齡、申公高士廉、鄂公尉遲敬德、鄖公張亮、陳公侯君集、盧公程知節、永興公虞世南、渝公劉政會、莒公唐儉、英公李勣、胡公秦叔寶等二十四人於凌煙閣。太宗親爲之贊，褚遂良題閣，閻立本畫。」據庾信《周柱國大將軍紇干弘神道碑》已有「天子畫凌煙之閣，言念舊臣」之句，則知凌煙閣不始於唐代。唐代的凌煙閣，《清一統志》謂「在西安府城中」，即在今之陝西長安縣。按：凌煙閣，又作凌煙閤、陵煙閣，更簡作凌煙，省閣字。陵應作凌，以音同形近而誤。閤，讀如閣，古通用。

菱花

菱花鏡

《漢宮秋》二【隔尾】:「愛他晚妝罷，描不成，畫不就，尚對菱花自羞。」

《西廂記》三本三折【雙調新水令】:「恰對菱花，樓上晚妝罷。」

《貶夜郎》一【醉扶歸】:「生把箇菱花鏡裏粧，做了箇水墨觀音樣。」

《西遊記》四本十三齣【三犯後庭花】:「對上了菱花、菱花鸞鑑。」

《翫江亭》三、白:「老來漸覺朱顏瘦，羞對菱花兩鬢斑。」

菱花，即菱花鏡。漢・伶玄《趙飛燕外傳》:「飛燕始加大號婕妤，奏上三千文物以賀，有七尺菱花鏡一奩。」隋・楊達《明妃怨》詩:「匣中縱有菱花鏡，羞對單于照舊顏。」

關於菱花鏡的得名，據宋・陸佃《埤雅・釋草》云:「舊說，鏡謂之菱華（花），以其面平光影所成如此。」《善齋吉金錄》刊有唐代菱花鏡拓本，形圓，花紋作獸形，旁有五言詩一首，首句云:「照日菱花出。」又據說古代銅鏡邊緣上鑄有菱花之紋，故云。

崚嶒（líng céng）

崚層　稜層

《降桑椹》三、白:「山嶺崚嶒，道路崎嶇。」

《村樂堂》一【元和令】:「錦模糊江景幽，翠崚嶒遠山岫。」

《詞林摘艷》卷四無名氏散套【村裏迓古・麗人天氣】:「錦模糊江景幽，翠崚層遠山秀。」

同書卷五徐知府散套【雙調風入松・燕山行勝出皇都】:「慢登臨步下雲衢，石鐙稜層，後擁前扶。」

崚嶒，喻山石高峻突兀貌。南齊・謝朓《遊山》詩:「堅崿既崚嶒。」又作峻層、稜層。或又作稜磳，如孟郊《寒江吟》:「荻洲素浩渺，碕岸澌稜磳。」或又作崚嶒，如明人雜劇《武陵春》【前腔】:「峻石崚嶒。」重言之，則如《張協狀元》戲文:「稜稜層層」，是也。

零碎

《黃花峪》二【絮蛤蟆】:「我打扮做箇貨郎兒，擔著些零碎去尋那箇艷質。」

同劇三【倘秀才】:「我這裏擔著零碎，踐程途，我與你覓去。」

零碎，謂小雜貨。因貨郎所備辦之貨，必以輕便、體小、品種多爲原則，顯得零零碎碎不整齊，故名。白居易《老柳樹》詩:「雪花零碎逐年減，煙葉稀疏隨分新。」《朱子語錄》：「這個若理會不通，又去理會甚麼零零碎碎？」又云：「有屋舍了，零零碎碎方有安頓處。」是知凡道理、事物之不構成一個體系或整體，而呈現分散狀態者，都可以說是零碎。現在口語中還通用。

領系

領戲

《救風塵》一【游四門】：「出門去，提領系，整衣袂。」

《調風月》四【水仙子】：「推那領系眼落處，採揪毛那擊腰行行恰跨骨，我這般拈拈恰恰有甚難當處？」（按：恰跨骨，疑作「掐胯骨」；恰恰，疑作「掐掐」。）

《黃花峪》二【絮蛤蟆】：「也有挑線領戲，也有釵環頭篦。」

同劇二【尾聲】：「揪住頭梢，揩住領戲，我將那廝滴溜撲摔下那廝階基。」

同劇三【滾繡毬】：「更有這繡領戲，絨線鋪。」

衣服上繫領子的帶兒，叫做領系。又作領戲，音義同。戲爲系字的借用。《東京夢華錄》卷三「相國寺內萬姓交易」條：「皆諸寺師姑賣繡作、領抹、花朶、珠翠、頭面……之類。」這裏的「領抹」，疑即「領系」。

令人

《虎頭牌》四：「〔正末云：〕可早來到叔叔門首。怎麼閉著門在這裏？令人，與我叫開門來。〔祗從做叫門科〕」

《賺蒯通》一、白：「令人，與我請將樊噲來者。〔祗候云：〕理會的，樊將軍有請。」

《陳州糶米》楔、白：「令人，你在門外覷者，看有那一位老爺下馬，便來報咱知道。〔祗候云：〕理會的。」

同劇楔子、白：「令人，報復去，道有韓魏公在於門首。〔祗候做報科，云：〕報的相公得知，有韓魏公來了也。」

令人，供使令之人；指低級吏員，任奔走傳達之職，即祗從、祗候之類。可參閱各該條。

令史

《西廂記》五本二折【幺篇】:「這上面若僉個押字，使箇令史，差箇勾使，則是一張忙不及印赴期的咨示。」

《酷寒亭》一【後庭花】:「誰不知你這吏人猾，若不說妻兒亡化，你這令史每有三千番廝調發。」

《神奴兒》三【迎仙客】:「〔孤云：〕那人命事，我那裏斷的？張千，與我請外郎來！〔張千云：〕令史，相公有請。」

《村樂堂》三：「〔正末扮令史上〕〔咳嗽科，云：〕我姓張名本，是這汾州西河縣人氏，做著箇令史。口則說箇令史，也難，要知律令，曉史書，方可做的箇令史。」

令史，指書吏。此名始於漢代蘭臺令史、尚書令史；掌管文書，位次於郎。魏晉南北朝因之。隋以後地位漸低，不入官品。宋代所謂的令史，實即衙門中的書吏，亦即外郎。其實質恰如《神奴兒》雜劇第三折賓白中所諷刺的：「你道怎麼喚做令史，只因官人要錢，得百姓們的使；外郎要錢，得官人的使，因此喚做令史。」

令器

良器

《陳州糶米》四【殿前歡】詞云：「劉衙內原非令器，楊金吾更是油頭。」

《降桑椹》五、白：「幸能子孝爲良器，祖宗光顯感洪恩。」

令器，猶云美材。《三國志・吳志・張紘傳》:「張紘，文理意正，爲世令器。」《晉書・石苞傳》:「儁字彥倫，少有名譽，議者稱爲令器。」《南史・沈演之傳》:「此童終爲令器。」《新唐書・張昌齡傳》:「昌齡等華而少實，其文浮靡，非令器也。」宋・王讜《唐語林》卷三「識鑒」條：「此輩誠有詞章，然其體輕薄，文章浮艷，必不成令器。」令，一作良，令、良，皆美善之意，通用。

溜（liū）刅刅

溜刀刀

《董西廂》卷一【般涉調・牆頭花】：「小顆顆的一點朱唇，溜刅刅一雙淥老。」

《陽春白雪》後集二王嘉甫散套【八聲甘州・六幺遍】：「窄弓弓撇道，溜刀刀淥老，稱霞腮一點朱櫻小。」

溜，瞟也，斜視也。《留鞋記》二折：「施主請我看經，單把女娘一溜。」《兩世姻緣》一折：「我溜一眼偎著他三魂喪。」《抱粧盒》一折：「眼兒呵綠澄澄溜出秋波轉。」並可證。刅刅，是形容溜的副詞，當是靈活、流轉、滾動之意。一作刀刀，音意同。

流蘇

流蘇帳

《誶范叔》二【隔尾】：「我幾曾醉眠繡被流蘇帳，莫不是夢斷茅廬雪映窗。」

《柳毅傳書》四【鴛鴦尾煞】：「向畫閣蘭堂，描寫在流蘇帳，說不盡星斗文章，都裁做風流話兒講。」

《留鞋記》一【寄生草】：「現如今紫鸞簫斷彩雲空，幾時得流蘇帳暖春風細。」

《詞林摘艷》卷二陳大聲散套【黃鍾畫眉序・花月滿春城】：「繡毬同心方勝，流蘇落索垂。」

流蘇，下垂的彩色物或穗子，用五色羽毛或絲線製成，古人用作車馬、樓臺、帳幕或旗子等的裝飾品。《後漢書・輿服志上》：「大行載車，其飾如金根車……垂五彩析羽流蘇。」《文選・張衡〈東京賦〉》：「飛流蘇之騷殺。」善注：「流蘇，五彩毛，雜之以爲馬飾而垂之。」漢樂府《孔雀東南飛》：「躑躅青驄馬，流蘇金鏤鞍。」王維《扶南曲歌詞》：「翠羽流蘇帳。」宋・無名氏《李師師外傳》：「乃賜師師紫綃絹幕、五彩流蘇。」《清平山堂話本・快嘴李翠蓮記》：「錦帶流蘇四腳垂。」流蘇帳，即飾有流蘇的帳幕。

六兒

《調風月》二：〔正末、六兒上〕

《金鳳釵》三：「〔張千云：〕六兒，相公呼喚你哩！」

《虎頭牌》一：「六兒，報復去，道叔叔嬸子來了也。〔六兒報科〕〔旦云：〕道有請。」

《硃砂擔》一【四季花】：「〔做唱科〕哎，你個六兒嗏！〔云：〕只吃那嗓子粗，不中聽。」

《百花亭》一【混江龍】：「不是六兒多口，那一個梅香也不歹哩！」

六兒，謂家僮。家僮之通稱六兒，猶如婢女之通稱梅香。明人雜劇作溜兒，例如《風月牡丹仙》一折：「自家是孛孛下野花，牆腳蒿陰中長大，牡丹仙和秀才說話，我也去和溜兒哈答。〔做抱溜兒科〕〔溜兒叫介：〕有鬼！有鬼！」

六出

六花　六出花　六出冰花　冰花　瓊花

《竇娥冤》三【二煞】：「若果有一腔怨氣噴如火，定要感的六出冰花滾似錦。」

同劇四【喬牌兒】白：「三尺瓊花骸骨掩，一腔鮮血練旗懸。」

《遇上皇》三【中呂粉蝶兒】：「六出花飛，碧天邊凍雲不退。」

《殺狗勸夫》二【正宮端正好】：「疏剌剌寒風起，徧長空六出花飛。」

《漁樵記》二【正宮端正好】：「我則是舞飄飄的六花飛，更那堪這昏慘慘的兀那彤雲靄。」

《風雲會》三【滾繡毬】：「剪冰花旋風兒飄蕩。」

《太平樂府》卷三朱庭玉小令【天淨沙・冬】：「門前六出狂飛，樽前萬事休提。」

同書卷五鍾繼先小令【罵玉郎帶感皇恩採茶歌・雪】：「是誰家剪下瓊花瓣，飛六出遍長安。」

六出猶言六瓣。雪的結晶體多為六瓣，故六出、六花、六出花、六出冰花，等等，遂為雪的代稱。《韓詩外傳》：「草木花多五出，雪花獨六出。」宋・陸佃《埤雅》：「雪六出而成花，雹三出而成實。」

六花，詩文中，早已用作雪的別名，如：梁・徐陵《詠雪》詩：「三農喜盈尺，六出舞崇花。」昭明太子《錦帶書十二啓》：「彤雲乘四面之葉，玉雪開六出之花。」唐・宋之問《奉和春日玩雪應制》詩：「銀樹長芳六出花。」賈島《寄令狐綯相公》詩：「自著衣偏暖，誰愛雪六花？」宋・梅堯臣《十五日雪》詩：「寒令奪春令，六花侵百花。」南宋・陳元靚《事林廣記》卷四十二，天地門」：「雪：六花。」

六房

六案

《蝴蝶夢》二、白：「六房吏典，有甚麼合僉押的文書？」

《酷寒亭》楔、白：「張千，說與那六房司吏，有事稟復，無事轉廳。」

《鐵拐李》二【滾繡毬】：「問衙事那箇虛那箇實，那箇愚那箇賢，議論咱六房中吏人一徧。」

同劇二【倘秀才】：「你須知六案間崢嶸了這幾年，也曾在餓喉中奪飯吃，凍尸上剝衣穿，便早死呵不敢怨天。」

《勘頭巾》二、白「自家姓張名鼎，字平叔，在這河南府做著個六案都孔目。」

《西遊記》一本一齣【尾聲】：「若是到洪都，僉押文書，甚的是六案須知和檢目？」

舊時州縣衙門設有六個辦公室，分掌政務，稱爲六房或六案。上舉《鐵拐李》例中，岳孔目既稱六房，又稱六案，可證。唐代，州、縣各設司功、司倉、司戶、司兵、司法、司士六曹，見《舊唐書・職官志》。《宋史・職官志》：「先是，書人吏分掌五房，曰：孔目房、吏房、戶房、兵禮房、刑房，又有主事、勾鎖二房，至是釐中書爲三省，分兵與禮爲六房。」《宋史・徽宗紀》：「崇寧四年，令州縣倣尚書六曹分六案。」以後各代，沿襲此制。

六根

《翫江亭》二、白：「哎！你箇貪財漢棄卻家財，做神仙免離塵埃，削除了六根清淨，同共赴閬苑蓬萊。」

《來生債》四：「〔合掌做拜靈兆打禪師頭科，云：〕掌拍處六根清淨，這笊籬打撈苦海。〔禪師云：〕方信道色即是空，果然的空即是色。」

楊愼《洞天玄記》：〔勝葫蘆·幺〕「但能殼六根清淨一身安樂，得同類便逍遙。」

六根，佛家術語，謂眼、耳、鼻、舌、身、意之六官也。根爲能生之意，眼根對於色塵而生眼識，乃至意根對於法塵而生意識，故云六根。《大乘義章》：「六根者，對色名眼乃至第六對法名意，此之六能生六識，故名爲根。」《法華經科注》：「以六識緣六塵，徧染六根。」《般若經》：「六根者，謂眼、耳、鼻、舌、身、意根。六塵者，謂色、聲、香、味、觸、法也。眼見爲色塵，耳聞爲聲塵，鼻齅爲香塵，舌嘗爲味塵，身染爲觸塵，意著爲法塵，合爲十二處也。」根讀如「公」，見章太炎《新方言·釋形體》。

六料

料

《合同文字》楔、白：「如今爲這六料不收，上司言語著俺分房減口，兄弟，你守著祖業，俺兩口兒到他邦外府，趕熟去來。」

《陳州糶米》楔、白：「陳州亢旱三年，六料不收，黎民苦楚，幾至相食。」

又同劇楔【仙呂賞花時】：「只爲那連歲災荒料不收，致使的一群蒼生強半流。」

同劇一、白：「因爲我這裏亢旱了三年，六料不收，俺這百姓每好生的艱難。」

六料，簡作料，泛稱各種糧食。漢語修辭中，象「三」、「六」、「九」等數詞，無實際意義，不過形容很多而已。六料，一般指稻、粱、菽、麥、黍、稷或稌（稻）、黍、稷、粱、麥、苽（見《周禮·天官·膳夫》鄭司農注）。也有人解釋爲米、大麥、小麥、大豆、小豆、芝蔴。《初刻拍案驚奇》卷三三：「不想遇著荒歉之歲，六料不收。」

六街

六市

《蝴蝶夢》一【混江龍】：「我這裏急忙忙過六街，穿三市。」

《羅李郎》四【胡十八】：「恰過了六市，來到三門。」

《梧桐葉》三【幺篇】：「重奏樂，人歡笑，六街喧鬧。」

六街，一作六市，六條街道也。在唐、宋首都都有六條主要大街。唐・司空圖《省試》：「閒繫長安千匹馬，今朝似減六街塵。」《資治通鑑・唐睿宗景雲元年》：「中書舍人韋元微巡六街。」胡三省注：「長安城中，左右六街。」《宋史・魏丕傳》：「六街巡警皆用禁卒。」文學作品中的六街，和歷史的具體記載不同，是泛指多數，形容市面上街道縱橫、繁華熱鬧。

六道

《任風子》三【三煞】：「你愛的是百年姻眷，我怕的是六道輪迴。」

《黃粱夢》一【一半兒】白：「呂岩也，你既然要睡，我教你大睡一會去，六道輪迴中走一遭。」

《劉行首》二【脫布衫】：「哥哥也，你便做行的快，也跳不出六道。」

六道，佛家術語。佛家稱天道、地道、阿修羅道、地獄道、餓鬼道、畜生道爲六道。眾生的生、死、升、沉，展轉於其中，猶如輪轉，故曰六道輪迴。《法華經・序品》云：「六道，眾生生死所趣（qù）。」趣者，即謂眾生各依其業因而趣向之也，故又云六趣。敦煌變文《維摩詰經問疾品變文》：「慈悲之行，廣布該三途六道之中。」

六陽會首

六陽魁首　六陽首級

《黑旋風》一【伴讀書】白：「我情願輸了這六陽魁首。」

《岳陽樓》二【梁州第七】白：「打了你耳朵，不曾傷著你六陽斜首，馬兒你看波。」

《度柳翠》二【牧羊關】：「恰纔這清風過，怎了你那六陽會首？」

《伍員吹簫》三【上小樓】:「有一個漁翁，只為著一時意氣，自刎了六陽的那首級。」

《李逵負荊》二【黃鍾尾】詩云:「如今去杏花莊前，看誰輸六陽魁首。」

同劇二【叨叨令】白:「山兒，我今日和你打箇賭賽。若是我搶將他女孩兒來，輸我這六陽會首；若不是我，你輸些什麼？」

同劇三【醋葫蘆】白:「我與你說，那箇奪將你那女孩兒去，則要你認的是者。我與山兒賭著六陽會首哩。」

《博望燒屯》二【隔尾】白:「罷、罷、罷，我也賭著我這一顆六陽會首。」

六陽會首，指人的頭。中國古代醫書說，人身共有十二條經脈，由手三陽，足三陽，手三陰，足三陰組成。六條陽經總會在頭（首）上（見《靈樞經・經脈》)。元劇中借用作為人頭的代稱。一作六陽魁首、六陽首級，意同。

龍袖嬌民

龍袖驕民

《蝴蝶夢》四【殿前歡】詞云:「你本是龍袖嬌民，堪可為報國賢臣。」

元刊本《公孫汗衫記》一【混江龍】:「俺是鳳城中黎庶，端的是龍袖裏驕民。」

《風雲會》二【二煞】:「則今日軍馬回莫驚擾，把龍袖嬌民休唬著，勿犯秋毫。」

《劉弘嫁婢》四【水仙子】:「你本是龍袖嬌民，堪可做朝中宰相。」

龍袖，舊時指京城。驕，嬌音同義近，兩用均可。參考徐沁君新校元刊雜劇三十種 364 頁注〔4〕。宋代，住在京都的人享受許多特殊待遇，被稱為「龍袖驕民」。宋・周密《武林舊事》卷六「驕民」條云:「都民素驕，非惟風俗所致，蓋生長輦下，勢使之然。若住屋則動蠲公私房賃，或終歲不償一鐶。諸務稅息，亦多蠲放，有連年不收一孔者，皆朝廷自行抱認。諸項窠名，恩賞則有黃榜錢，雪降則有雪寒錢，久雨久晴則又有賑恤錢米，大家富室則又隨時有所資給，大官拜命，則有所謂搶節錢，病者則有施藥局，童幼不能自育者則有慈幼局。貧而無依者則有養濟院，死而無殮者則有漏澤園。民生何其幸歟！」或作「籠袖」，音義同。

僂人

《西廂記》三本四折【鬼三臺】:「俺那小姐忘恩，赤緊的僂人負心。」

關於僂人的解釋不一：毛西河以爲即僂科、僂儸；近人吳曉鈴解作撒謊的人；王季思則謂：「上句言小姐忘恩，則此句僂人負心，當指夫人言之。」「小姐」與「僂人」對文，「忘恩」與「負心」對文，比較之下，王說近是。但何以稱老夫人爲僂人，未明所以。元・戴侗《六書故》謂：「僂：曲背也，別作瘻。」據此，可知「僂人」者，曲背之人也，正合老夫人年邁的形象。

僂儸

嘍囉

僂儸，一作嘍囉，其意有二：一、謂聰明、能幹、機靈、卓越；二、指強盜部下。

（一）

《董西廂》卷二【中吅調・喬捉蛇】:「征戰煞僂儸，把法聰來硬砍，砍又砍不著。」

《西廂記》二本三折【折桂令】:「則被你送了人呵，當甚麼嘍囉。」

《曲江池》四【梅花酒】:「元來是那場火，使不著你僂儸，顯不著你悲合。」

《酷寒亭》三【紅芍藥】:「那孩兒靈便口嘍囉，且是會打悲阿。」

《貨郎旦》一【金盞兒】:「他那裏精神一掇顯僂儸，他那裏尖著舌語剌剌，我這裏掩著面笑呵呵。」

《劉弘嫁婢》二、白：「妾身做事實僂儸，娶女招夫我說合。」

上舉「僂儸」各例，有聰明、能幹、機靈、卓越、狡猾等義。《舊唐書・回紇傳》:「含俱錄，華言婁羅。」唐・蘇鶚《蘇氏演義》:「摟羅，幹了之稱也。俗云：騾之大者曰摟騾，騾、羅聲相近，非也。又云婁敬、甘羅，亦非也。蓋摟者，攬也，羅者，絡也，言人善當何幹辦於事者，遂謂之摟羅。」

宋・羅大經《鶴林玉露》云：「(劉）銖喜爲（李）業曰：君可謂僂儸兒也。——僂儸，俗語狡猾也。」明・徐渭《南詞敘錄》：「樓羅，矯絕也。」胡震亨《唐詩談叢》中引鄭五《題中書堂》詩云：「側坡蛆蜫蜦，蟻子競來拖；一朝白雨中，無鈍無僂儸。」「無鈍無僂儸」云者，顯係說明「僂儸」之意，正與鈍相反。清・翟灝《通俗編・武功・婁羅》：「按：古人多取雙聲字爲形容之辭，其字初無定體，故或作婁羅，或作僂羅，或又以婁作樓、摟。」

「僂儸」一詞，究始於何時？五代・王定保《唐摭言》云：「(唐）沈亞之嘗客游，爲小輩所戲，曰：『某改令，書、俗各兩句：『伐木丁丁，鳥鳴嚶嚶；東行西行，遇飯遇羹。』亞之答曰：『如切如磋，如琢如磨；欺客打掃，不當嘍囉。』據此，其爲方言也久矣。」唐・段成式《酉陽雜俎》續集卷四云：「予在秘丘，嘗見同官說：俗說樓羅，因天寶中，進士有東西棚，各有聲勢，稍倉者多會於酒樓食餢饠，故有此語。予讀梁元帝《風人辭》云：『城頭網雀，樓羅人著。』則知樓羅之言，起已多時。」《南齊書・顧歡傳論》云：「蹲夷之儀，婁羅之辨。」《北史・王昕傳》：「樓羅，樓羅，實自難解。」由此可知，「僂儸」一詞，不僅早見於唐代，而且可以上溯到南北朝了。

（二）

《董西廂》卷三【越調・青山口】：「步兵卒子小僂儸，擂狼皮鼓，篩動金鑼。」

《燕青博魚》楔、白：「眾弟兄就推某爲首，聚三十六大夥，七十二小夥，半垓來的小僂儸。」

《酷寒亭》四【川撥棹】白：「小僂儸，休教走了解子，且打開哥哥的枷鎖者。」

《小張屠》二【寨兒令】：「我則見聖像嚴惡，鬼似嘍囉，排列的鬧呵。」

《盆兒鬼》二【滿庭芳】：「誰著你燒窰人不賣當行貨，倒學那打劫的僂儸。」

《爭報恩》楔、白：「小僂儸，便說與弓手花榮，下山接麼兄弟去。」

楊愼《洞天玄記》一〔滾繡球〕白：「小儸儸與我安排酒殽果品，杯盤席面，等我眾弟兄賞月者。」

上舉各例，稱盜賊的部下爲僂儸。徐渭《南詞敘錄》云：「樓羅，矯絕也；今以目綠林之從卒。」徐世範《五劇解證》云：「盜賊呼其部下曰嘍囉。」今口語中仍沿用。

漏泄

泄漏　露泄

《紅梨花》二【一煞】：「你休愁我衾寒枕剩人孤另，我則怕你酒醒燈昏夢不成，佳期漏泄無乾淨。」

《東窗事犯》二、白：「吾乃地藏神，化爲呆行者，在靈隱寺中泄漏秦太師東窗事犯。」

《老君堂》二【堯民歌】白：「此言決不可漏泄，不字出頭，改箇本字。」

《詞林摘艷》卷二散套【雙調步步嬌・暗想當年】：「他慇懃將春心露泄。」

漏世，謂洩漏內情或消息。《韓非子・亡徵》：「淺薄而易見，漏泄而無藏，不能週密，而通群臣之語者，可亡也。」《漢書・文帝紀》：「邪意漏泄。」《後漢書・鄭弘傳》：「漏泄密事。」唐・薛調《無雙傳》：「凡道路郵傳，皆厚賂矣，必免漏泄。」敦煌變文《前漢劉家太子傳》：「於內宮不敢言語漏泄。」亦作泄漏、露泄，音義並同。或又作漏洩，例如：《左傳》襄公十四年：「蓋言語漏洩，則職女之由。」杜甫《臘日》詩：「侵陵雪色還萱草，漏洩春光有柳條。」《京本通俗小說・西山一窟鬼》：「梅花漏洩春消息。」按：漏、露意同；泄、洩，同字異體。，現在口語中仍沿用。

漏蹄

《救風塵》四：「〔周舍云：〕倒著他道兒了！將馬來，我趕將他去。〔小二云：〕馬揣駒了。〔周舍云：〕鞁騾子。〔小二云：〕騾子漏蹄。」

漏蹄，牲口腳上的一種病名。當牲口害漏蹄病時，蹄子上有白粉，甚至有洞，使得牲口疼痛，不能走路。《梁書・明山賓傳》：「山賓性篤實，家中嘗乏用，貨所乘牛。既售受錢，乃謂買主曰：『此牛經患漏蹄，治差（治好）已久，恐後脫發。』……買主遽追取錢。」《琵琶記》十五、白：「（馬）卻有一千三百個漏蹄。」亦其例。現在農村裏還叫這種病爲漏蹄。

漏面賊

陋面賊

《竇娥冤》二【黃鍾尾】:「我做了箇銜冤負屈沒頭鬼，怎肯便放了你好色荒淫漏面賊？」

《謝金吾》三【調笑令】:「你道是樞密罵不的，是我罵你這改姓更名漏面賊。」

《延安府》二【尾聲】白：「壞法欺公陋面賊，全無報國忠君意。」

曾經犯罪、臉上刺過字的叫漏面；後來就把公開做惡、無所忌憚的壞蛋罵稱漏面賊或陋面賊。漏、陋同音通用。

王季思謂:「漏面：疑即鏤面。」(見《元雜劇選注》)

漏星堂

《裴度還帶》三【醉太平】:「這一座十疏九漏山神廟，如十花九冽寒冰窖，似十摧九塌草團瓢，比著那漏星堂較少。」

《薦福碑》一【天下樂】:「這世界難乘駟馬車，想賢也波愚不並居，我干受了漏星堂半世活地獄。」

《破窰記》一【尾聲】:「我也不戀鴛衾象床，繡緯羅帳，則住那破窰風月射漏星堂。」

《追韓信》一【鵲踏枝】:「冰雪堂蘇秦凍倒，漏星堂顏子難熬。」

漏星堂，即房頂破露的房屋；因房頂破爛，可以望見星星，故名，多指貧窮人所居之處。《荀子・儒效》:「雖隱於窮閻漏屋，人莫不貴之，道誠存也。」注：「漏屋，弊屋漏雨者也。」漏星堂之名，或係由此而來。

露白 (lòu bái)

《硃砂擔》四【喬牌兒】白：「我想這一晚既然要躲那賊，只該悄悄的睡罷了，還要點著燈，數這硃砂顆兒做甚麼？自古道：『出外做客，不要露白』可知被那賊瞧破了也。」

露白，謂暴露所帶的銀兩。現在口語中仍沿用。二拍《王漁翁捨鏡崇三寶，白水僧盜物喪雙生》:「此鏡乃我寺發蹟之本，豈可輕易露白？」《福惠全書・刑名部・賊盜上》：「自家曾否何處露白。」皆其例也。或作露陌，如宋・釋普濟《五燈會元》云：「錢不露陌」，是也。按：露，今口語讀如「漏（lou）」；陌、百古通用，指錢。白，指銀兩。

魯義姑

《遇上皇》四【鴈兒落】：「姜太公顛倒敢，魯義姑心中鑑。」

《任風子》二【滾繡毬】：「帶累你抱姪攜男魯義姑，我言語無虛。」

《追韓信》一【柳葉兒】：「卻纔那齊管仲行無道，又見魯義姑逞麄豪。」

《西遊記》一本一齣【村里迓鼓】：「糊突了裴聞喜，休送了孤寒魯義姑。」

魯義姑，舊時泛指賢德婦女。民間傳說，春秋時有一婦女帶著兒子和姪子逃難，在她不得不拋掉一個孩子的情況下，她捨棄了自己的兒子，人因稱她為魯義姑，事見《列女傳》。

六（lù）么

《梧桐雨》四【滾繡毬】：「按【霓裳】、舞【六么】，紅牙筯擊成腔調，亂宮商鬧鬧炒炒。」

《東堂老》一【鵲踏枝】：「想當日個按【六么】、舞【霓裳】未了；猛回頭，燭滅香消。」

《太平樂府》卷二張小山小令【水仙子・清明小集】：「彈仙呂【六么】遍，笑女童雙髻丫，纖手琵琶。」

《詞林摘艷》卷二散套【好事近・東野翠煙消】：「歌【金縷】舞【六么】，任明月上花稍。」

【六么】，唐代大曲名。一作【綠腰】。王國維說：「《宋史・樂志》教坊十八曲中，中呂調、南呂調、仙呂調，均有【綠腰】曲。」唐・段安節《琵琶錄》云：「【綠腰】即【錄要】，本自樂工進曲，上令錄出要者。」白樂天詩作【六么】，故知唐人多混稱之。或曰此曲拍無過六字者，故曰【六么】。王灼《碧雞漫志》卷三引聽歌六絕句中【樂世】一篇有句云：「誠知【樂世】聲聲樂，老病人聽未免愁。」注云：「【樂世】一名【六么】。」可見【六么】的名稱不一了。

鹿脯（lù fǔ）乾

《存孝打虎》一、白：「渴飲羊羔酒，飢飡鹿脯乾。」

《射柳捶丸》三、白：「俺這裏渴飲羊酥酒，饑餐鹿脯乾。」

乾肉曰脯；鹿脯乾，即鹿肉乾。《禮記・內則》：「牛修、鹿脯、田豕脯、麇脯、麕脯，鹿田豕皆有軒，雉兔皆有芼。」注：「皆人君燕食庶羞也。」漢・劉歆《西京雜記》：「曹元禮明算術，嘗從其友人陳廣漢，廣漢爲之取酒、鹿脯數片。」晉・干寶《搜神記》：「管輅至平原，見顏超貌，主夭亡。顏父乃求輅延命。輅曰：子歸亂清酒鹿脯一斤，卯日刈麥，地南大桑樹下有二人圍棋，次但酌酒置脯，飲盡，更斟以盡爲度，若問汝，汝但拜之勿言，必合有人救汝。」明・凌蒙初《拍案驚奇・劉東山誇技順城門，十八兄奇蹤村酒肆》：「內有熱騰騰的一盤虎肉，一盤鹿脯。」可見古代食品中，鹿脯是很常見的一種食品。

淥老（lù lǎo）

綠老　睩老　六老　矑老

《董西廂》卷一【中呂調・香風合纏令】：「那多情媚臉兒，那鶻鴒淥老兒，難道不清雅？」

《西廂記》一本二折【小梁州】：「胡伶淥老不尋常，偷晴望，眼挫裏抹張郎。」

《陽春白雪》後集二王嘉甫散套【八聲甘州・六么遍】：「窄弓弓撇道，溜刀刀淥老。」（一作「睩老」。）

《太平樂府》卷九高安道散套【般涉調哨遍・淡行院】：「瞘粘的綠老更昏花。」

《雍熙樂府》卷四散套【村裏迓鼓・氣球雙關】：「六老兒睃趁的早，腳步兒趕趁的巧。」

同書【醉太平・警悟】：「乜斜著矑老。」

淥老，指眼和眼珠。《墨娥小錄》卷十四：「眼，六老，六子。」焦循《劇說》引《知新錄》釋《西廂》疑義云：「淥老，謂眼也；亦作睩老。老是襯字，如身爲軀老、手爲爪老。」按淥老，亦作綠老、睩老、六老、矑老。矑、睩本字當作矑，《廣韻》模韻：「矑，目童子也。」故書法雖紛紜，應以矑老爲准，其餘均屬同音借用。

琭簌（lù sù）

綠簌　珞簌　絡索　落索

《金安壽》一【金盞兒】：「珠琭簌玉玲瓏，金蹀躞翠籠愡，錦斑斕畫堂富貴人相共。」

同劇三【賢聖吉】：「皂紗巾珠琭簌，錦襖子金較輅。」

《對玉梳》三【二煞】：「玉玎璫，金璞瓔，珠琭簌。」

《詞林摘艷》卷三無名氏散套【般涉調哨遍・鷹犬從來無價】：「馬背後齊稍掛，掛的來力修綠簌。」

同書卷九劉東生散套【醉花陰・玉宇金風送殘暑】：「合歡床鋪蓋翠氍毹，連珠幄纓聯珠珞簌，眞乃似蓬島仙家碧玉壺。」

同書卷四唐以初散套【點絳唇・漏盡銅龍】：「我待要錦纏頭珠絡索，蓋下一座花衚衕。」

同書卷二無名氏散套【商調三十腔・喜遇吉日】：「落索環子繫鮫綃，惟只願壽如山，福如海，兩代榮耀。」

張可久【越調寨兒令・感舊】：「狻猊金落索，鸞鳳玉丁東。」

琭簌，即絡索（luò suǒ）的音轉，下垂貌。又作綠簌、珞簌、落索，音近意皆同。唐・溫庭筠【歸國遙】詞：「香玉，翠鳳寶釵垂𦆴簌。」明・楊愼《俗言》：「唐李郢詩：『釵垂簏簌抱香囊。』簏蔌，下垂之貌。又作麗簌，李賀《春坊正字劍子歌》：『挼絲團金懸麗簌』。其義一也。」按：絡索，即「流蘇」二字的音轉，參見「流蘇」條。

路天

露天

《黑旋風》三【小將軍】：「這路天地下，不是你個坌東西。」

《黃花峪》一、白：「我可在露天地裏住。」

《魔合羅》三【幺篇】白：「相公在露天坐衙哩。」

凡空地、天井，上面沒有覆蓋從頭上可以看到天的地方，都叫作露天；路為「露」字的省寫。現在口語中仍沿用。

路歧

歧路

《紫雲庭》四【水仙子】:「路歧人生死心難忘，謝相公賣發覷當。」

《李克用箭射雙鵰》【朝天子】:「再有甚麼樂器，又無他那路歧，俺正是村裏鼓兒村裏擂。」

《獨角牛》一、白:「路歧歧路兩悠悠，不到天涯未肯休；有人學得輕巧藝，敢走南州共北州。」

《藍采和》一【仙呂點絳唇】:「俺將這古本相傳，路歧體面，習行院。」

同劇一【油葫蘆】:「俺路歧每怎敢自專，這的是才人書會剗新編。」

同劇四【慶東原】:「是一火村路歧，料應在那公科地，持著些槍刀劍戟，鑼板和鼓笛，更有那帳額牌旗。」

《劉知遠諸宮調》十一【仙呂調・尾】:「再見貪金擣底歧路，重逢賣假藥底牙推。」

路歧，是宋元時對各種民間藝人的總稱和俗稱，特別是指那些經常流動演出的伶人（猶如後來的走江湖賣藝者）。宋・耐得翁《都城紀勝》「市井」條:「如執政府牆下空地，諸色路歧人，在此作場，尤為駢闐。」周密《武林舊事》卷六「瓦子勾欄」條:「或有路歧，不入勾欄，只在要鬧寬濶之處做場者，謂之『打野呵』。」這兩則記載和上面所舉的釋例，對「路歧」的含意，可以互相印證。

路歧，或倒作歧路。

路臺

露臺

《獨角牛》一【鵲踏枝】白:「我上的這路臺來，兀那教手，你問我這擂如何？」

同劇二【紫花兒序】白：「孩兒也，你上的那路臺去。」

同劇三【滾繡毬】：「他在那露臺上光閃，果然是名不虛傳。」

《射柳捶丸》四【喬牌兒】白：「兀那幾個打拳的教手每，上露臺來耍一會拳。」

露天裏建起的高臺，叫做露臺。露或省作路，意同。《漢書·文帝紀贊》：「帝嘗欲作露臺，召匠計之，直百金。上曰：『百金，中人十家之產也。吾奉先帝宮室，常恐羞之，何以臺爲？！』」顏師古注：「今新豐南驪山之頂有露臺鄉，極爲高顯，猶有文帝所欲作臺之處。」宋·王逢《秋詞》：「香靜天街散玉珂，露臺風殿夜如何？」元·趙雍《七夕》詩：「初月纖纖照露臺，枉將瓜果鬧嬰孩。」上舉元劇各例，指拳擊比武之臺。

綠沉槍

六沉槍　湛盧槍

《五侯宴》三、白：「驅兵領將顯高強，全憑渾鐵綠沉槍。」

《單才赴會》三【尾聲】白：「五方旗，六沉槍，遮天映蔽。」

《三奪槊》一【金盞兒】：「單雄信先地趕上，手撚著六沉槍。」

《老君堂》三【喜遷喬】白：「六沉槍闊劍巨斧，六丁神混戰人間。」

《伍員吹簫》一【賺煞】：「我將的潑無徒，直搠滿了這湛盧槍。」

把綠漆塗在槍桿上，其色深沉，因名綠沉槍。薛倉舒注杜甫《重過何氏五首》詩：「雨拋金鎖甲，苔臥綠沉槍」句，以「綠沉」爲精鐵。明·胡震亨《唐音癸籤》卷十九云：「恐綠沉如今以漆調雌黃之類，若調綠漆之，其色深沉，故謂之綠沉，非精鐵也。」《焦氏筆談》卷三云：「綠沉，設色名，猶今所謂沉水色耳。宋人詩話解杜詩，乃謂甲拋於雨，爲金所鎖，槍臥於苔，爲綠所沉，此何等語邪！《北史》隋文帝嘗賜張奫以綠沉之甲，薛氏以綠沉爲精鐵。陸龜蒙《竹》詩：『一架三百竿，綠沉深杳冥。』趙德麟遂以綠沉爲竹，皆誤也。」綠沉，又作六沉，綠、六諧音借用。又倒作湛盧，按湛，一音沉；盧、綠雙聲，故湛盧，實爲綠沉之訛倒。

醁醑（lù xǔ）

綠醑　醁醅　綠醅　醁醽　醽醁

《劉知遠諸宮調》一【南呂宮・瑤臺令】:「自後只言得一句，親身與斟醁醑。」

《調風月》四【阿古令】:「滿盞内盈盈綠醑。」

《醉寫赤壁賦》四【水仙子】:「我不合開懷飲醁醅。」

《詞林摘艷》卷一唐以初小令【小桃紅・薔薇院對酒】:「頻斟綠醅，輕搖環珮。」

《老君堂》四【川撥棹】:「開玳筵慶功成，勸金杯飲醁醽。」

《太平樂府》卷五曾瑞卿【醉太平】:「斷橋橋畔沽醽醁。」

醁醑，美酒名。又作綠醑、醁醅（pēi）、綠醅、醁醽（líng）、醽醁，意並同。晉・葛洪《抱朴子・知止》:「密宴繼集，醽醁不撤。」唐・李賀《示弟》詩:「醁醽今夕酒，緗帙去時分。」此外，又作酃渌，如《荊州記》云:「豫章康樂縣之渌水，取以爲酒，極甘美，與湘東酃湖酒，世稱酃渌酒。」又作錄醑，如唐・范攄《雲溪友議》云:「且飲錄醑消積恨，莫言黃綬拂行塵。」

轆軸（lù zhóu）

碌軸　六軸　磟碡

《董西廂》卷七【中呂調・牧羊關】:「早是轆軸來粗細腰，穿領布袋來寬布衫。」

《曲江池》一【青哥兒】:「那怕你堆金到北斗邊，他自有錦套兒騰掀，甜唾兒粘連，俏泛兒勾牽，假意兒熬煎，轆軸兒盤旋，鋼鑽兒鑽研。」

《秋胡戲妻》三【二煞】:「短桑科長不出連枝樹，漚麻坑養不活比目魚，轆軸上也打不出那連環玉。」

《太平樂府》卷九無名氏散套【耍孩兒・拘刷行院】:「撲魚爪老麄如扒齒，擔水腰肢胮如碌軸。」

《盛世新聲》【正宮端正好・訪知音習酎和】:「醉時節六軸上喬衙坐。」

《西遊記》二本六齣【七弟兄】:「滾將一箇磟碡在根底，腳踏著才得見眞實。」

轆軸，農具，以石爲圓筒形，中貫以軸，外裝木框，曳行而轉壓之，以平場圃，或碾禾麥。又作碌軸、六軸、磟碡，義並同。按碌、六、磟，與轆音同；碡（dú）與軸音近。

轆軸退皮

《生金閣》二【收尾】白:「恠事，恠事，只見日月交食，不曾見轆軸退皮。」

轆軸退皮，比喻不會有的事、非常奇怪的事。

驢前馬後

馬後驢前　隨驢把馬

《生金閣》三【牧羊關】白:「你看這廝，他也是箇驢前馬後的人，怎麼不由分說，便將我飛拳走踢，只是打我？」

《神奴兒》楔【仙呂賞花時】白:「我不誤間撞著你，我陪口相告，做小伏低，你就罵我做驢前馬後，數傷我父母。」

《陳州糶米》三【牧羊關】:「避甚的馬後驢前，我則怕按察司迎著，御史臺撞見。」

《遇上皇》二【採茶歌】白:「小人是箇驢前馬後之人，怎敢認義那壁秀才也？」

同劇二【隔尾】:「小人則是箇隨驢把馬喬男女，你須是說古論文士大夫。」

驢前馬後，謂僕役、隨從、走卒。倒作馬後驢前，或作隨驢把馬，意並同。

呂先生

呂洞賓

《金鳳釵》一【金盞兒】:「指雲中鴈爲膳饌，撈水底月覓衣食；如投呂先生訪故友，似尋吳文政搠相如。」

《陳摶高臥》一【醉中天】:「我等你呵似投吳文整，你尋我呵似覓呂先生。」

《鐵拐李》一、白:「貧道不是凡人，乃上八洞神仙呂洞賓是也。」

同書四【普天樂】:「死屍兒焚了魂靈兒在，謝呂先生救得回來。」

呂先生，即呂洞賓，神話中八仙之一。明·李濂《汴京知異記》卷一:「郭上竈者，不知何許人。天禧中，傭於汴之州橋茶肆。一日，有青巾布袍而來啜茶者，形貌奇偉，神采瑩然，屢目於郭，郭亦心異之。竊覘其所佩利劍，因私念曰:『此必呂先生也。』……自此京城內外，幽僻之處，無不往尋呂先生，如此者十餘年，不知所在。」據宋·吳曾《能改齋漫錄》卷十八引《雅言係述》，謂洞賓名巖，唐京兆人，咸通中及第，曾官縣令，後修道於終南山，不知所終。明代以來，稱爲八仙之一。稱爲呂仙、呂先生。

旅櫬（lǚ chèn）

《西廂記》一本楔子【仙呂賞花時】:「夫主京師祿命終，子母孤孀途路窮；因此上旅櫬在梵王宮。」

櫬，棺材。《左傳》襄公二十年:「士輿櫬。」《小爾雅·廣名》云:「空棺謂之櫬。」旅櫬，指暫時停放在客地等待運回家的靈柩。湯顯祖《牡丹亭·鬧殤》:「旅櫬夢魂中，盼家山千萬重。」王澹翁《櫻桃園》一折:「迴廊下，旅櫬孤，三尺黃泥手自鋤。」例意俱同。

縷當

《魔合羅》四【鮑老兒】:「不要你狂言詐語，花唇巧舌，信口支持；則要你依頭縷當，分星劈兩，責狀招實。」

縷當，了當的音轉；意謂處理、解決。《快心編》云:「自能了當得來」，是也。「依頭縷當」，是一件件辦好、一件件解決的意思。

律

明鈔本《四春園》四、白:「張千，將李慶安一行人都與我律上廳來。」

《村樂堂》四【喜江南】白:「昨日薊州申到王六斤等一干人犯，張千，你與我律上廳來！」

《延安府》四【太平令】白：「張千，將一行人律上廳來！」

律，作動詞用，猶押。「律上廳來」猶云押上廳來。《魔合羅》劇三折、令史云：「張千，押上廳去！」句法正與此同。

掠頭（lüè・tou）

《金線池》一【金盞兒】白：「有幾箇打踅客旅輩，丟下些刷牙掠頭，問奶奶要盤纏家去。」

掠頭，梳子；又叫做篦。明・周祈《名義考》謂：「篦亦以整髮。即今掠子。」

掠笞

笞掠

《趙氏孤兒》三【雙調新水令】：「眼見的我死在今朝，更避甚痛笞掠。」

《延安府》一、白：「我去相府中，禀過此一件事，我慢慢的掠笞這廝。」

掠笞，或作笞掠，即用杖栲打之意。《史記・張儀傳》：「楚相亡璧，門下意張儀，曰：『儀貧無行，必此盜相君之璧。』共執張儀，掠笞數百，不服，醳（古釋字）之。」《漢書・夏侯嬰傳》：「掠笞數百，終脫高祖。」皆其例。

掠（lüè）袖揎拳

裸袖揎拳　捰袖揎拳　攞袖揎拳　揎拳攞袖　揎拳捋袖　揎拳裸袖　揎袍捋袖　裸袖揎衣

《追韓信》四【收尾】：「掠袖揎拳挺魁頂，破步撩衣扯劍迎。」

《東堂老》四【沉醉東風】：「爲甚麼只古裏裸袖揎拳無事哏？」

《還牢末》一【寄生草】：「你來我去無些禮，揎拳攞袖喬聲勢。」

《劉行首》二【伴讀書】：「揎拳捋袖行兇暴。」

《翫江亭》三【中呂粉蝶兒】：「將他那衣快忙揪，拽起這綠羅裙揎拳裸袖。」

《延安府》三【白鶴子】:「見威風雄赳赳，一箇捰袖並揎拳。」

《銷魔鏡》三【古竹馬】:「不喇喇緊驟驊騮，我便款兜，慢收，揎袍捋袖。」

《陳州糶米》三【梁州第七】:「休得要攞袖揎拳。」

《太平樂府》卷九馬致遠散套【哨遍・張玉嵓草書】:「脫巾露頂，裸袖揎衣。」

掠袖揎拳，表示忿怒，挽起衣袖，露出拳頭，準備動武的姿式。掠，或作攞、捋、裸，均以音近借用。袖，或與衣、袍並舉，均以義近通用。

論

論告

論：一、謂憑、靠、依照；二、謂控告、起訴、檢舉；三、謂管；四、謂說。

（一）

《謝天香》一、白:「論此人學問，不在老夫之下。」

《五侯宴》四【逍遙樂】:「序長幼則論年紀。」

《澠池會》楔【賞花時】白:「元帥，想相如憑舌劍壓秦國，論膽量完璧而回。」

《伊尹耕莘》三【幺篇】白:「論公子如此大德，將士効力，小生少助微智，臨陣自有奇謀，量他到的那裏也！」

《敬德不伏老》一【混江龍】白:「軍師，請功勞簿來查看，論功行賞。」

同劇同折【寄生草】白:「你本是開國元勳，論汗馬位列三公。」

《盛世新聲》申集【商調集賢賓・黃梅細絲江上雨】:「據情理難容恕，論所爲忒恨（狠）毒，忍不住我怒氣奮胸匍（脯）。」

以上各例，論有憑、靠、按照等義。《澠池會》例，「論」與「憑」互文；《盛世新聲》例，「論」與「據」對應，其意益明。又《史記・蕭相國世家》云:「論功行封。」與《敬德不伏老》:「論功行賞」，句意正同，則知此用法已久。

（二）

《遇上皇》一【幺】：「把我七代先靈信口傷，八下裏胡論告惡商量。」

《三奪槊》四【鮑老兒】：「元吉那廝一靈兒正訴冤，敢論告他閻王殿。」

《貶黃州》一、白：「近聞學士蘇軾托詩毀謗，言官何不論劾？」

《還牢末》一【醉中天】：「那裏有令史結勾強賊理，如今世上媳婦論丈夫的稀。」

論，或作論告，控告、起訴、檢舉的意思。《史記·張儀傳》：「臣請論其故。」《索隱》曰：「論者，告也，陳也。」二刻《拍案驚奇·神偷寄興一枝梅》：「兩個會同把這知縣不法之事，參奏一本，論了他去。」均其例。

決罪也叫論。《後漢書·魯丕傳》：「坐事下獄，司寇論。」注：「決罪曰論。」

（三）

《玉鏡臺》三【迎仙客】：「到這裏論甚使數，問甚官媒。」

《醉寫赤壁賦》一【那吒令】：「主人寬，東閣開，直喫的曙色曉東方亮，論甚麼日照東窗。」

《劉弘嫁婢》二【朝天子】：「〔淨王秀才云：〕我本待不說來，氣𢣷破我這肚皮。他姓甚麼？你姓甚麼？〔正末云：〕賊醜生，干你甚事？〔唱：〕論甚麼姓劉也那姓李？」

《陽春白雪》後集二鮮于樞散套【八聲甘州】：「恣情拍手棹漁歌，高低不論腔。」

以上各例，用作動詞，猶管。「論甚」、「論甚麼」，管甚麼也。「高低不論腔」，謂不管腔調高或低也。杜甫《宮池春雁》詩：「青春欲盡急還鄉，紫塞寧論尚有霜。」陸游《雪歌》詩：「寧論異事吠群犬，且喜和氣連千家。」「寧論」，謂豈管、那管也。均其例。

（四）

《盛世新聲》酉集【恨更長·這悶懷和誰論】：「這悶懷和誰論，長嘆數聲。」

同書未集【越調鬬鵪鶉】：「講燕趙風流莫比，說秦晉姻緣，怎及論吳越。」

以上兩則，論，說也。「和誰論」，和誰說也。例二，講、說、論三字排比，意更顯然。白居易《道場獨坐》詩：「不論煩惱先須去。」

其它如：「哭存孝」二：「則他這爺共兒常是相爭，更和這子父每常時廝論。」「論」與「爭」互文見義。《三國志平話》卷中：「我與一百斤大刀，卻與那先生論麼！」「與先生論」，謂與先生較量也。

論黃數黑

數黑論黃　數黃道黑

徐校元刊本《王粲登樓》一【天下樂】：「有那等酸也波寒，可著我怎挂眼！只待要論黃數黑在筆硯間。」

《九世同居》一【寄生草】：「你達時腰金佩紫掌絲綸；不達時論黃數黑尋章句。」

《百花亭》四【水仙子】：「使不的你論黃數黑，遮不的你奪朱惡紫，快招承罪犯無辭。」

《西廂記》五本四折【折桂令】：「那廝待數黑論黃，惡紫奪朱。」

清・佚名《補天記》十四〔山漁燈〕白：「我兄玄德，實係玉葉金枝，還不數黃道黑，東吳據何議論，敢於角勝居奇？」

《貶夜郎》二【二煞】：「一剗地數黑論黃，寫做描朱，從頭至尾，依本畫葫蘆。」

同劇三【鬬鵪鶉】：「恰纔箇倚翠偎紅，揣了箇論黃數黑。」

論黃數黑，一作數黑論黃，謂說長道短、爭論計較。蓋本於博戲者以黃、黑子較量勝負也。唐・李肇《唐國史補》卷下：「今之博戲，有長行最盛。其具有局有子，子有黃、黑各十五，擲采之骰有二，其法生於握槊，變於雙陸。」

羅和

《來生債》一【么篇】：「〔淨扮磨博士上，打羅唱科云：〕牛兒你不走，我就打下來了。〔正末云：〕行錢，甚麼人這般唱歌咀曲的？他心中必然快活，你與我喚他出來，我問他咱。〔行錢云：〕兀那羅和，你出來，爹喚你哩！〔磨博士云：〕來也！來也！誰喚羅和哩？」

同劇一【賺煞】白：「羅和也，你索尋思咱！……我那命裏則有分簸麥揀麥淘麥，打羅磨麪，我可也消受不的這個銀子罷。」

羅和，是磨麪工人的稱呼。明・陸容《菽園雜記》云：「磨工稱博士。」《來生債》劇也說：「磨博士云：喚我做甚麼，誤了我打羅也。」清代編的《納書楹曲譜》收有《羅夢》一劇，內容亦略同此。

羅刹

羅刹女

《任風子》二、白：「俗說：『能化一羅刹，莫度十七（乜）斜』；我教他眼前見些惡境頭，然後點化此人。」

《張生煮海》一【賺煞】：「你豈不知意兒和，直恁欠心兒懂，我非羅刹女，休驚莫恐。」

羅刹，梵語，吃人惡鬼的總稱。男曰羅刹娑，女曰羅刹私。《慧林音義》：「羅刹，此云惡鬼也，食人血肉，或飛空或地行，捷疾可畏也。」白居易《微之重夸州居，其落句有西州羅刹之謔因嘲茲石聊以寄懷》：「嵌空石面標羅刹，壓捺潮頭敵子胥」。敦煌變文《大目乾連冥間救母變文》：「空中見五十個牛頭馬腦，羅刹夜叉，牙如劍樹，口似血盆，聲如雷鳴，眼如掣電，向天曹當直。」「羅刹女」即佛經所說的吃人的女鬼。

羅織

《救孝子》三【五煞】：「磨勘成的文狀纔難動，羅織就的詞因到底虛。官人每枉請著皇家俸祿，都只是捉生替死，屈陷無辜。」

《磨合羅》四【喜春來】：「直打的皮開肉綻悔時遲，不是我強羅織，早說了是便宜。」

《神奴兒》三【堯民歌】：「哎！你一個水晶塔官人忒胡突，便待要羅織，就這文書，全不問實和虛。」

設計捏造假案，陷人於罪，株連無辜，謂之羅織。《舊唐書・來俊臣傳》：「與侍御史侯思止等，同惡相濟，招集亡賴，令其告事，共爲羅織，俊臣與其黨朱南山等，造《告密羅織經》一卷。」《新唐書・朱敬則傳》：「初、武后稱制，天下頗多流言，遂開告密羅織之路，興大獄，誅將相大臣。」朱敬則

《論刑獄表》:「杜吾密之源，絕羅織之跡。」《元史・刑法四・雜犯》:「諸惡少無賴，結聚朋黨，陵轢善良，故行鬭爭，相與羅織者，與木偶連鎖，巡行街衢，得後犯人代之，然後決遣。」據此，可見「羅織」之一斑。

羅惹

邏惹　儸惹

《謝天香》二【梁州第七】:「這爺爺記恨無輕放，怎當那橫枝羅惹，不許提防！」

《玉壺春》三【十二月】:「那裏怕邏惹著囊揣的秀才，兀良，我則怕生謊殺軟弱的裙釵。」

《三奪槊》一【油葫蘆】:「今日太平也都指望請官賞，剗地胡羅惹斬在雲陽。」

《殺狗勸夫》三【隔尾】:「我常時有命如無命，怎好又廝羅惹無情做有情？」

《勘金環》二【梁州】:「做丈夫的把我來迎門兒儸惹。」

羅惹，謂牽連、帶累。北語謂闖禍曰邏禍，又曰惹亂子。邏、惹意同。邏又作羅、儸。

羅漢堂

《西廂記》一本一折【天下樂】白:「小僧取鑰匙，開了佛殿、鐘樓、塔院、羅漢堂、香積廚，盤桓一會，師父敢待回來。」

《百花亭》三【梧葉兒】:「俺只見舍利塔侵雲漢，羅漢堂煞整齊。」

羅漢，梵語阿羅漢的省稱，是比丘僧中修行最有成果的，地位僅次於菩薩。佛教傳說，釋迦牟尼的弟子有五百人修行得道，稱爲阿羅漢。後來在廟宇裏專設房間，供奉五百阿羅漢的塑像，謂之羅漢堂；現代各地方古寺名刹裏，還保存有這種建築和塑像，如北京香山碧雲寺、湖北漢陽歸元寺等地都有羅漢堂。

落後

落後，有遲慢、拖延、怠慢等義。

（一）

《謝天香》四【石榴花】:「原來是三年不肯往杭州，悶的我落後，有國難投。」

《陳母教子》二【尾聲】:「大哥哥枉生受，二哥哥且落後，陳良佐自今後，你行處行，走處走，千自在，百自由，我和你個探花郎不記甚冤仇。」

《西廂記》四本二折【鬼三台】:「紅娘你且先行，教小姐權時落後。」

《范張雞黍》三【勝葫蘆】:「你爲甚不肯上墳坵，枉教那一、二千人都落後。」

元本《琵琶記》三十二、白:「這一封柬子，外有金銀錢米與你作盤纏，休要落後了。」

《盛世新聲》申集【商調集賢賓·二十年死生交同志友】:「母親也，你將那伴魂旛疾便回，孀子兒共姪兒休落後。」

群行而不相及曰落後，亦即遲慢之意，如上舉各例是也。但各例以語言環境不同，說法又微有區別。例一中的「落後」，謂落伍、退步、不如人，所以跟著說「有國難投」。例二中的「落後」，意謂「慢著」，是陳母阻止二哥哥爲三兒陳良佐說情的聲口。例三中的「落後」，是張生挽留鶯鶯的話，即晚走一會兒的意思。例四中的「落後」，是指拽靈車的一、二千人，慢騰騰舉步維艱。五、六、七各例，解作遲慢或拖延均可。現在口語中仍通行。

（二）

元本《琵琶記》四【繡帶兒】:「終不然爲著一領藍袍，卻落後了彩斑衣。」

同劇十【憶秦娥】白:「寧可餓死奴家，決不將公婆落後了。」

此二則，均爲怠慢意。

落荒

《單鞭奪槊》四【黃鍾醉花陰】:「大路裏難行落荒裏踐，兩隻腳驀嶺登山快撚，走的我一口氣似攛椽。」

《三戰呂布》楔、白：「孫堅走了也，這廝合死，不往本陣中去，他落荒的走了也。」

《黃鶴樓》二【正宮端正好】：「東莊裏看取些田禾，落荒休把這山莊遶，喒可便尋一條家抄直道。」

《衣襖車》二【尾聲】：「他輕輪著那三尖兩刃剛刀，把些箇敗殘軍落荒他可都趕去了。」

《小尉遲》三【調笑令】白：「我詐敗落荒的走，父親必然趕將我來。」

不循正路而走荒野徑道，或離開戰場向荒野逃跑，都叫做落荒。

落得

落的　落來的

落得，又作落的、落來的。其意有二：一、謂所得結果；二、猶言樂得。

（一）

《竇娥冤》三【滾繡毬】：「地也，你不分好歹何爲地？天也，你錯勘賢愚枉做天！哎，只落得兩淚漣漣。」

《蝴蝶夢》一【賺煞】：「不能勾金榜上分明題姓氏，則落得犯由牌書寫名兒。」

同劇四【雙調新水令】：「俺孩兒落不得席捲椽檯，誰想有這一解。」

《玉鏡臺》三【紅繡鞋】：「人都道劉家女被温嶠娶爲妻，落得個虛名兒則是美。」

《虎頭牌》二【喜人心】：「今朝別後，再要相逢，則除是夢中來見；奈夢也未必肯做方便。只落的我兄弟行傒落，嬸子行熬煎，姪兒行埋怨。」

《誶范叔》二【隔尾】：「我吃了這一場棍棒，天那！這的是爲國於家落來的賞。」

《倩女離魂》三【尾煞】：「並不聞琴邊續斷絃，倒做了山間滾磨旗。剗地接絲鞭，別娶了新妻室。這是我棄死忘生落來的。」

上舉各例，謂所獲得的結果，達到的地步。「落得」二字，一般連文，也可以分開。又作落的、落來的。得、的同音通用。宋・楊萬里《夜歸平望終夕不寐》詩：「一生行路便多愁，落得星星兩鬢秋」是也。此語今仍通用。

（二）

《秋胡戲妻》一、詩云：「雖然沒甚房奩送，倒也落的三朝喫喜筵。」

《黃鶴樓》一【混江龍】：「看了這黃鶴樓，勝似他那宴鴻門；覷了他這碧蓮會，更狠如臨潼上。他遣來使相請，喒可便不去，落的這何妨。」

《兒女團圓》二【黃鍾尾】：「你可便休道是：拾得一個孩兒落的價摔。」

《抱粧盒》二【黃鍾尾】：「娘娘也，你拾的箇孩兒，敢可也落的價摔。」

《樂府群珠》卷一【齊天樂過紅衫兒・嘆世】：「不戀榮華貴，不如飲金盃。飲金盃，一世兒清閑落得。」

上列諸例，落得（的）均爲樂得、甘願去做之意。《儒林外史》第十三回：「宦成大酒大肉，且落得快活」，亦其例也。落、樂同音，借用。

落可便

落可的

「落可便」用在句首或句中，作爲發語詞或襯字，均無義。又作落可的、落可也，其作用同。

（一）

《望江亭》一【賺煞尾】：「是看那碧雲兩岸，落可便輕舟已過萬重山。」

《後庭花》四【乾荷葉】：「眞箇是啞子做夢說不的，落可便悶的人心碎。」

《漁樵記》一【賺煞】：「憑著這砍黃桑的巨斧，端的便上青霄獨步，落可便我把那月中仙桂剖根除。」

《殺狗勸夫》一【仙呂點絳唇】:「從亡化了雙親，便思營運。尋資本，怎得分文，落可便刮土兒收拾盡。」

上舉各劇，均屬用於句首之例，起著發語詞的作用。張相釋爲話搭頭，近是。《長生殿‧哭像》:「眼睜睜只逼拶的俺失勢官家氣不長，落可便手腳慌張」，亦其例也。

(二)

《黑旋風》一【哨遍】:「但惱著我黑臉的爹爹，和他做場的歹鬬，翻過來落可便弔盤的煎餅。」

《圯橋進履》楔【仙呂賞花時】:「我說的言詞落可便有准，我報答你箇救困苦得這箇大恩人。」

《還牢末》三【收江南】:「非是俺口強，則不如早些兒死了落可便早收場。」

《來生債》一【賺煞】:「我待向那萬丈洪波落可便一跳身，轉回頭別是個乾坤。」

《燕青博魚》楔【仙呂端正好】:「則我這白氈帽半搶風，則我這破搭膊落可的權遮雨，誰曾住半霎兒程途？」

上舉各例，落可便、落可的，都是放在句中作爲襯字，不爲義。

落便宜

《董西廂》卷二【正宮‧文序子】:「將軍敗，有機變。不合追趕，趕上落便宜，輸他方便。」

《拜月亭》一【金盞兒】:「有兒夫的不擄掠，無家長的落便宜。」

《雙赴夢》一【金盞兒】:「今日被歹人將你算，暢則爲你大膽上落便宜。」

落便宜，謂吃虧，以反語見意。也作折便宜，例如:《水滸》第八回:「林沖道:『小人在太尉府裏折了些便宜。』」《醒世恒言‧吳衙內鄰舟赴約》:「無病妄猜云有病，卻教司戶折便宜。」《今古奇觀‧沈小霞相會出師表》:「好歹去一遭，不折了什麼便宜。」均其例。

落花媒人

《望江亭》三【調笑令】白：「李稍，我央及你，你替我做個落花媒人。」

《桃花女》二【倘秀才】白：「我就與你做個落花的媒人，也不虧了你。」

《百花亭》一【金盞兒】白：「小二哥，你也知道我粧孤愛女，你肯與我做個落花的媒人，與那賀家姐姐做一程兒伴，我便與你換上蓋也。」

給婚姻關係已經確定或將要確定的人做媒人，謂之落花媒人。